OTTO VON HABSBURG

Unsere Welt ist klein geworden

Die Globalisierung der Politik

OTTO VON HABSBURG

Unsere Welt ist klein geworden

Die Globalisierung der Politik

AMALTHEA

Besuchen Sie uns im Internet unter:
www.amalthea-verlag.de

1. Auflage Januar 2006
2. Auflage Oktober 2006

© 2006 by Amalthea Signum Verlag, Wien
Alle Rechte vorbehalten
Umschlaggestaltung: Wolfgang Heinzel
Umschlagfoto: Gabriela von Habsburg, Pöcking
Herstellung und Satz: VerlagsService Dr. Helmut Neuberger
& Karl Schaumann GmbH, Heimstetten
Gesetzt aus der 11,25/14,3 Punkt Stempel Garamond
Druck und Binden: CPI Moravia Books GmbH Korneuburg
Printed in Austria
ISBN-13: 978-3-85002-539-3
ISBN-10: 3-85002-539-X

*Dieses Buch widme ich meiner Frau Regina,
die mir seit 55 Jahren zur Seite steht, und der
ich es verdanke, meine politische
Arbeit tun zu können.*

Inhalt

Vorwort
Unsere Welt ist klein geworden 11

Kapitel I
Der 1. Mai 2004 und seine Folgen 17

Kapitel II
Europas Probleme 31

Sterbender Erdteil 31
Friede oder Diktat? 34
Wo sind die Grenzen? 38
Pyramiden und zeitgemäße Staaten 45
Demokratie oder Partitokratie 49
Subsidiarität 52
Der kommende Verkehrsinfarkt 54
Wissenschaftlicher Aderlass 58
Europas Sprachen 60
Sinti und Roma 63

Kapitel III
Der Donauraum 67

Österreich 67
Ungarn 70
Slowakei 73
Tschechische Republik 74
Der so genannte »Balkan« 79
Kroatien 81
Slowenien 85
Bosnien-Herzegowina 87

Kapitel IV
Vom Baltikum zum Balkan 95

Die Baltischen Staaten 95
Der Ostseeraum 98
Lettland 104
Polen 109
Vergessene Ukraine 114
Montenegro – Crna Gora 118
Serbien 122
Kosovo 127
Mazedonien 131

Kapitel V
Die Zukunft im Mittelmeer und die islamische Welt 133

Maghreb und Mashrek 133
Das Tor des Mittelmeeres 141
Gibraltar 144
Schlüsselstellung Türkei 149

Kapitel VI
Russland 157

Totalitäre Flut 157
Russische Wirtschaftsperspektiven 159
Wetterleuchten in Russland 162
Der neue Balkan im Kaukasus 165

Kapitel VII
Der Ferne Osten 169

Russlands Kolonialreich 169
Die Spratley Inseln 176
Hong Kong 181

Kapitel VIII
USA 189

Partner USA 189
Amerikas Dilemma 194
Unvernünftige Kritik 199
Krieg der Kulturen? 201

Kapitel IX
Realitätsbezogene Kontinente und Mini-Staaten 207

Neue Kontinente 207
Indien 210
Pakistan 214
Die ganz Kleinen 216

Kapitel X
Afrika 223

Die Grenze: Sahara 223
Afrikas Problem 225
Hungerbekämpfung durch Konferenzen 229
Der Maghreb 233
Das portugiesische Afrika 236
Neues in Afrika 238
Gabon 241
São Tomé und Principe 245
Cabinda-Angola 247
Der englische Lichtblick Ghana 251
Äthiopien und die schwarze Umwelt 253
Das südliche Chaos 256

Kapitel XI
Die geistige Dimension 259

Der Jakobsweg 259
Der Gottesbezug 262
Stalins später Sieg 265
Gott der Schönheit 268
Die »Völker des Buches« 270
Religion und Politik 274
Cäsaropapismus 278
Zukunft der Familie 280

Unsere Welt ist klein geworden

Vorwort

Es ist der frühe Morgen. Die Wettervorhersage hat versprochen, es würde ein klarer, aber sehr kalter Tag sein. Man kann allerdings noch nicht viel von der Schneelandschaft sehen oder von den Alpen, die dann wahrscheinlich später auftauchen werden. Im Zimmer liegen große Mengen von Papier, Notizen, Briefen, Faxen, Zeitungsausschnitten und was sonst zur täglichen Arbeit notwendig ist. An den Wänden hängen nur wenige Bilder, einige Fotografien der Kinder und ein Kreuz aus Kroatien, durchbohrt von einer Anzahl von Kugeln aus den Kämpfen, bei denen die Tschetniks das religiöse Symbol als Zielscheibe verwendet haben. An der Wand aber sind überall Landkarten, die allerdings in letzter Zeit immer wieder geändert werden mussten. Früher einmal haben sie gezeigt, wie Land für Land verschwunden ist oder in Gewalt und Krieg versank. Heute ist das Bild wesentlich ermutigender, obwohl die Karten zeigen, dass es noch immer große Gebiete in dieser Welt gibt, in denen die Völker ihre Freiheit noch nicht gefunden haben. Diese Karten rufen uns förmlich zu, dass man noch längst nicht am Ziel ist, sofern man überhaupt ein Ziel auf dieser Erde erreichen kann.

Vor kurzem hat das Telefon geläutet. Vom Flugplatz hat mein Sohn Karl angerufen, der in kurzer Zeit nach Argentinien fliegt, wo er bereits morgen einen Vortrag zu dem Thema hält, wie man in der neuen Form der Kriege die humanitären Prinzipien den Gegebenheiten anpassen kann – eine Materie, die in dem Gebiet, das er besuchen soll, große

Aktualität hat. Er ist gut vorbereitet, weil er, nicht zuletzt im Freiheitskampf Kroatiens, Erfahrungen gesammelt hat, die seinen Kollegen in den südamerikanischen Staaten nützlich sein können. Er wird nach zwei Vorträgen in Argentinien auch in Paraguay sprechen, wird aber bestimmt wegen anderer Verpflichtungen in Europa nächste Woche wieder zurück sein.

In der inzwischen eingetroffenen Post ist ein E-Mail aus Schweden von meiner Mitarbeiterin aus der Zeit vor der Europawahl, meiner jüngsten Tochter Walburga, derzeit Geschäftsführende Vizepräsidentin der Internationalen Paneuropa-Union, zu der Lage in der Ukraine nach unbefriedigenden Äußerungen von westlichen Politikern und Bürokraten.

Am Nachmittag folgt der Anruf meiner Tochter Gabriela, die zwar noch zu Hause in Deutschland bei ihrer Familie ist, aber bereits in wenigen Stunden abfliegen muss, da ihre Aufgabe sie derzeit nach Arabien ruft, wo sie in ihrem Beruf als Bildhauerin Vorträge über Kunst an Instituten der Emirate halten soll, um dann eine Ausstellung zu eröffnen und ein Projekt vorzubereiten für ein Museum moderner Kunst. Sie wird ganze vier Tage dort bleiben, dann ist sie wieder zurück. Und so geht es weiter. Solche Tage – und sie sind nicht selten – zeigen, wie sehr unsere Welt geschrumpft ist.

Die Distanz zählt in vielen Fragen kaum mehr. Dabei erinnern sich Menschen der älteren Generation noch daran, wie weit Arabien oder Argentinien von uns entfernt waren. Man hatte damals kaum die Aussicht gehabt, jemals in diese Länder zu gelangen, während die heutige Generation es als selbstverständlich erachtet, dass sie ihr Beruf auf kurze Zeit in ferne Lande führt. Das erinnert allerdings uns Eltern an die Tatsache, wie sehr unsere Welt sich nicht nur verändert hat, sondern wie klein sie geworden ist, wenn man die Entfernung in Reisedauer und vielfach auch in Kosten berechnet, während viele der äußeren Formen unseres Lebens noch immer in einer Zeit verharren, die längst untergegangen ist.

Inzwischen ist die Stunde der Nachrichten gekommen, und da wird wieder über Globalisierung diskutiert. Der Hauptton ist heute noch immer, dass verschiedene Kreise der Politik und der Wirtschaft, um nicht von den Gewerkschaften zu sprechen, sich über die Nachteile und Gefahren der Globalisierung äußern. Man dürfe das oder jenes nicht zulassen und insbesondere die Freizügigkeit der Menschen nicht weiter ausdehnen. Was würde geschehen, wenn man Türken oder gar Ukrainern die Reisefreiheit erlaubt und damit eine menschliche Überschwemmung des eigenen Landes zulässt, was sich auf das soziale Gleichgewicht auswirken muss? Ein Minister wird ernstlich gebeutelt, weil er nicht genug getan hat, um sein Land zu schützen, während gleichzeitig eine bedeutende Wirtschaftsorganisation ihre Sorge zum Ausdruck bringt, dass in der sich erweiternden Welt gewisse Betriebe ein Land für ein anderes austauschen. Man wirft zwar gerne diese Fragen auf, aber eine wirkliche Lösung scheint noch niemand gefunden zu haben. Man steht eben vor Problemen, die es noch vor ganz kurzer Zeit nicht gab, und ist besorgt, dass man eine Lösung nicht so bald finden wird. Das allerdings sind alte Redeweisen, die man seit Ende des Zweiten Weltkrieges immer wieder zu hören bekommt.

Heute hat sich wohl die Freizügigkeit der Menschen stärkstens entwickelt, aber gleichzeitig hat die Politik sich noch nicht darauf eingestellt, wie man mit dieser Problematik fertig wird. Dabei muss man sich an die Tatsache erinnern, dass, wenn man die Politik in ihren größeren Perspektiven betrachtet, dies die Kenntnis von zwei Wissenschaften, nämlich Geschichte und Geographie von denjenigen fordert, die die Verantwortung tragen, und sei es nur als Wähler. Das hat ein führender Politiker Deutschlands, Franz

Müntefering, vor nicht zu langer Zeit ausgesprochen, als er sagte, die beiden Großparteien seines Landes würden für die Radikalisierung durch Extremisten nicht die Verantwortung tragen, denn diese liege beim Wähler. Dies ist eine präpotente Demagogie, denn man darf nicht vergessen, dass die beiden Großparteien durch ihren Einfluss im öffentlichen Leben auf alle Fälle für Entwicklungen verantwortlich sind. Es ist eine feige Flucht vor den eigenen Verpflichtungen.

Die Frage der Verantwortung in der Politik wird sich immer wieder stellen. Das gilt für die Probleme, die auf uns zukommen, aber auch für die Verpflichtung der Zuständigen, also der Regierungen und jener, die etwas darin zu sagen haben, für die wirkliche Lage in der Welt, die auf jeden Fall auch in der Innenpolitik ihre Bedeutung hat. Es ist beeindruckend, wie wenig die führenden Persönlichkeiten in den Einzelstaaten und in den internationalen Organisationen von Geopolitik, von Geschichte und von den sozialen und politischen Bedingungen in allen Teilen der Welt wissen. Viele der großen Irrtümer wären niemals eingetreten, wären die Zuständigen besser informiert gewesen. Einer der klarsten Beweise für diese Feststellung ist der Aufschrei von Neville Chamberlain nach dem Vertrag von München: »Wir sind überrascht worden.« Politisch Verantwortliche haben nicht das Recht, überrascht zu sein. Es ist ihre Pflicht, tatsächlich sachkundig zu sein, zumindest in den großen Linien der Politik. Heute ist die Kenntnis der Welt von entscheidender Bedeutung. Das gilt aber auch für die Wähler und die Einzelpersonen, die bei der Wahl eine Entscheidung über die Zukunft der Länder haben. Darum wäre es auch geboten, sich mehr mit den Geschehnissen zu befassen, denn die Ereignisse irgendwo in der Welt haben eine direkte Auswirkung auf die innere Sicherheit unserer Länder.

Diesbezüglich ist für uns heute die Haltung des »Hohen Beauftragten der Europäischen Union für die Gemeinsame

Außen- und Sicherheitspolitik«, des Spaniers Javier Solana, bezeichnend, von dem man annehmen kann, er sei der zukünftige Außenminister der Europäischen Union. Wenn man dessen Äußerungen und Initiativen in den Fragen Mittel- und Südeuropas zur Kenntnis nimmt, muss man feststellen, dass er sehr wenig von den heiklen Problemen in Geschichte und Geographie, von deren Vergangenheit und von deren Bildung versteht. Dabei sollte gerade diese Problematik immer wieder überdacht werden, denn sie bestimmt unsere Zukunft in einer Zeit, in der die Wirkung der Waffen und die Gefahr eines Krieges von niemandem, der Verantwortung für die kommenden Generationen fühlt, unterschätzt werden darf.

Kapitel I

Der 1. Mai 2004 und seine Folgen

In ganz Europa wurde der Beitritt von zehn neuen Staaten zur Europäischen Union gefeiert. Diesem Ereignis waren lange, harte Kämpfe vorangegangen, wobei von amtlichen Stellen oftmals alles getan wurde, um den Menschen das objektive Bild der Entwicklung vorzuenthalten. Wer weiß z. B. heute noch in Europa, dass vor nicht zu langer Zeit, vor 1994, starke Kräfte im Rat beschlossen hatten, von den zehn Staaten, denen man versprochen hatte, sie in die Europäische Union aufzunehmen, nur einige zuzulassen. Damals hat es in den Verhandlungen alle möglichen absurden Gedanken gegeben, wie z. B., von den drei baltischen Staaten nur einen oder zwei aufzunehmen, je nachdem, wer in seiner Entwicklung weiter gekommen sei. Manchmal hatte man fast den Eindruck, dass niemand die Karte angeschaut und keine Regierung verstanden hatte, dass es lebenswichtig sei, dass der Beitritt der Balten gleichzeitig erfolge, aber auch, dass dieser Schritt nicht unendlich hinausgeschoben werden dürfe. Man hatte oft genug die Gelegenheit zu beobachten, wie sehr man in Russland, vor allem in militärischen Kreisen, entschlossen war, die russische Herrschaft über die baltischen Staaten wiederherzustellen.

Bezeichnend war diesbezüglich eine Diskussion mit einem Offizier der russischen Mission bei der NATO. Dieser hatte bei einem Abendessen im fortgeschritten alkoholisierten Stadium gesagt, man habe bereits die Pläne für die baltischen Staaten bereit. Die Operation würde nur eine Woche dauern und würde praktisch für Russland kaum Probleme bedeuten. Man habe die bisherige Haltung der führenden Staaten des Westens studiert und dabei herausgefunden, dass, wenn eine »Befreiungs«-Operation für unterdrückte russische Minderheiten in einem Lande unternommen würde, das nahe an der russischen Grenze liege, die Westmächte zuerst zwei Tage fassungslos wären und versuchen würden, Gespräche mit Moskau zu führen. Die nächsten zwei Tage würde es scharfe Proteste geben und insbesondere damit gedroht werden, die internationalen Instanzen einzuschalten. Inzwischen allerdings wären die in Russland bereit gestellten Kräfte so weit, dass sie bereits einen Großteil der baltischen Gebiete besetzt hätten. Insbesondere wären die Hauptstädte in russischen Händen. Bei dem Appell an die UNO würde das Veto-Recht Russlands eingesetzt werden, während die Zögerlichkeit des Westens trotz dem Veto-Recht von Frankreich und England nur zu ziemlich wenig bedeutenden Diskussionen führen würde. In den nächsten zwei Tagen wären die baltischen Staaten besetzt und pro-russische, angeblich baltische Regierungen hätten die Macht übernommen. Der Westen würde dann wohl noch eine Weile, vielleicht sogar einige Monate, mit der Anerkennung warten, aber es würde bestimmt nicht zu einem Krieg kommen.

Gewiss kann diskutiert werden, ob solche Äußerungen, auch hoher Militärpersonen, auf die Goldwaage gelegt werden sollten. Eines ist aber sicher: Wer sich ein wenig mit den Erklärungen in Russland befasst, muss wissen, dass in der öffentlichen Meinung der Überfall auf die baltischen Staaten wohl zuerst Proteste in gewissen Kreisen hervorrufen würde, dass aber dann die von zahlreichen Massenmedien Westeuropas manipulierte öffentliche Meinung rasch beruhigt wäre, dass die alte Situation ohne viel Blutvergießen wiederhergestellt wurde.

Daher ist es durchaus verständlich, dass gerade in den Randgebieten der Europäischen Union der Beitritt der zehn

Staaten mit Begeisterung aufgenommen wurde. Bezeichnend bezüglich der Sorgen entlang der russischen Grenzen war allerdings, dass bei den Abstimmungen über den Beitritt des einzelnen Landes zur Europäischen Union und zur NATO die Mehrheit für letztere immer größer war als diejenige für die Union. Das ist durchaus verständlich, denn wer nahe an den russischen Grenzen ist, betrachtet zuallererst die NATO und danach die Union als Sicherheitsgemeinschaft. Man nimmt die wirtschaftliche Perspektive der Europäischen Union gerne an und schätzt ihren Wert, aber auf Grund bitterer Erfahrungen ist man noch immer überzeugt, dass die Sicherheit an die erste Stelle der Überlegungen gehört. Insofern gilt auch der Beitritt zur EU als ein Beitrag zur eigenen Sicherheit.

Nach dem 1. Mai 2004 waren diesbezüglich die Reaktionen sehr bezeichnend. Gleich nach dem Beitritt der zehn stellte sich nämlich die Frage, was nun weiter geschehen solle. Dabei gab es bei vielen westlichen Politikern die Überlegung, man müsse nunmehr eine Periode der Ruhe einschalten und damit die wirtschaftlichen Folgen der Erweiterung sich zuerst einpendeln lassen, bevor man weitere Schritte unternehmen könne. Je mehr man nach Westen ging, desto stärker waren diese Gefühle, wenn es auch dort einzelne Gebiete gab, die diesbezüglich auf Grund eigener bitterer Erfahrungen in der Einschätzung der Erweiterung viel positiver für diejenigen waren, die jenseits der neuen Grenzen leben müssen, als dort, wo man bereits durch lange Friedenszeit daran gewöhnt war, dass man wohl gelegentlich von Gefahren sprechen darf, diese aber vielfach nicht ernst zu nehmen brauche.

Diese Haltung hat sich nicht zuletzt bei den Diskussionen gezeigt, die sich infolge der weiteren Entwicklungen im früheren Raum des Sowjetblocks in der westeuropäischen Presse und parlamentarischen Debatten niedergeschlagen haben. Hier wurde immer wieder unterstrichen, man müsse eine Ruhepause einschalten, denn die Wirtschaft der Staaten könne eine Erweiterung nach nur kurzen Zeitabständen nicht verkraften. Das Wort von der »Ruhepause« ist überall herumgegangen, vor allem von Seiten jener Massenmedien, die seinerzeit im Kalten Krieg die Jalta-Linie als endgültige Grenze Europas betrachteten.

Das hat sich auch in der Frage der Einstellung zum amerikanischen Krieg gegen Saddam Hussein ausgedrückt. Man hat in diesem Zusammenhang von einer Diskussion zwischen dem alten und dem neuen Europa gesprochen, wobei gewisse taktlose Äußerungen westlich des atlantischen Ozeans nicht sehr hilfreich waren. Wäre es in einer friedlichen Zeit geschehen, hätte man Verständnis für solche Haltungen und insbesondere für die wirtschaftlichen Überlegungen haben können. Klar ist, dass diejenigen, die die Situation objektiv beurteilen und die Erfahrungen der Vergangenheit nicht vergessen, verstanden haben, dass diese rein wirtschaftlichen Überlegungen allzu sehr an die Zeit der so genannten »Appeasers« gegenüber den Handlungen des nationalsozialistischen Reiches erinnern. Ihre Haltung ist verständlich, aber sie sind nicht klug und insbesondere mangelt ihnen gänzlich die europäische Solidarität. So gesehen konnte man tatsächlich leider nur zu oft von westlichen Bremsern sprechen, wobei rein materielle Interessen im Vordergrund standen.

Man muss verstehen, dass es viele westliche Kreise gibt, die tatsächlich in den letzten Jahrzehnten sehr viele Vorteile von der Europäischen Union erhalten haben. Oftmals wird in allen Ländern über die Europäische Union und ihre Arbeit geklagt. Das entspricht dem menschlichen Charakter, denn der Mensch empfindet gute Dinge als eine Selbstverständlichkeit, auch dann, wenn sie ein besonderes Geschenk gewesen sind. Besitzer von Privilegien betrachten diese niemals als ein Geschenk, sondern als einen Normalzustand.

Ein typisches Beispiel dafür ist in der Europäischen Union die Diskussion von Seiten Großbritanniens über den Rabatt, der für dieses Land durch die energische Führung von Margaret Thatcher erreicht wurde. Das ist verständlich, weil diese privilegierte Stellung bei den Zahlungen an die Europäische Union der britischen Wirtschaft sehr genützt hat. Letztere hat sich inzwischen dank dieser einzigartigen Vorteile zu einem der wichtigsten Elemente der Stellung Großbritanniens in der Welt entwickelt. Man will aber in London – und das ist menschlich verständlich – einfach nicht anerkennen, dass England eine besondere Ausnahmestellung erhalten hat, die den Partnern Großbritanniens teuer zu stehen kommt, und auch, dass diese Hilfe als eine Übergangsmaßnahme gedacht war, während sie heute auf Seiten des Begünstigten bereits als ein Recht gebucht wird. Nicht viel anders ist es bei gewissen Staaten, in denen die Regionalförderungen auch heute noch fortgesetzt werden sollen, obwohl sie längst ihr Ziel erreicht haben. Daher lag es in der Logik der Dinge, dass nach dem 1. Mai 2004 die Diskussion über Neubeitritte wieder ausgebrochen ist. Und weiters wird die Frage aufgeworfen, ob die innere finanzielle Struktur der Europäischen Union aufrecht erhalten werden darf oder nicht. Wer logisch denken kann, wird ein gewisses Verständnis für beide Seiten haben, aber erkennen müssen, dass die Völker, die vom vereinten Europa bis jetzt getrennt sind und die sich selbstverständlich als Europäer fühlen, ein Recht haben, aufgenommen zu werden, auch wenn dies die bisher Privilegierten etwas kosten dürfte. Man darf darüber aber auch nicht vergessen, dass jede Erweiterung bisher eine Verbesserung der Lage in der Europäischen Union gebracht hat. Wollte man daher jetzt stehen bleiben, würde man diese logische Entwicklung zum Stillstand bringen und sich selbst langfristig schaden.

Allerdings ist leider festzustellen, dass solche rationalen Überlegungen nicht populär sind und dass daher nur zu viele Politiker in den westlichen Staaten gegenüber den neuen Partnern wenig Verständnis zeigen und die zurückliegenden Jahre nicht als einen Übergang, sondern, zumindest in wirtschaftlicher Perspektive, als einen endgültigen Zustand betrachten. Dabei ist es doch sehr eigenartig, dass viele weniger Informierte einfach nicht erkannt haben, dass die Situation, die am Ende des Zweiten Weltkrieges in Jalta geschaffen wurde, widernatürlich ist und daher einen dauernden Zustand niemals garantieren kann. Gleichzeitig denken sie auch nicht daran, dass ein wahrer Friede nur erhalten werden kann, wenn es eine ausgeglichene Situation in Europa gibt. Diese aber bedeutet, dass das Wort von Coudenhove-Kalergi, »Paneuropa ist ganz Europa«, richtig ist.

Man hat auch immer wieder darauf hingewiesen, dass die Vorteile der Vereinigung in manchen Gebieten nicht das gebracht haben, was man sich erwartete. Das gilt in ganz besonderer Weise für die deutsche Wiedervereinigung, die tatsächlich für die Bundesrepublik eine große Belastung bedeutet hat. Dass aber auch Westdeutschland große Vorteile erhielt und außerdem in Deutschland eine moralische Verpflichtung bestand, so vorzugehen, wie es geschehen ist, wird oft vergessen. Auch ist nicht zu übersehen, dass man sich allzu sehr und allzu schnell an den Frieden gewöhnt und nicht erkennt, dass dieser, insbesondere in Europa nach 1945, kein wahrer Friede war, sondern ein Zustand des Nicht-Krieges. Dazu kommt auch die Erkenntnis, dass die Lage, die aus Jalta hervorgegangen ist, ein Ungleichgewicht geschaffen hat, dessen Korrektur sich schließlich zu Gunsten aller auswirken muss.

Ein typischer Fall diesbezüglich ist ein Gebiet, das man immer wieder vergisst, nämlich Königsberg, das heute nur zu viele Menschen sogar in Deutschland nur mehr als Kaliningrad bezeichnen. Zwar ist allein schon darum der Ausdruck »Kaliningrad« problematisch, weil Kalinin schreckliche Verbrechen gegen die Menschheit begangen hat. Auch sollte man sich klar darüber sein, dass die Schaffung des polnischen Korridors nach dem Ersten Weltkrieg den Weg in den nächsten Konflikt geöffnet hat. Diesbezüglich wäre man gut beraten, wenn man das blendend geschriebene Werk des französischen Autors Jacques Bainville lesen würde: »Les conséquences politiques de la paix« (»Die politischen Folgen des Friedensvertrages«), das gleich nach dem Vertrag von Versailles geschrieben wurde. In seinem Werk hat Bainville alle Nachteile der Schaffung eines Korridors geschildert, denn dieser war widernatürlich. Man hat darüber aber vergessen, dass die Schaffung von Exklaven noch weit gefährlicher ist. Diese ist ein Verbrechen gegen die Geographie, das in der Region auf alle Fälle Unruhe stiftet. Man braucht nur die baltischen Staaten zu besuchen, um immer wieder den Hinweis auf die Gefahren zu finden, die für sie die Anwesenheit der russischen Garnisonen in Kaliningrad bedeuten. Endlich muss man erkennen, dass die Gesetze der Geographie nicht durch Umsiedelung, Gewalt und Eroberung geändert werden können. Früher oder später rächt sich ein solcher Vorstoß immer. Es ist bezeichnend, wie unsicher sich heute sogar Russen fühlen, die in der russischen Exklave Kaliningrad leben. Allerdings wird von Anhängern der Aufrechterhaltung der widernatürlichen Lösungen gesagt, dies sei Revanchismus. Man vergisst darüber, dass mit der Schaffung der Europäischen Union Lösungen möglich werden, die die Spannungen abbauen, aber gleichzeitig auch die natürliche Ordnung der Geographie wieder herzustellen erlauben.

Grenzen innerhalb der Europäischen Union sind heute längst nicht mehr das, was sie seinerzeit waren. Niemand, auch in Russland, kann leugnen, dass Königsberg zu Europa gehört und dass daher eine Beherrschung von außen zu Spannungen führen muss. Es wären aber auch viele Politiker wohl beraten, wenn sie sich vor Augen halten würden, dass noch heute in China von »Königsberg« und nicht von »Kaliningrad« gesprochen wird. Die Chinesen haben eine lange Erfahrung. Deshalb wäre es gefährlich, die Lehren aus dem Osten, die uns so oft viel gebracht haben, zu ignorieren.

So gesehen ist es sicherlich gerechtfertigt, in einer Zeit, die glücklicherweise eine Erweiterung der Europäischen Union gebracht hat, nicht jene Gebiete zu vergessen, die heute noch außerhalb unserer Gemeinschaft sind.

Im Westen wird oft gesagt, man habe bereits ein vereintes Europa. Das erinnert uns an die kurzsichtige Aussage britischer Politiker, die seinerzeit versuchten, durchzusetzen, dass man die Jalta-Linie als endgültig anerkenne. In dem damaligen Kampf, der nur durch die westliche Majorisierung innerhalb der europäischen Bewegung durchgesetzt werden konnte, kam es zu jenem europäischen Bruch, der durch viele Jahre die Arbeit für die europäische Einigung behindert hat. Wenige erinnern sich heute noch an die Tatsache, dass damals der große europäische Denker, Richard von Coudenhove-Kalergi, mit seinen Getreuen aus der Europa-Union ausgetreten ist, und dass die Paneuropa-Union als unabhängige Organisation ihre Arbeit weitergeführt hat. Das war eine bedauerliche Entwicklung, die aber unvermeidlich war, wenn man sich die damalige Haltung des Präsidiums der Europa-Union unter dem Vorsitz von Christopher Soames gegenüber all jenen Völkern vor Augen hält, die jenseits der Jalta-Linie leben mussten. Leider gibt es heute noch eine Anzahl von selbst ernannten Europäern, die weiterhin bestrebt sind, glauben zu machen, dass dieses Europa das ganze Europa sei.

Wenn man die Politik gewisser Regierungen und die Haltung von deren Vertretern im Rat der Europäischen Union erlebt, wird man finden, dass der Sinn für einen wirklichen europäischen Zusammenschluss manchmal durch engstirnige wirtschaftspolitische oder nationalistische Gefühle verdunkelt wird.

Nur zu viele Menschen erinnern sich nicht, dass auch heute noch Europa längst nicht jene Größe erreicht hat, die tatsächlich diesem Begriff entspricht. Noch warten viele Völker.

Das beginnt jetzt mit der Ukraine und der schwankenden Haltung von Seiten einzelner Mitgliedstaaten. Als seinerzeit die Europäische Union um zehn Mitgliedsstaaten erweitert wurde, war es so gut wie niemand, der von dem Recht der Ukraine auf Europa gesprochen hätte. Das Land war praktisch durch die meisten führenden Persönlichkeiten abgeschrieben, und man war nicht bereit, die Möglichkeit einer Ukraine in Europa ins Auge zu fassen. Als dann der Volksaufstand auf dem Hauptplatz von Kiew eine klare Entscheidung des ukrainischen Volkes für Europa öffentlich demonstrierte, gab es leider nur zu viele Regierungschefs im Westen, die sich gegenüber den Europawünschen, die Juschtschenko sofort klar ausgedrückt hat, alles andere als verständnisvoll gezeigt haben. Man erinnere sich nur an die Tatsache, dass der damalige deutsche Bundeskanzler gegenüber Präsident Juschtschenko äußerst kalt aufgetreten ist und außerdem in Gesprächen das Primat der Beziehungen Berlins zu Russland unterstrich. Das schuf gleich zu Beginn eine eisige Atmosphäre.

Nicht viel besser wird auch Kroatien immer wieder behandelt, wobei sich hier vor allem zwei Staaten, nämlich Großbritannien und Holland, wenig europäisch betätigen.

Bei Großbritannien wirkt der ewige Traum der Wiederherstellung von Jugoslawien als einer Art britische Ersatzkolonie. Es gibt viele britische Interessen in Serbien, und man darf nicht vergessen, dass während des Kriegs gegen Milošević, als der Kosovo schwer bombardiert wurde, es eine Gegend gegeben hat, die von Anfang an weitgehend verschont blieb, nämlich Trepca, deren Verbindungen zu London notorisch ist.

Was die Haltung der Niederlande betrifft, muss man sich an das erinnern, was während des Krieges in Bosnien-Herzegowina geschah, als die Vereinten Nationen Städte bestimmt hatten, in denen zivile Flüchtlinge vor der rassistischen Verfolgung Schutz finden sollten. Diese Aufgabe sollten die Kräfte der Unprofor, also des Militärs der Vereinten Nationen erfüllen. Die Schutzbefohlenen durften keine Waffen haben. Die Stadt Srebrenica sollte von niederländischen Unprofor-Einheiten gesichert werden. Als sich die serbischen Truppen der Stadt näherten, taten die Niederländer nichts, um ihre Schutzbefohlenen zu verteidigen. Man hat zwar gesagt, das wäre auch nicht möglich gewesen, denn die niederländischen Kräfte seien nicht zufriedenstellend ausgerüstet worden. Man kann sehr wohl über diese Einstellung diskutieren, wohl aber sollte man sich vor Augen halten, dass diese Tatsache den Serben von Anfang an bekannt war, sodass diese genau wussten, dass sie von Seiten der Niederländer mit keinem Widerstand zu rechnen brauchten. So kam es zu dem furchtbaren Gemetzel an mehr als 7000 Muslimen und Kroaten, aber auch zu jenen abscheulichen Fotografien, die niederländische Offiziere zeigen, die während des Gemetzels mit den Serben trinken und sich mit den Angreifern verbrüdern. Dass gewisse Kreise sich nicht wünschen, dass dies diskutiert werde, wenn es zu einer europäischen Lösung für Bosnien-Herzegowina kommen soll, ist verständlich. Es ist allerdings auch nicht zu übersehen, dass vieles getan wurde, um gerade durch diesen Krieg in Bosnien-Herzegowina eine Situation zu schaffen, die uns bis heute Probleme bereitet. Seinerzeit war es in Sarajewo ein offenes Geheimnis, dass, als das Haager Tribunal die Verhaftung der beiden Hauptkriegsverbrecher, Karadžić und Mladić, verlangte, man genau wusste, wo sich diese befanden. Damals war eine Militärkolonne auf dem Weg nach Pale und hätte die beiden verhaften können. Kurz vor dem Ort wurde sie nach Sarajewo zurückbefohlen. Das sind Tatsachen, die heute noch an Ort und Stelle bekannt sind, auch dann, wenn die westliche Presse darüber schweigt.

Dies hat auch in unseren Tagen seine Auswirkung in der eigenartigen Haltung, die das Haager Tribunal gegen Kroatien eingenommen hat. Offensichtlich sind dort Kräfte am Werk, die unter Missachtung der geschichtlichen Wahrheit um jeden Preis Kroatien in die gleiche Klasse wie die Serben zwingen wollen und daher unter Vermischung zweier verschiedener Situationen Vorwände schaffen, um Zagreb, das ganz anders ist als Belgrad, weiter aus dem vereinten Europa auszuschließen.

In diesem Zusammenhang ist festzustellen, dass das Haager Tribunal immer wieder bei der Behandlung der Länder keinen Unterschied zwischen Angreifern und Angegriffenen macht. Die Angegriffenen werden bestraft, weil sie sich gewehrt haben. Die kroatische Regierung hat glaubhaft gezeigt, dass sie nicht wissen kann, wo General Ante Gotowina ist. Im März 2005 hat man den Beginn der Beitrittsverhandlungen mit Kroatien verschoben, weil man dem Land unterstellte, nicht die Wahrheit gesagt zu haben. Eine Mehrheit der EU-Mitgliedsländer und die Europäische Kommission mit Erweiterungskommissar Olli Rehn – der in dieser Frage seine Inkompetenz bewiesen hat – glaubten lieber den Anschuldigungen von Carla del Ponte. Dass aber die Regierung in Zagreb die Wahrheit gesagt hatte, wurde spätestens mit der Verhaftung von General Ante Gotowina am 8. Dezember 2005 auf den Kanarischen Inseln (Spanien) klar. Wie die Eintragungen in seinem Reisepass zeigten, war er die vorangegangenen Monate und Jahre in allen möglichen Ländern der Erde, nur nicht in Kroatien unterwegs gewesen. Wer Persönlichkeiten wie den derzeitigen Ministerpräsidenten Ivo Sanader oder den Präsidenten der kroatischen Republik, Stipe Mesić, kennt, weiß genau, dass es sich hier nicht um irgendwelche Verbrecher handelt, sondern um ehrbare Politiker aus dem demokratischen Lager. Die einseitige Vorgangsweise hat dem Ansehen der Europäischen Union in Kroatien, aber nicht nur hier, schwer geschadet. Sie ist ein Akt der Ungerechtigkeit gegenüber einem Volk, das überfallen wurde, sich heldenhaft gewehrt hat, und das man heute dafür bestraft, weil man den Angreifer begünstigen will.

Es gibt allerdings auch noch andere Fälle ähnlicher Art. Da ist Montenegro, das auch in der Türkenzeit lange seine Eigenstaatlichkeit verteidigt hat, das aber am Ende des Ersten Weltkrieges durch einen der schändlichsten Akte der Undankbarkeit und des Verrates gegenüber einem kleinen und tapferen Gebirgsvolk aus dem Willen derjenigen, die die Friedensverträge schrieben ohne die interessierten Völker zu konsultieren, seine Unabhängigkeit verloren hat. Die Montenegriner waren stets bestrebt, ihre Unabhängigkeit wiederzugewinnen. Am Ende der jugoslawischen Konflikte schien dies möglich, auch wenn leider gewisse Regierungskreise in der Europäischen Union die Wiederherstellung von Montenegro, die offensichtlich dem Selbstbestimmungsrecht der Völker entspricht, verhindern wollen. Es ist bedauerlich, festzustellen, dass sogar hohe Persönlichkeiten der Europäischen Union alles zu tun bereit sind, um zu verhindern, dass Montenegro seine Eigenstaatlichkeit zurückgewinnt, wobei man hier den doch sehr fragwürdigen Vorwand verwendet, dass Europa nicht noch mehr Kleinstaaten ertragen kann. Montenegro hat bewiesen, dass es als Kleinstaat gut weiter existieren konnte und dass seine Bevölkerung mit Mut jedes Mal wieder für die Eigenstaatlichkeit gegen Serbien, aber auch gegen die hohen Funktionäre aus Brüssel aufgetreten ist. Die Anerkennung der Eigenstaatlichkeit Montenegros ist eine Frage des Selbstbestimmungsrechts der Völker und der Demokratie in den internationalen Beziehungen.

Das gleiche gilt auch für den Kosovo, d. h. jenen Teil von Serbien, der zu mehr als 90 Prozent von Albanern bewohnt ist, die in früheren Zeiten durch die Serben unmenschlich unterdrückt wurden. Hier braucht man nur das Buch des französischen Diplomaten Pozzi zu lesen, eines der Väter jener Friedensverträge, die am Ende des Ersten Weltkrieges Jugoslawien geschaffen haben, das den bezeichnenden Titel »La Guerre Revient« (»Der Krieg kommt wieder«) trägt. Als er erkannte, welche Vergewaltigung des Selbstbestimmungsrechtes stattgefunden hat, hatte er den Mut, dies offen zu schreiben und aufgrund der eigenen Untersuchungen darzustellen, was für Zustände durch die Serben im Kosovo gegenüber den Albanern eingeführt worden waren. Zwar wurde Pozzi wegen dieses Buches aus dem französischen diplomatischen Dienst entlassen, doch dieses ist ein Dokument, über das man nicht zur Tagesordnung übergehen kann, wenn man eine Lösung im Kosovo wünscht. Das gleiche gilt übrigens auch weitgehend für Mazedonien, das seinerzeit ein Recht auf Unabhängigkeit verwirklichen wollte und daran durch serbische Gewalt gehindert wurde.

Gegenüber diesen Völkern gibt es eine moralische Verpflichtung. Sie besteht nicht nur auf Grund der Gemeinschaft der Kultur und der Religion, sondern auch durch jenes ewige Band der Geschichte, das man nicht vergessen sollte. Europa ist eben nicht nur eine materielle Gemeinschaft, sondern eine kulturelle Aufgabe und eine Verpflichtung, der man nicht entgehen kann. Das ist die Idee, die auch die Großen unserer Geschichte immer wieder zum Ausdruck gebracht haben. Man erinnere sich nur an den orbis europaeus christianus, von dem Karl V. gesprochen hat: »Die ewige europäische Idee«. Gibt man dieses Ideal und diese Aufgabe auf, dann ist Europa verloren. Man kann nicht mit wirtschaftlichen Statistiken auf die innere Verpflichtung antworten. Das aber ist der große Unterschied zwischen jenen, die wirklich Europa als eine geistige Aufgabe erkennen, und jenen, die darin entweder nur eine geographische Einheit oder aber eine rein materielle Gemeinschaft sehen. Dieses höhere europäische Konzept bestimmt gleichzeitig die Grenzen unseres Erdteiles.

Kapitel II

Europas Probleme

Sterbender Erdteil

In letzter Zeit wird viel über das Sterben der Nationen Europas gesprochen. Man scheint diesbezüglich jetzt endlich etwas gefunden zu haben, was die Diskussion wert ist. Tatsache ist, dass infolge unserer wirtschaftlich-sozialen Entwicklung die Rolle der Familie immer mehr verfällt, ohne dass man für dieses lebenswichtige Problem eine Erfolg versprechende Lösung gefunden hat.

Jüngst wird viel über die Frage der Homosexualität, beziehungsweise der homosexuellen »Ehen«, diskutiert. Die Geschichte zeigt, dass die Verbreitung der Homosexualität den Verfall einzelner Völker schon seit der Etruskerzeit angezeigt hat. Bei uns in Europa geht das Aussterben der Völker immer schneller weiter, und wenn auch derzeit noch vielfach die Lücken durch Zuwanderung gestopft werden, ist das auf die Dauer keine Lösung. Schon in der nächsten Generation der Zuwanderer ist der Rückgang der Kinderfreudigkeit festzustellen. Dabei wird über alle möglichen Ursachen gesprochen, wobei der wesentliche Grund selten genannt wird, nämlich die Tatsache, dass eine kinderfreudige Familie bei der gegenwärtigen wirtschaftlich-politischen Struktur unerträglichen Belastungen ausgesetzt ist, für die es in der Gesetzgebung eigentlich keine greifbare Hilfe gibt. Die Maßnahmen, über die man bisher gesprochen hat, bieten keine wirkliche Antwort auf die Probleme. In den meisten Fällen setzt man am falschen Ort an.

Die gesellschaftliche Stellung der Familie hat sich wirtschaftlich und sozial stark verschlechtert. Wirtschaftlich, weil die staatlichen und gesellschaftlichen Forderungen heute immer mehr zunehmen, sodass tatsächlich die Familien weiter schwerst belastet werden und man gleichzeitig Ehepaaren, die keine Kinder wollen, weitgehend die seinerzeit gedachten Rechte für die Familien zuspricht. Man braucht sich nur die Aufstellungen verschiedener wissenschaftlicher Studien vor Augen zu halten, die beweisen, dass kinderlose Ehepaare wirtschaftlich wesentlich besser stehen als diejenigen, die sich selbst und der Gesellschaft Kinder schenken. Gesellschaftlich sind vor allem jene Frauen einer starken Zurücksetzung ausgesetzt, die für ihre Kinder Karriere und Beruf aufgeben. Wir verfolgen also in unserem Steuersystem wie in unserer sozialen Ordnung eine kinderfeindliche Orientierung.

Dabei gibt unsere demokratische Gesellschaft die Möglichkeit, eine richtige Politik zu machen. Man muss verstehen, dass in einer Demokratie die Zahl der Wähler entscheidend ist. Es ist kein Zufall, dass im Allgemeinen bei den Wahlkämpfen die Mandatare sich mehr um die Großstädte kümmern als um die Dörfer. Das wird auch immer wieder in der Frage der Agrarpolitik bemerkt. Heute leben und arbeiten in der Landwirtschaft weniger Menschen als es früher der Fall war. Daraus sind manche wirtschaftlichen Nachteile der Landwirtschaft, besonders auf dem sozialen Gebiet, teilweise zu erklären.

Dabei sollte man erkennen, dass in einer richtig verstandenen Demokratie jede Person, die in dieser Gesellschaft lebt, einen Anspruch darauf hat, an der Entwicklung der Gemeinschaft teilzunehmen. Das zeigt die Geschichte ab dem Beginn des 19. Jahrhunderts. Zuerst wurde das Wahlrecht einem relativ kleinen Kreis gesichert. Dieser souveräne Akt war mit der Zahlung von Steuern verbunden, sodass in einer

Zeit, in der noch breite Schichten der Bevölkerung nicht besteuert wurden, nur eine relativ geringe Gruppe das Wahlrecht ausüben konnte. Dann kam im Laufe des 19. Jahrhunderts der Gedanke des allgemeinen Wahlrechtes und setzte sich durch. Allerdings war in den meisten Fällen – in so manchen Ländern, wie der Schweiz, bis in unsere Zeit – den Männern das Wahlrecht vorbehalten. Die Frauen mussten sich den Platz im politischen Leben erst erkämpfen. Als im Jahre 1979 das Europäische Parlament erstmals direkt gewählt wurde, war seine erste Alterspräsidentin jene große Dame aus Frankreich, Louise Weiss, die noch in ihrer Jugend zu einer Gefängnisstrafe verurteilt worden war, weil sie für das Frauenwahlrecht demonstriert hatte. Erst dann haben sich die Frauen schrittweise durchgesetzt. Es besteht kein Zweifel, dass ihr heute sichtbarer Durchbruch in der Wirtschaft wie im sozialen Leben auf die Tatsache zurückzuführen ist, dass sie nunmehr mit ihrem Wahlrecht die Politik zwingen können, sich für ihre Interessen einzusetzen. Jedoch kann man am Beginn des 21. Jahrhunderts sagen, dass das allgemeine Wahlrecht noch nicht erreicht worden ist. In der Gesellschaft gibt es eine Schicht der Bevölkerung, der das Wahlrecht noch immer vorenthalten wird, nämlich diejenigen, die zu jung sind, die die Volljährigkeit noch nicht erreicht haben.

Man vergisst oft, dass Kinder im Alltag Rechtsträger sind. Sie haben die Möglichkeit, Besitz zu erben. Sie sind auch Inhaber gemeinschaftlicher Rechte. Nachdem sie eine gewisse Zeit lang noch nicht die Fähigkeit haben, diese Rechte auszuüben, werden sie durch ihre Eltern vertreten. Daher wäre es im Sinne einer vernünftigen Demokratie, wenn man das Prinzip befolgen würde, dass jedes Mitglied einer demokratischen Gemeinschaft das Wahlrecht besitzt, dass aber dieses, solange ein Kind noch minderjährig ist, stellvertretend durch die Eltern ausgeübt wird. Dabei ist man – wie in anderen Fragen – berechtigt, anzunehmen, dass die Eltern die Interessen des Kindes wahrnehmen und daher nach ihrer Beurteilung jene Wahl treffen, die ihnen für dessen Zukunft am besten erscheint.

Die Folgen wären klar. Genauso wie im Frauenwahlrecht, darf man auch beim Kinderwahlrecht nicht vergessen, dass die Politiker Stimmen suchen. Menschen, die kein Wahlrecht haben, bedeuten für sie nur wenig. Daher läge es im Interesse einer zukunftsorientierten Demokratie, wenn man den Kindern das Wahlrecht auf dem Wege der Vertretung durch ihre Eltern zusprechen würde. Die Folge wäre, dass die Familien für die Politik interessant würden. Dann würden sich die Mandatare weit mehr für die Familien anstrengen, als dies bisher der Fall war.

Man kann annehmen, dass, wenn eine solche Gesetzgebung den Familien mehr Macht und Einfluss einräumen würde, man leichter eine wirklich familienfreundliche Politik erreichen könnte. Auf diese Weise gäbe es zumindest die große Möglichkeit, einen Versuch zu unternehmen, auf einem sehr bedeutenden Sektor dem Todesmarsch, der leider in Europa immer sichtbarer wird, Einhalt zu gebieten.

Friede oder Diktat?

Die Konflikte der letzten Jahre, ob es sich um den Krieg in Afghanistan, den Konflikt im Nahen Osten oder die Probleme im Kosovo und in Mazedonien handelt, haben für alle europäischen Völker, auch für diejenigen, die zur Stunde noch nicht direkt betroffen sind, die Frage der Möglichkeit eines Friedensvertrages aufgeworfen. Man kann, so wie die Dinge zur Stunde stehen, noch keineswegs absehen, ob es überhaupt in der nächsten Zeit zu einem Ende des gegenwärtigen Zustandes kommen wird oder ob wir noch weiter jene kritische Situation haben, die Nicht-Krieg heißt. Man hat leider weitgehend den Eindruck, dass die zuständigen Politiker nicht verstehen, um was es geht, und weder den Willen noch die Erfahrung haben, die Lage zu meistern. Das gilt übrigens auch für die internationalen Faktoren, die dabei eine Rolle spielen, wie für die UNO, die Europäische Union, die NATO, die OSZE oder einzelne Großmächte, wie etwa Deutschland und die Vereinigten Staaten, die an den Ereignissen teilnehmen, aber noch immer bestrebt sind, die Fiktion zu erhalten, dass es sich um keine Kriege handelt.

Festzustellen ist, dass das Konzept des wahren Friedens bei den meisten überhaupt nicht mehr besteht. Man sieht in diesem entweder einen Zustand des Nicht-Krieges ohne Lösung der Probleme, wie z. B. im Kosovo, in Bosnien und dem Irak, oder man glaubt, dass Frieden herrscht, wenn die eine Seite die andere zu einer Kapitulation gezwungen hat. Das wird immer wieder in dem amerikanischen Satz zum Ausdruck gebracht, es gebe keine Alternative zum Sieg. Dass dadurch überhaupt kein echter Friedenszustand mehr möglich ist, scheint vielen historisch wenig gebildeten Führungspersönlichkeiten der internationalen Politik nicht klar zu sein. Dabei wäre es doch ziemlich einfach, in der Geschichte nachzublättern und zu sehen, wo es am Schluss eines Konfliktes einen wirklichen Frieden gegeben hat und wo mit anderen Formeln, wie wir sie gerade im vergangenen Jahrhundert erlebt haben, die Spannungen nur übertüncht wurden.

Das erste Beispiel ist der Wiener Kongress und was bei diesem geschehen ist. Natürlich wird dieser oft verhöhnt, es wäre mehr getanzt als gearbeitet worden. Dieses Bild zeigt die Verkennung der damaligen Lage. Man darf nicht vergessen, dass der Wiener Kongress am Ende eines Vierteljahrhunderts Kriegsperiode stattgefunden hat. Die Kriege der

Französischen Revolution und Napoleons hatten fast alle Europäer in Mitleidenschaft gezogen. Es hatte auch, insbesondere in den Endphasen des großen Konfliktes, einen tiefen Hass der meisten Völker gegen Frankreich gegeben, der in vielem an die Gefühle erinnert, die 1945 in Europa gegenüber Deutschland bestanden. Die zuständigen Stellen aber hatten offensichtlich ein anderes Konzept, nämlich, dass ein Friede nicht etwa bedeutet, den Besiegten zu bestrafen, sondern eine Lage zu schaffen, in der alle Völker ohne Furcht leben können. Daher war es der erste Schritt der siegreichen Mächte, Russland, Österreich, Preußen und England, die Grundsätze eines echten Friedens festzulegen. Diese wurden auf alle Staaten gleichermaßen – ob Sieger oder Besiegte – angewendet. Vielleicht noch wichtiger war der Beschluss, den Vertreter des besiegten Landes, in diesem Fall Frankreichs Außenminister Talleyrand, von Anfang an mit gleichen Rechten wie die anderen Teilnehmer zur Konferenz einzuladen. Damit konnte er voll an dem Werk des Vertrages Anteil haben.

Diese Formel erlaubte, der Furcht in Europa ein Ende zu setzen und eine lange Friedensperiode einzuleiten. Gewiss hat es auch in dieser Zeit gelegentlich lokale Konflikte gegeben. Der Vorteil der Friedensperiode war aber, dass kein großer allgemeiner Krieg stattfand, der weite Teile des Kontinentes in Mitleidenschaft gezogen hätte. In Mitteleuropa sieht man noch heute, sogar nach den zerstörerischen Bombardierungen und russischen Verwüstungen, die Spuren dieser Friedens- und Fortschrittszeit.

Ganz anders war es bei den verschiedenen Friedensverträgen des 20. Jahrhunderts. Statt dem christlichen Friedensprinzip der Versöhnung, also dem Willen, die Furcht der Völker zu bannen, herrschte das alte heidnische Prinzip des »vae victis« (»Unheil den Unterlegenen«). Schon am Ende des Ersten Weltkrieges haben die Sieger die Besiegten von den Verhandlungen ausgeschlossen, haben ihnen fertige, durch Hass und Rache diktierte Dokumente vorgelegt und sie dann gezwungen, diese ohne Verhandlungen zu unterschreiben. Man hat ihnen zwar damals noch erlaubt, zumindest einen papierenen Protest einzulegen, aber das war auch alles. Das Ergebnis war, dass bereits zwei Jahrzehnte nach den sogenannten Friedensverträgen der Zweite Weltkrieg ausgebrochen ist. Adolf Hitler war, so betrachtet, der Sohn von Versailles. Ohne dieses Unrecht wäre er vielleicht ein unbedeutender Anstreicher geblieben.

Noch ärger war es am Ende des Zweiten Weltkriegs. Zwar hatte man am Anfang versprochen, man hätte gelernt und würde daher anders vorgehen als nach 1918. Es geschah aber das genaue Gegenteil, denn in Jalta wurden nicht einmal mehr die Verbündeten der siegreichen Mächte bei den Verhandlungen zugelassen. So war es möglich, dass sich Josef Stalin gegenüber einem todkranken Roosevelt durchsetzen konnte und einen Frieden erreichte, der stark an die Vernichtung von Karthago erinnerte.

Es war demnach unvermeidlich, dass der Zweite Weltkrieg fast nahtlos in den Dritten überging, nämlich den Kalten Krieg, der wohl wegen der Bedrohung durch die Atombombe weniger militärische Instrumente nutzte, aber alle anderen Mittel des Krieges, vor allem die furchtbare russische Unterdrückung von Millionen Unschuldigen über mehrere Jahrzehnte bewirkte.

Das führte zu einer weiteren Phase der Entwicklung, nämlich dem Ende der Sowjetunion. Hier haben die erfolgreichen Mächte im Westen weitgehend versagt. Sie waren nicht vorbereitet und ließen daher die Stunden der Gnade großteils vorbeigehen. Einiges konnte verbessert werden, andere Völker aber blieben weiter in Fremdherrschaft und können auch heute nicht an einen wirklich ernsthaften Frieden glauben.

Die Lehre dieser tragischen Geschichte ist klar und eindeutig: Ein Friede kann nur nach den alten christlichen Prinzipien erreicht werden, nämlich der gemeinsamen Formulierung der Friedensprinzipien unter Einschluss der Besiegten, um auf diese Weise die Furcht der Völker zu bannen und tatsächlich eine Ordnung zu schaffen, die alle auch innerlich annehmen können. Das bedeutet aber auch, dass man endlich gemeinsame Friedensprinzipien aufstellen sollte, nicht zuletzt jenen Grundsatz der Selbstbestimmung der Völker, oder dort, wo das nicht möglich ist, ein legitimes System errichtet, das auch den Minderheiten absolute Sicherheit und volle kulturelle, wirtschaftliche, geistige und politische Entwicklung ermöglicht. Das gilt nicht zuletzt für den russischen Vernichtungskrieg gegen die Tschetschenen. Russland kann Millionen ermorden, aber auf die Dauer lässt sich auf dieser Grundlage kein Frieden erreichen. Bismarck hatte mit seiner unvergleichlichen Formulierungskunst auch da einen richtigen Gedanken ausgesprochen, als er sagte, man könne alles mit Bajonetten tun, nur nicht darauf sitzen. Solange man in der Welt weiter Kriege mit Rache und mit der Unterdrückung der Besiegten beendet, wird es keinen dauerhaften Frieden geben.

Wo sind die Grenzen?

Die Erweiterung der Europäischen Union vom 1. Mai 2004 führt uns zu der Frage, wie weit man bei den nächsten Schritten gehen soll. Staaten, die wie England ganz besonders viel von der Europäischen Union erhalten haben, treten am meisten dafür ein, dass die Aufnahme neuer Länder möglichst spät erfolgen soll. Anders ausgedrückt: Das Wort von Coudenhove-Kalergi »Paneuropa ist ganz Europa« wird von ihnen abgelehnt. Wenn man schon nicht mehr zu der alten Formel zurückkehrt, dass die Jalta-Grenze die letzte Grenze Europas ist und die Ausdehnung jenseits dieser von Stalin und seinen Gesprächspartnern entwickelten Linie zu einem Krieg führen wird, versucht man trotzdem alles, um – nicht zuletzt unter Berufung auf die soziale Ruhe im Westen – die Erweiterung zu bremsen. Diese Politik wird ein großer Nachteil für Europa sein. Die EU ist an erster Stelle eine Sicherheitsgemeinschaft. Darum sollte klar sein, dass man im Rahmen der derzeitigen Politik europäische Völker, die in unsere Gemeinschaft wollen und die politischen Voraussetzungen erfüllen, aufnimmt.

Die Diskussion zur Stunde geht insbesondere um den möglichen Beitritt der Türkei zur Europäischen Union, aber auch um die Frage, die Marokko aufgeworfen hat, als es eine Mitgliedschaft in der Europäischen Union beantragen wollte.

In der Diskussion werden immer verschiedene Begründungen für eine Ablehnung der Erweiterung genannt, so insbesondere der religiös-kulturelle Unterschied zwischen Europa und den islamischen Staaten. Man vergisst dabei, dass Europa bereits, zumindest teilweise den Gedanken angenommen hat, dass zwei Staaten mit islamischer Mehrheit, nämlich Bosnien und Albanien, die Sicherheit haben, früher oder später in die Europäische Union aufgenommen zu werden. Kommt dann noch der Kosovo, in dem es ebenfalls eine Mehrheit von albanischen Moslems gibt, würde das zur Folge haben, dass eine Ablehnung der Türken im Widerspruch zu der derzeitigen Politik der Europäischen Union steht. Es gibt allerdings weit stichhaltigere Gründe zumindest für eine äußerste Vorsicht, die man jedoch aus politisch-ideologischen Gründen nur selten nennen will.

Man muss sich dabei auch an die Tatsache erinnern, dass wir heute bereits eine ziemlich große muslimische Bevölkerung in Europa haben. Frankreich z. B. hat fast fünf Millionen Algerier. Der Vorwand »Religionsunterschied« ist schon darum abwegig, weil das Argument fast immer von jenen gebraucht wird, die ansonsten wenig für religiöse Dinge übrig haben. Es hat sich immer wieder, vor allem in Bosnien, gezeigt, dass die Moslems sehr gut ihren Platz in Europa einnehmen können.

Daher müssen andere Probleme, nämlich ganz besonders die Frage der äußeren Sicherheit, diskutiert werden. Das gilt für die Türkei wie für Marokko. Von diesen beiden ist heute die Verhandlung mit der Türkei das aktuellste Gesprächsthema.

Wissenschaftlich klar ist auch die Philosophie eines Seligen der Katholischen Kirche, Raimund Lull, des Professors an der Universität der Balearen im 14. Jahrhundert, der ein eindrucksvolles Buch über Parallelen zwischen dem Islam und der christlichen Lehre geschrieben hat. Dabei ist er auf viel christliches und jüdisches Erbe im Koran gestoßen und hat dieses auch in einer Zeit zur Diskussion gestellt, in der es noch Kriege zwischen Moslems und Christen gegeben hat.

Europa ist in erster Linie eine Sicherheitsgemeinschaft. Diese Tatsache fordert dringend die Erweiterung, denn nur durch sie wird – durch den Zusammenschluss in größeren Räumen – die äußere Sicherheit Europas gegenüber dem Ausdehnungswillen Russlands besser garantiert.

Die Beziehungen zwischen der Türkei und dem europäischen Kontinent sind eng und wichtig. Es ist verständlich, dass eine große Anzahl von Türken nach Europa emigriert ist, nachdem der Unterschied des Lebensstandards noch verhältnismäßig groß und in Europa in der Zeit des wirtschaftlichen Aufbruchs Arbeitskräfte notwendig waren. Das gleiche hat sich übrigens gegenüber dem Maghreb in Frankreich erwiesen. Dabei ist auch vollkommen klar, dass die Türkei ein wesentlicher Teil der europäischen Sicherheitsarchitektur ist und als Verbündeter gegen den Druck aus dem Osten immer wieder in der Geschichte diese bedeutende Rolle gespielt hat.

Ein Beweis dafür ist die Lage im Nahen Osten. Dieser hat bis zum Ende des Ersten Weltkrieges zum Osmanischen Reich gehört. Dann wurde er entsprechend den wirtschaftlichen Interessen der Siegermächte zerstückelt. Das hat im Nahen Osten eine Entwicklung ergeben, die in ihren Grundsätzen und Orientierungen, mit leicht geänderten Argumenten, derjenigen entsprach, die sich im Donauraum abgespielt hat. In den Friedensverträgen mit Österreich und Ungarn auf der einen Seite, der Türkei auf der anderen, wurden Strukturen aufgestellt, die parallel waren. Im Donauraum wurde die Einheit zerstört und eine Anzahl kleiner nationalistisch orientierter Staaten durch die von den Siegen begünstigten Politiker geschaffen. Im Nahen Osten waren es nicht so sehr die Politiker, sondern die Erdölgesellschaften, die die gleiche Rolle spielten. Das hat nicht nur die Entwicklung im Irak gezeigt. Ein Staat wurde geschaffen, der früher nicht existiert hatte. Vor 1919 kannte man den Irak nicht. Davor gab es drei Regionen: jene der Sumpfaraber, die man heute die Schiiten nennt, Kurdistan und schließlich das Tikrit-Territorium, das man jetzt als Heimat der Sunniten betrachtet. Aus diesen drei Gebieten wurde der Irak geschaffen. Die Mehrheit waren die Sumpfaraber, aber die militärisch größere Kraft waren die kämpferischen Tikrit. Danach hat der Irak niemals wieder ein Gleichgewicht der Nationalitäten gehabt, nachdem die Türken ausgeschaltet waren. Der letzte Vertreter der Türken, Ministerpräsident Nuri Said, wurde durch die Tikrit ermordet. Seither gab es nur mehr eine Diktatur dieser Volksgruppe über die beiden großen Mehrheiten. Etwas Ähnliches hat sich im Donauraum bezüglich Jugoslawien abgespielt. Dort waren die Kroaten bevölkerungsmäßig das stärkste Element. Sie hatten eine führende Persönlichkeit von Bedeutung, Stjepan Radić, dessen Partei allerdings bereits bei den ersten Wahlen klar sagte, dass sie nicht bereit sei, in einem zentralistischen jugoslawischen Staat zu leben. Das Ergebnis war, dass Radić auf Befehl des damaligen serbischen Herrschers ermordet wurde. Danach gab es keine Demokratie mehr in Jugoslawien. Belgrad hatte die Führung fest in Händen. Bei den Tikrit geschah mehr oder weniger das Gleiche. Nach der Ermordung von Nuri Said und der Haschemitischen Dynastie sowie der massiven Unterdrückung der Kurden wurde versucht, unter dem Namen Irak einen zentralistischen Tikrit-Staat zu schaffen.

Beide Strukturen sind nach dem ersten Weltkrieg zusammengebrochen – das Osmanische Reich durch die Aufteilung des Mashrek; Mitteleuropa durch die Zerstörung der Einheit des Donauraumes. Im letzteren Gebiet allerdings ging die Entwicklung schneller. Damit hat die große Krise auch für die europäische Wirtschaft angefangen, denn die Weltwirtschaftskrise begann durch den Zusammenbruch der Wiener Creditanstalt, und der schwarze Freitag in New York war eine Folge.

Die Türken haben gezeigt, dass sie die einzige denkbare Lösung für die Spannungen im Mashrek sind. Sie haben während der Palästina-Kämpfe der letzten Jahre stets ihre diplomatischen Beziehungen zu Israel wie zu allen arabischen Ländern aufrecht erhalten, sodass sie logischerweise diejenigen waren und auch in Zukunft sein können, die allein im Nahen Osten jenen Frieden der Aussöhnung zwischen Juden und Arabern herbeiführen können, der wirtschaftlich und politisch diese Region wieder stabilisieren kann. Eine Verbindung zwischen der jüdischen Fähigkeit im Bankwesen und in der Technologie und den Möglichkeiten, die der arabische Raum bietet, wäre für die gesamte Weltwirtschaft, aber auch insbesondere für jene Region segensreich, in der bisher beide Fähigkeiten leider nur zu oft ausschließlich für Kriegsgeräte angewendet wurden. Ein Friede im Nahen Osten unter Vermittlung der Türkei könnte das Gleichgewicht in der Weltwirtschaft wiederherstellen.

Hier könnte die Türkei eine wesentliche Rolle spielen. Sie würde den Mashrek-Raum einigen und Marokko, das zweite Land, das Europa nahe steht, wäre dann der logische Ausgangspunkt eines Zusammenschlusses oder einer Konföderation der Maghreb-Staaten. Damit würde man jene Solidarität um das Mittelmeer erreichen, die seit langer Zeit durch die besten politischen Denker des Raumes gesucht wird und nunmehr dank dem Beispiel, das die Europäische Union gibt, eine wirkliche Hoffnung für die Zukunft bedeutet.

Schließlich darf man nicht vergessen, dass die Türkei auch im Kaukasus eine große Aufgabe hat. Dessen islamische Völker gravitieren nach Ankara, und die erfolgreiche Arbeit der Türkei in der Entwicklungshilfe nach dem Zusammenbruch der Sowjetunion hat Wesentliches dazu beigetragen. Auch wäre eine solche Lösung durch die direkte Verbindung über das Mittelmeer zwischen den Erdölquellen des Kaukasus und den Wirtschaftsgebieten Europas sinnvoll. Das wäre auch ein kultureller Zusammenschluss der islamischen Völker gegenüber den Versuchungen des Extremismus. So könnte man das Land, in dem Micheil Saakaschwili Premierminister ist – Georgien – wirtschaftlich besser mit Europa verbinden, unseren Kontinent von den russischen Energielieferungen unabhängig machen und Ordnung im Mittelmeer schaffen. Das alles könnte die Türkei schon allein strukturell aus eigenen Kräften nicht machen. Ein Zusammenschluss des Mashrek und eine Konföderation im Mittelmeer neben dem einigen Europa wären der sicherste Weg zu einem dauernden Frieden.

Kulturell schließlich darf man nicht vergessen, dass das Mittelmeer immer schon eines der stärksten Zentren des geistigen Lebens gewesen ist. Überall findet man die alten Spuren von Hellas, Rom und Byzanz und deren Verbindung zu den derzeitigen europäischen Staaten.

Es wird die Frage gestellt, welche Rolle in diesem Zusammenschluss Russland hätte. Man darf nicht vergessen, dass Russland nicht Europa ist. Solange es die Größe und die Ausdehnung hat, die ungefähr der stalinschen Sowjetunion entspricht, kann es nicht nach Europa kommen, denn schon Boris Jelzin hatte seinerzeit in einer ehrlichen Rede gesagt, er wisse selbst nicht, ob er Europäer oder Asiate sei. Auch ist Russland das letzte große Kolonialreich auf Erden in der Zeit der Dramen der Dekolonisation.

Diese war teilweise auch tragisch für die Mutterländer, wie für England, Frankreich und Portugal. So, wie sich die Dinge entwickeln, besteht kein Zweifel darüber, dass ein Konflikt zwischen Russland und China fast unvermeidlich ist, nach dem Naturgesetz, wonach ein Leerraum neben einem Hochdruckgebiet immer einen Sturm hervorruft.

Man darf auch nicht vergessen, dass ein wichtiger Teil von Sibirien Tanu Tuwa ist, das erst 1945 durch Russland annektiert wurde, obwohl es früher, zumindest auf dem Papier, ein Teil Chinas war. Die Chinesen werden das nicht vergessen, wie es das Schlagwort von den »Zwölf Ungleichen Verträgen« zeigt. Gibt Russland im Fernen Osten nicht nach, kommt es zu einem großen Konflikt. Russland kann auf die Dauer seine Stellung auf den südlichen Kurilen ebenso wenig halten wie im Inneren von Sibirien. Die Bedrohung, die sich zwangsläufig ergeben wird, übersteigt die Abwehrkräfte Russlands. Ein Europa, das Russland einschließen würde, wäre Partner in einem der fürchterlichsten Kriege der neuen Zeit. Daher ist es auch im Interesse der europäischen Bevölkerung, Russland auf keinen Fall aufzunehmen, solange es nicht dekolonisiert ist, d. h. solange es den Völkern Asiens nicht ihr Selbstbestimmungsrecht zuerkennt. Europa sollte deshalb keine allzu engen Bande mit Russland knüpfen, weil dies für die nächste Generation der Europäer das Risiko bedeuten würde, für die Verteidigung der Eroberungen der Zaren und Stalins zu bluten.

Pyramiden und zeitgemäße Staaten

In der immer kritischer werdenden Lage sind Staaten wie Ägypten für jeden Beobachter von großer Bedeutung. Das Land ist stark arabisch in seiner Einstellung, hat aber dennoch weiter diplomatische Beziehungen zu Israel und man hofft, trotz aller unguten Zeichen, dass man schließlich ein friedliches Abkommen erreichen kann. Weltweit allerdings ist die Hauptstadt Ägyptens wegen ihrer historischen Monumente und der Schönheit der Landschaft bekannt. Zwar hat es bei dem Touristenstrom kurz nach dem 11. September 2001 eine rückläufige Entwicklung gegeben. Für eine Weile sogar waren die Hotels fast vollkommen leer. Das hat sich aber wieder eingependelt. Im Gegenteil, die Nachrichten aus dem Nahen Osten haben einiges dazu beigetragen, die Zahl der Touristen, besonders aus Europa, wieder zu heben. Nur die Amerikaner sind weggeblieben, was allerdings bei der Struktur des Tourismus in Ägypten jetzt keinen entscheidenden Unterschied macht.

Wer heute nach Ägypten kommt, wird nicht unterlassen, zumindest die großen Pyramiden zu besuchen. Sie sind einmalige Monumente der frühen menschlichen Geschichte. Allerdings, wenn man sie nicht so sehr in der architektonischen Perspektive betrachtet, sondern als Zeichen einer politischen Situation, zeigen sich hier interessante Parallelen zu dem, was sich bei uns in Europa, aber auch in anderen Ländern abspielt.

Die Pyramiden sind nämlich, wie man weiß, Gebäude, die zur Ehre verschiedener Verstorbener als deren Grabstätten gebaut wurden, wobei im Allgemeinen ihre Ruhe nach relativ kurzer Zeit gestört wurde. Heute befinden sich viele der Herrscher und Machthaber, die seinerzeit die Pyramide als Monument für die Ewigkeit betrachteten, in einem Museum. Dort ist von Pietät gerade in unserer Zeit keine Rede.

Diese Pyramiden, die aus der politischen Struktur des Landes kommen, zeigen interessante Charakteristiken. Sie wurden insbesondere in der Zeit gebaut, in der eine Priesterkaste das Land regierte. Diese hatte eine Reihe von Geheimnissen des politischen Herrschens erkannt und in der Praxis durchgeführt. Besonders bezeichnend war, dass sie eine eigene Sprache entwickelt hatten, die die Bevölkerung nicht lernen durfte. Es ging sogar so weit, dass jeder, der den Versuch unternahm, diese zu erlernen, zum Tode verurteilt wurde. Daher war es für den gewöhnlich Sterblichen nicht möglich, in das Geheimnis der regierenden Kaste einzudringen.

Die großen und genialen Gebäude der Pyramiden, die uns auch heute noch beeindrucken, hatten in Wirklichkeit relativ wenig Sinn. Weder der Tote, noch andere, hatten etwas davon, zumindest zu jener Zeit. Erst später, als der Tourismus zugenommen hat, also etwa ab dem 19. Jahrhundert, haben sie begonnen, für die ägyptische Wirtschaft von Bedeutung zu sein.

Insbesondere bei der großen Cheops-Pyramide wird man mit Bewunderung überlegen, wie viele Tausend Menschen durch Jahre die Steine behauen und das Bauwerk mit einer unglaublichen Präzision aufgerichtet haben. In unserer Zeit wäre es kaum mehr möglich, ein solches Kunstwerk zu schaffen. Ob es allerdings auch damals eine Arbeitsbeschaffungspolitik war, kann man heute nicht mehr mit Sicherheit sagen. Es ist durchaus denkbar, dass die vielen Arbeiter, außer den Sklaven, die die billigste Produktionsmaschine der damaligen Zeit waren, nicht zuletzt aus Gründen der Vollbeschäftigung eingestellt worden waren.

Die Sklaven waren ein zeitgebundenes Element der Wirtschaft. Seinerzeit, als die Leibeigenschaft in Europa zu Ende ging, hat ein Nationalökonom die Bemerkung gemacht, dass diese an dem Tag automatisch aufhören werde, an dem die Maschinen die Arbeit der Menschen übernehmen. Die Abschaffung der Sklaverei fand zuerst in den industrialisierten Staaten statt und erst später in den primitiveren Ländern mit einer landwirtschaftlich tätigen Bevölkerung. Das war, so zeigt die Geschichte des amerikanischen Bürgerkrieges im 19. Jahrhundert, zweifellos das Hauptmotiv dieser militärischen Auseinandersetzung. Auch in Russland ist die Leibeigenschaft der Bauern erst im 19. Jahrhundert mit der Industrialisierung beendet worden. Die zwei großen Staaten unseres Zeitalters, Amerika und Russland, haben erst relativ spät das alte System abgeschafft.

Wenn man die Pyramiden in ihrer sozialen und nationalökonomischen Perspektive betrachtet, hat man ein Monument der Bürokratie früherer Zeiten. Sie waren in der Regel überflüssig, wurden weitgehend ohne Befragung der Bevölkerung aufgestellt und dienten außerdem der Glorifizierung der einzelnen Machthaber. Wer das Parlament in Bukarest betrachtet, das sich Nicolae Ceaușescu zu seiner persönlichen Ehre gebaut hat, ist schon darum an die Pyramiden erinnert, weil neun Zehntel des Gebäudes auch heute noch leer stehen, da man keine vernünftige Verwendung dafür findet. Dabei wurden, um es aufzubauen, weit über 100 Privathäuser zerstört. Die Operation wurde ohne Rücksicht auf Verluste durchgepeitscht. Auch über die in Brüssel aufgebauten Paläste der Europäischen Union wurde mit Recht von einem Zyniker bemerkt, dass diese das Monument der wild gewordenen Bürokratie darstellen, während das Parlament von Ceauşescu in Rumänien der Gedenkstein eines wahnsinnig gewordenen Diktators ist.

Natürlich hat in der Epoche der Ägypter alles etwas mehr Zeit gebraucht. Die Herrschaft der Priester dauerte mehrere Jahrhunderte, wobei man heute immer mehr zu der Folgerung kommt, dass es sich weniger um Priester im religiösen Sinn gehandelt hat, als um Wissenschaftler, die sich allerdings gegenüber der Bevölkerung mit religiösen Motiven tarnten.

Dass zufällig viele Jahrhunderte später diese Pyramiden einen Nutzen bringen, der nicht zu leugnen ist, steht auf einem anderen Blatt. Wenn wir an die Pyramiden unserer Tage in unseren bürokratischen Staaten denken, ist es sicher, dass diese längst nicht die Dauer der ägyptischen Pyramiden erreichen werden. Sie werden sehr bald verschwinden.

In allen Zeiten gab es in der Politik immer wieder die gleichen Elemente und ähnliche Zeichen. Machthaber, die nicht kontrolliert werden, sind versucht, wenn sie nicht sehr lange auf ihre Aufgabe vorbereitet werden, das innere Gleichgewicht zu verlieren und die Pyramiden ihrer Zeit zu bauen. Wir sind heute in Russland z. B. die Zeugen, dass Wladimir Putin, der erst seit wenigen Jahren an der Macht ist, bereits einen Mann, den früheren Innenminister und Dudajew-Mörder Ruschailo, zu seinem persönlichen Berater in Fragen der Propaganda für seinen Geburtsort Staryj Isborsk als neues Heiligtum des von ihm geführten nationalen Sozialismus heranzieht. Im Totalitarismus hat man keinen Sinn mehr für das, was der Bevölkerung zusteht, beziehungsweise was von dauerhaftem Wert ist. Politische Eintagsfliegen bauen ein Monument für sich, solange sie noch am Leben sind. Dass dies ein äußeres Zeichen des inneren Verfalls ihres Systems ist, wollen sie nicht zur Kenntnis nehmen, da jeder von ihnen überzeugt ist, dass er zumindest geistig unsterblich ist. Dass kein Mensch die Ewigkeit auf dieser Erde hat, lehrt uns die Geschichte. Ob allerdings diejenigen, die an der Macht sind, dies zur Kenntnis nehmen, ist eine andere Frage.

Besser als all das ist die Verkettung der politischen Macht mit der Verantwortung vor einem höheren Wesen. Nicht zuletzt darum ist es ein historischer Fehler, dass man bei der Gründung der UNO auf Verlangen Russlands den Namen Gottes oder zumindest eines höheren Wesens aus der Charta gestrichen hat und dass leider bei der Konferenz von San Francisco im Jahr 1945 nur elf Staaten – sechs islamische und fünf südamerikanische – den Mut hatten, gegen diese Forderung die Stimme zu erheben. Dabei ist die Bindung an ein höheres Wesen eine der wirkungsvollsten Bremsen gegen das Ausufern der Macht.

Demokratie oder Partitokratie

Die unzähligen Kommentare über das Ergebnis der Europa-Wahlen in den letzten Jahrzehnten haben wenig Positives erbracht. Die Wahlbeteiligung war ausgesprochen schlecht. Je nach Parteieinstellung hat man dem bösen Gegner die Schuld gegeben, fast überall der entsprechenden Regierung. Konstruktive Vorschläge fehlten. Man hat nur die alten Versprechen erneuert.

Am meisten bestraft war Europa. Die Union war dabei der Prügelknabe für die Schwächen der Regierungen, aber noch mehr für unser politisches System.

Wer den Wahlkampf zum Europa-Parlament in verschiedenen Ländern, vom äußersten Norden bis zum Mittelmeer, beobachten konnte, fand immer wieder dieselben Schwächen. Unsere Demokratie hebt immer mehr vom Boden ab. Die Kandidaten werden durch die Parteiapparate bestimmt, und das Listenwahlrecht macht es den Wählern unmöglich, Menschen ihres Vertrauens in das Europa-Parlament zu schicken. Das zeigten die Wahlplakate. In vielen Ländern waren darauf Personen abgebildet, von denen auch ein wenig informierter Wähler wissen musste, dass sie nicht die geringste Intention haben, ins Europa-Parlament zu gelangen. Man hat die Bevölkerung geradezu aufgefordert, für jemand zu stimmen, der oft in Ermangelung der nötigen Kenntnisse nicht bereit war, sich in Europa einzusetzen oder nur Parteivorsitzender und nicht einmal Kandidat war. Die einzelnen Kandidaten wurden nur äußerst selten gezeigt. Tatsache ist, dass die meisten Wähler überhaupt nicht wussten, wen sie wählen.

Es wurde wirklich alles getan, um den Menschen nicht zu sagen, um was es tatsächlich gegangen ist. Die Parteiapparate in fast allen Ländern versuchten, die im Einzelstaat Regierenden madig zu machen oder sie über den grünen Klee zu loben. Bezüglich der Europathemen wurde kaum etwas gesagt. Dass in einer solchen Situation gewisse Kleinstparteien erfolgreich sein konnten, wie die Fortschrittspartei von Mogens Glistrup in Dänemark, die Partei der Jäger und Fischer in Frankreich oder gar die Liste »Martin« von Hans-Peter Martin in Österreich, die keine positiven Programme hatten, sich durch maßlose Kritik und einen Schmutzwahlkampf hervorgetan haben, ist nicht erstaunlich. Beängstigend an dem Bild ist, dass es in den letzten Monaten der Weimarer Republik vor der Machtübernahme durch Hitler ganz ähnliche Splittergruppen gegeben hat. Diesen ist es oftmals gelungen, ohne viel Vorbereitung, aber mit Unterstützung gewisser Medien, Erfolge zu haben. Diese Demagogie hat allerdings keine Dauer. Es ist ein altes Prinzip bei allen Wahlen, dass jene Parteien, die ausschließlich ein Thema haben, wohl kurzfristig gewinnen können, dann aber an der praktischen Arbeit zerschellen.

Das heutige politische System gefährdet unsere Demokratie. Unter dem proportionellen Listenwahlrecht geht der

Kontakt zur Bevölkerung verloren. Die Parteien sind wohl ein wichtiger Teil eines freiheitlichen Systems. Sie sind aber nicht dazu da, Verwaltungsaufgaben zu übernehmen. Sie sind heute nur zu oft zu Apparaten geworden, die Mandatare ernennen, welche den Parteiwillen zu erfüllen haben. Damit ist faktisch der Wähler in dem heutigen Listenwahlrechtsystem entmachtet. Er kann nicht mehr bestimmen, wer sein Abgeordneter sein wird. Auch hat der Apparat viele Möglichkeiten, Menschen, die unliebsam sind, auszuschalten.

Irgendwie erinnert unser heutiges System an die Herrschaft der Priester in Ägypten. Diese hatten die Macht dadurch gehalten, dass sie alle Entscheidungsposten besetzten und eine eigene Sprache schufen. Heute wird das von Seiten unserer Apparate, wohl in anderer Form wie früher, wieder praktiziert. Wer kennt denn noch die Bürokratensprache? Auch gibt es heute in unseren Staaten Seilschaften, wie unter den Priestern in Ägypten, ohne die man keine bedeutende Stellung erreichen kann.

Das Persönlichkeitswahlrecht ist Garantie einer gesunden Demokratie. Die Wähler müssen die Möglichkeit haben, jenen das Vertrauen zu geben, die sie kennen. Man sagt, dass das eine gewisse Elite ausschaltet, von der man nicht fordern kann, im Wirtshaus zu sprechen. Dabei ist es eine der wichtigsten Aufgaben der Demokratie, für die Wähler da zu sein. Die Möglichkeit dies zu tun, wird schrittweise eingeengt. Das hat man im Europa-Parlament 1999 bemerkt, als die Freitags-Sitzungen, die so genannten kleinen Sitzungen, abgeschafft wurden. Am Freitag wurden jene Fragen behandelt, die einzelne Gruppen der Bevölkerung betroffen haben.

Kaiser Franz Joseph hat auf die Frage, was denn seine Aufgabe in der demokratischen Zeit sei, geantwortet: »Mein Volk vor seiner Regierung zu schützen«. Heute wäre dies die Aufgabe der gewählten Mandatare.

Wer an eine echte Demokratie glaubt, wird über die heutige Entwicklung beängstigt sein. Es wäre höchste Zeit, wieder zu einem System zurückzukehren, in dem der Wähler die Kandidaten bestimmt. Das wäre die Persönlichkeitswahl. Dann würde die Demokratie wieder gesunden. Der traurige Ausgang der Wahlen in neuer Zeit war eine ernstliche Warnung an die Zuständigen.

Subsidiarität

Die Diskussion um die europäische Verfassung stieß auf größere Schwierigkeiten und ist nun in einer angeblichen »Denkpause« praktisch auf Eis gelegt. Das ist eigentlich schon darum nicht erstaunlich, weil von Anfang an, nach dem glücklichen Beschluss, Valéry Giscard d'Estaing, den früheren Präsidenten Frankreichs, zum Vorsitzenden des Konvents zu machen, die Regierungen und Parlamente das Recht der Ernennung in einer Weise ausgenützt haben, die die Aussichten auf Erfolg stark vermindern musste. Man hat, um einen schwierigen Text zu verfassen, einen Konvent mit 105 Mitgliedern zusammengerufen. Dessen Größe musste die Chancen eines Erfolges, wenn nicht zerstören, so zumindest wesentlich vermindern. Trotz der gewaltigen persönlichen Anstrengungen des Präsidenten haben die Schwierigkeiten ständig zugenommen, dies umso mehr, als auch die Regierungen, die sich das letzte Wort in der Angelegenheit des Textes gesichert hatten, nicht fähig waren, wirklich etwas mit Hand und Fuß zu machen. Zwar hat der Text wohl gute Punkte, die meist aus dem Urtext von Giscard d'Estaing stammen, aber trotz dieser Fortschritte ist es nicht möglich, wirklich von einer echten europäischen Verfassung zu sprechen.

Das ist im Lichte der geschichtlichen Erfahrungen nicht bestürzend. Sachverständige haben immer wieder gesagt, dass Europa, um Erfolg zu haben, langsam, aber stetig, wie ein Baum wachsen muss. Viele werden das als Katastrophe bezeichnen. Sie dürften sich irren. Man kann weder von einem Erfolg noch von einem Misserfolg sprechen. Der langsame, mühselige Weg wird weiter gehen.

Eine demokratische Struktur kann nur dann Erfolg haben, wenn man die Entscheidung möglichst nahe an jene heranbringt, die davon betroffen sind. Das haben manche Regierungen nicht verstanden, weil sie zentralistisch waren und vor allem an die Größe dachten. Andererseits war auch ihre strukturelle Denkweise oft falsch ausgerichtet. Es ist eine Schwäche unserer bürokratisierten Demokratie, dass man den Zentralismus als Vorbedingung der Tüchtigkeit einer Organisation betrachtet. Daher der angebliche Widerspruch zwischen Fortschritt und Freiheit.

Im Laufe der Geschichte hat sich mehr denn einmal herausgestellt, dass die Freiheit vor allem in kleineren Einheiten erhalten werden kann. Daher der Grundsatz, dass die größere Einheit nicht Aufgaben übernehmen darf, die die kleinere zufriedenstellend erfüllen kann. Man nennt das in der christlichen Soziallehre das Subsidiaritätsprinzip. Seine praktische Durchführung ist oft schwer.

Die Erfahrungen in den früheren Phasen der europäischen Einigung haben gezeigt, dass bürokratische Organisationen, wie Regierungen, wohl bereit sind, das Subsidiaritätsprinzip in Worten anzunehmen, dieses aber allzu oft nur zu ihrem eigenen Vorteil nützen. Sie sind daher bereit, das Subsidiaritätsprinzip wohl gegenüber denen, die über ihnen stehen, zu fördern; sollten sie aber im Sinn dieses Grundsatzes Zuständigkeiten an kleinere Einheiten unter sich abgeben, beginnt sofort der Widerstand. Das hat man nicht zuletzt bei den Verhandlungen mit der Europäischen

Union gesehen, als die Regierungen der Länder Deutschlands wohl bereit waren, das Subsidiaritätsprinzip gegen die Bundesregierung zu verteidigen, gleichzeitig aber auf keinen Fall Zuständigkeiten an die Gemeinden abtreten wollten. Dabei hat uns die Geschichte gezeigt, dass nur ein Subsidiaritätsprinzip, das auf allen Ebenen durchgeführt wird, eine Lösung des Problems der Spannung zwischen Größe und Freiheit bringen kann.

Nur ein echtes und ehrlich gewonnenes Subsidiaritätsprinzip kann jenes Problem lösen, das heute das größte Hindernis auf dem Wege Europas ist. Dabei handelt es sich weniger um gesetzgeberische Formulierungen als vielmehr darum, eine echte innere Einstellung zu dem Problem der Freiheit in den größeren Gemeinschaften zu finden. Das ist oftmals in der Schweiz gelungen. Auch in Europa ist es durchaus durchführbar. Es wird aber so lange nicht jene echte, gesunde europäische Struktur ermöglichen, wie die Regierungen das Subsidiaritätsprinzip nur gegenüber anderen einsetzen wollen, sich selbst aber von diesem entfernen.

Der kommende Verkehrsinfarkt

Wer in den zurückliegenden Monaten im Rahmen seiner Arbeit weit in unserem Kontinent herumgekommen ist, hat ein Phänomen beobachten können, das möglicherweise ein nicht zu unterschätzendes Vorzeichen eines nahenden Ereignisses ist. Es handelt sich um den Zustand auf unseren Straßen.

Verglichen mit den Gegebenheiten vor nur wenigen Jahren, findet man in ganz Europa schon vor den gewohnten Sommerstaus eine Situation, die den Verkehr ernstlich bedroht: die gewaltige Zunahme der Lastwägen an Zahl, aber vielleicht noch mehr an Größe. Auf den meisten Autobahnen Europas, ob in Österreich, Deutschland, Frankreich oder Italien, findet man heute auch auf den wichtigsten Zufahrtsstraßen, ja sogar den Ausweichrouten, eine ununterbrochene Kolonne von Lastzügen, die den Personenverkehr entscheidend beeinträchtigen. Sie haben aber gleichzeitig selbst die größten Schwierigkeiten. Besonders an Baustellen sind sie oft der Grund schwerer Unfälle, wobei man auch hier sagen kann, dass sie infolge ihrer gewaltigen Größe an verengten Stellen das Risiko immer mehr erhöhen. Hat gar einer von ihnen einen Unfall, ist das sofort der Grund für einen viele Kilometer langen Stau. Man braucht sich nur die Straßenberichte der Rundfunkstationen all dieser Länder anzuhören, um zu wissen, wie sehr sich die Situation in den letzten Jahren ernstlich verschlechtert hat.

Man denkt dabei unwillkürlich an die menschliche Gesundheit. Auch dort ist die Verengung gewisser Arterien beziehungsweise der steigende Blutdruck das, was am Schluss zum Infarkt führt, der dann eine Katastrophe zur Folge haben kann.

Gleichzeitig hört man aber die Nachrichten über die finanziellen Maßnahmen der Regierungen, die im Lichte des Zustandes eigenartig klingen. Ständig werden alle aufgefordert, von der Straße auf die Schiene überzugehen, beziehungsweise die öffentlichen Verkehrsmittel zu verwenden. Dabei wird nicht gesagt, warum diese Aufrufe in den meisten Fällen keine wie immer geartete Wirkung haben. Die Eisenbahnen sind weiter bürokratisch und vielfach staatlich gelenkt. Ihre Kosten sind gewaltig. Wenn man die Statistiken liest, wird man finden, dass die Bedeutung der Schiene gegenüber der Straße bei einer explosiven Entwicklung des Verkehrs in Europa ständig zurückgeht. Es wird zwar viel investiert, aber das Ergebnis ist leider nicht zufriedenstellend.

Mit dem Anwachsen der Größe der Verkehrsmittel auf der Straße und mit der sprunghaften Zunahme der Transporte nähert sich unweigerlich jener Augenblick, in dem an einem Tag der Verkehr in Europa, wenn nicht gänzlich zum Stillstand kommt, wohl aber derart beeinträchtigt wird, dass drastische Maßnahmen notwendig sein werden. Bis dahin schiebt man das Problem vor sich her und investiert aus großteils parteipolitischen Gründen immer noch auf Gebieten, bei denen offensichtlich in der gegenwärtigen Struktur kaum ein Fortschritt erreicht werden kann.

Ein Beispiel ist die Eifeltorstation bei Köln. Hier wurde für Milliarden ein riesiger Containerverladebahnhof gebaut, mit gewaltigen Parkplätzen, in der Hoffnung, eine Entlastung des Frachtverkehrs herbeizuführen. Erst wenige Jahre besteht das Unternehmen und es wird heute schon ernstlich davon gesprochen, das Ganze zuzusperren, weil es sich nicht lohnt. So macht man Fehlinvestitionen, die immer mehr den Steuerzahler belasten, gleichzeitig aber die Dienste nicht verbessern. Dazu kommt die Tatsache, dass der Transport per Schiene heute in den meisten Fällen nicht die Leistung erbringt, die man für die wirtschaftliche Entwicklung braucht. Auch kompensiert er noch immer nicht die Kosten und die praktischen Nachteile dadurch, dass man zumindest Zeit sparen kann. Denn auch da ist die Schiene meist nicht mehr fähig, den Wettbewerb mit der Straße zu bestehen.

Entscheidend ist in diesem Kampf die politische Macht. Die Schiene ist nun einmal für gewisse Parteien geradezu ein Statussymbol. Es wird gefordert: »Weg von der Straße und hin zur Schiene!« Man hat aber noch keine Lösung gefunden, wie man Letztere so gestalten kann, dass sie tatsächlich ein annehmbarer Konkurrent zur Straße in einer freien Wirtschaft wird.

Gewiss wird es schwer sein, einen gangbaren Weg zu finden. Probleme sind aber dazu da, gelöst zu werden. Man kann den Fortschritt nicht mit irgend welchen Maßnahmen hemmen. Die Bewegung weg von der Schiene und hin auf die Straße hat ja auch die Folge, dass die Straßen nicht nur immer mehr verstopft werden, sondern auch, dass infolge der ständig wachsenden Belastung durch die größer werdenden Lastwägen der Unterhalt immer kostspieliger und der Bau neuer Straßen immer schwieriger wird. Daher wäre es höchste Zeit, den Wettbewerb Straße gegen Schiene aus der parteipolitischen Arena wegzunehmen und endlich die Sachverständigen auf beiden Seiten, die wirkliche Kenner sind, damit zu beauftragen, sich mit dem Problem intensiv zu befassen. Man organisiert alle möglichen nützlichen und oft sinnlosen internationalen Konferenzen, aber eine europäische Konferenz über den Verkehr findet noch immer nicht statt, weil die Regierungen selbst nicht entschlossen sind, hier zu handeln.

Dabei kommt ein weiteres Problem auf uns zu. Europa ist noch nicht fertig. Es wird Erweiterungen der Europäischen Union geben und man muss daher auch neue Gebiete in die Überlegungen für die Zukunft einschließen. Manchmal ist aber mit Besorgnis festzustellen, dass viele Planungen noch immer im Rahmen der Lage der Stunde gemacht werden und nicht im Hinblick auf das, was zwangsläufig kommen wird. Auch wird zu wenig an die Wasserstraßen gedacht. Der Kontinent hat eine lange Küste, zahlreiche befahrbare Flüsse und Kanäle und viele Häfen. Die Schiff-Fahrt ist daher ein wesentlicher Faktor, aber die gemeinsame Planung – Straße, eventuell Schiene, Luft- und Schiff-Fahrt – wird noch immer viel zu klein geschrieben. Dieses Konzept muss möglichst bald in Angriff genommen werden, will man nicht in der internationalen Konkurrenz auf dem wesentlichen Gebiet der Verkehrspolitik zurückbleiben.

Wissenschaftlicher Aderlass

Viele beklagen die Übersiedlung größerer Unternehmen aus der Europäischen Union nach Osteuropa beziehungsweise demnächst auch in weitere Länder, wie China oder Indien. Man wirft denjenigen, die ihr Land verlassen, vor, unpatriotisch zu handeln. Aber nur selten wird von jenen Zwängen gesprochen, die zu solchen Entschlüssen führen. Das kann in nicht zu ferner Zukunft eine geistige Verarmung Europas zur Folge haben.

Wie sehr die Emigration der Eliten ein Land betrifft, zeigt Serbien. Vor dem Milošević-Krieg gab es in Belgrad ein Herzspital, das zu den besten Europas gehörte. Dort wirkten 19 große Fachärzte. Mit dem Krieg begann die Emigration. Derzeit hat das Spital nicht nur seinen Rang verloren, es bleibt ihm nur mehr ein Spezialist. Zumindest auf längere Zeit ist Serbien aus der Konkurrenz auf diesem Gebiet ausgeschieden. Dies ist ein erschreckendes Beispiel für das, was sich in unserem Europa abspielt.

Unser Erdteil ist von einem steigenden Verlust seiner geistigen Kapazitäten bedroht. Jedes Jahr sind es Tausende von vielversprechenden, jungen Europäern, die nach Amerika reisen und dort ihre Studien vollenden. Dabei hat sich ergeben, dass von diesen zumindest 70 Prozent nicht mehr nach Europa zurückkehren. Innereuropäisch spielt sich etwas Ähnliches ab.

Der wesentlichste Grund für diese Entwicklung ist, dass viele Fachleute in Europa nicht die Möglichkeit finden, sich zu entfalten. Wer die Gelegenheit hat, das Silicon-Valley, also die Fortschrittszentrale der Vereinigten Staaten zu besuchen, wird feststellen, wie viele Zentral- und Westeuropäer sich dort befinden. Die meisten geben an, dass Kleinstaaterei und erstickender Bürokratismus sie aus Europa vertrieben hätten. Das gilt nicht nur für Kalifornien oder für die pazifische Küste der Vereinigten Staaten. Es ist errechnet worden, dass 40 Prozent der Wissenschaftler, die in den USA arbeiten, aus Europa gekommen sind. Das gilt genauso für Spitzenunternehmen. Allein schon der Papierkrieg unserer Bürokratie spricht Bände. Zwar sagt man, dass das für die Sicherheit oder die Gesundheit der Menschen notwendig ist. Das ist häufig aber nicht stichhaltig.

Dazu kommt das immer stärker werdende Hineinreden der Politik in die wirtschaftliche Entwicklung. Das ist nicht zuletzt die Folge der Tatsache, dass der Neid heute ein wirkungsvolles Instrument der Politik geworden ist. Dabei ist dieser eine der stärksten Bremsen des Fortschritts. Man hat in Europa in der Politik noch immer nicht verstanden, dass die innenpolitisch motivierte Unterstützung überholter Wirtschaftszweige gewaltige Summen in die falsche Richtung leitet, wodurch unsere Wirtschaft geschwächt wird.

Wir sollten endlich erkennen, dass unser geistiger Substanzverlust schon fast selbstmörderisch geworden ist. Nach jüngsten Studien sind über 400 000 wissenschaftlich Beschäftigte nicht mehr in Europa, obwohl sie Europäer sind, weil sie in den Vereinigten Staaten, in Australien, ja sogar in Südafrika, wesentlich mehr Möglichkeiten finden. Wenn jetzt auch noch China – wie es zu erwarten ist – in diese Konkurrenz eintritt, wird es für Europa wirklich gefährlich.

Uns muss klar werden: Eine realistische Politik ist geboten. Hier wäre die politische Reform an die erste Stelle zu setzen. Unsere Demokratie setzt sich immer mehr vom Boden ab. Sie wird zu einem neuen Feudalismus, der wohl alle Schwächen, aber leider nur zu wenige der Tugenden des alten Feudalismus hat. Will man eine demokratische Zukunft, die gleichzeitig Europa wieder jene Stellung in der Welt gibt, die ihm zukommt, sollte man mit einer politischen Reform unserer demokratischen Systeme beginnen.

Europas Sprachen

In jüngster Zeit wird wieder, zumindest in den Kreisen der höheren europäischen Bürokratie, über die Frage gesprochen, ob es nicht an der Zeit wäre, die Zahl der Amtssprachen in Europa zu beschränken oder aber überhaupt zu einer einzigen Europasprache überzugehen. Es ist nicht das erste Mal, dass man eine solche Diskussion führt, aber bisher ist es niemals gelungen, eine zufriedenstellende Lösung zu finden. Nur zu sehr wird auf der einen Seite ein Kampf des Nationalstolzes geführt und auf der anderen versucht, einen Sprachimperialismus, insbesondere zu Gunsten des Englischen, zu schaffen. Dabei werden alle möglichen Argumente genannt, die meist wenig stichhaltig sind.

Zunächst muss man feststellen, dass die Sprache der Mittelpunkt der Kultur ist. Ihre wichtigste Charakteristik in Europa ist die Vielfalt. Würde man einer einzigen Sprache ein Monopol geben, würde sich das fatal auswirken. Dann würde es eben nicht mehr jenen Genius der Verschiedenheiten geben, den wir heute noch haben. Dies käme einer geistigen Verödung gleich. Man kann das am besten mit der Musik vergleichen. Ein Meisterwerk, mit einem einzigen Instrument gespielt, ist langweilig. Der Reichtum eines Konzertes liegt in der Vielfalt der Instrumente.

So gesehen entspricht unsere europäische Sprachenwelt einem echten großen Konzert mit den verschiedensten Instrumenten. Man weiß auch, dass es sehr große literarische Meisterwerke gibt, die einfach nicht übersetzt werden können. Nimmt man allein das Beispiel des Ungarischen, so ist es klar, dass man dessen Lyrik, die einer der großen Werte der ungarischen Sprachkunst ist, nicht wirklich in eine andere Sprache übertragen kann. Eine einzige Sprache würde zwangsläufig zu einem Kulturimperialismus führen, der alle anderen tatsächlich in die Defensive drängt, ja ihnen oft auch die Möglichkeit nimmt, sich auszudrücken. Auch wirtschaftlich wäre das nicht günstig. Im Außenhandel bringt nämlich die Kenntnis der Sprachen einen großen Vorteil. Eines der wesentlichsten Elemente des europäischen Erfolgs im Außenhandel liegt eben darin, dass sich die Europäer viel eher in der Sprache desjenigen ausdrücken können, dem sie eine Ware anbieten, als die Amerikaner, die fast ausschließlich nur Englisch, bestenfalls Spanisch, können.

Der Glaube an das Englische als allgemeines Mittel der Verständigung wird von einem momentanen Phänomen bestimmt. Wer die Geschichte kennt, weiß, dass Sprachen genauso leben wie der Mensch. Sie kommen auf die Welt, sie wachsen heran, und sie verfallen. Im 19. Jahrhundert war Französisch die allgemeine Sprache. Heute ist es leider stark zurückgegangen. So gesehen ist es durchaus nicht abwegig, sich vor Augen zu führen, dass auch das Englische nicht mehr auf seinem Höhepunkt steht. Es ist wohl am meisten verbreitet, aber es gibt auch bereits klare Zeichen eines Verfalles. Allein die Tatsache ist bezeichnend, dass es in den Vereinigten Staaten bereits jetzt fünf Staaten gibt, in denen die Mehrheit der Bevölkerung nicht Englisch, sondern Spanisch, spricht. Als George Bush bei der letzten Präsidentenwahl in der Republikanischen Partei gewählt wurde, hat er seine Annahme der Kandidatur auf Spanisch und auf Englisch ausgedrückt.

Auch nehmen asiatische Sprachen ständig mehr an Einfluss zu. Daher wäre es absolut ungeschichtlich anzunehmen, dass Englisch ewig führend sein wird.

Stets wird das Argument verwendet, dass die Übersetzung eines Textes in viele Sprachen viel teurer zu stehen kommt, als es bei der jetzigen Praxis der Fall ist. Man vergisst darüber, dass es gerade in der Technik der Übersetzung gewaltige Fortschritte gegeben hat und dass es heute schon Möglichkeiten gibt, diese relativ billig herzustellen.

Statt so gleichmacherisch zu sein, wie es gewisse unserer Bürokraten wollen, sollte man verstehen, dass die Erfahrung von multinationalen Gemeinschaften, wie es z. B. das seinerzeitige Österreich-Ungarn war, bewiesen hat, dass, geschichtlich gesehen, eine Arbeitsteilung zwischen den Sprachen durchaus vertretbar ist. Seinerzeit war es eine Sache der Erfahrung, dass die Sprachen, wie die Menschen, jeweils in verschiedene Themen hineinpassten. Französisch war die Sprache der Verträge, weil es der nächste Verwandte des Lateinischen und daher mit Abstand am besten für juristische Texte geeignet war. Wenn wir dann in und nach dem Zweiten Weltkrieg jene Klausel in die Verträge und in die Verfassungen bringen mussten, dass die Sprache eines jeden, der diesen Text unterschreibt, gleichermaßen bindend ist, hat das zu einer großen Verfälschung in Fragen des Rechtes und der Verträge geführt. Dort sind z. B. Deutsch und Russisch sehr schwammig. Ergebnis ist, dass sich in so einem Fall jeweils die Sprache des Stärksten durchsetzt, was zu gewaltigen Verfälschungen führt.

Daher ist es keineswegs abwegig zu fordern, dass wir in Europa wieder eine Arbeitsteilung der Sprachen einführen. Man kann das Französische für Verträge ebenso heranziehen, wie es in anderen Wissens- und Tätigkeitsgebieten für Deutsch, für Englisch und selbstverständlich auch für Spanisch große Möglichkeiten geben wird. Denn in allen Texten, die Bedeutung haben, ist wesentlich, dass der Sinn eindeutig ist. Das ist bei dem heutigen System nicht der Fall.

Sinti und Roma

Bei den Verhandlungen über die Erweiterung der Europäischen Union wird immer wieder die Frage der Minderheiten erwähnt. Es hat schon früher solche Probleme gegeben, ganz besonders im Gefolge der Friedensverträge am Ende des Ersten Weltkrieges und der Bestätigung derselben durch Jalta. Dort wurde eine Anzahl kleiner nationalistischer Staaten geschaffen, und man erkannte nicht, dass nur großräumige Zusammenarbeit eine Lösung bringen kann. Das gilt auch nicht zuletzt für die Fragen der Volksgruppen, die man insbesondere von Seiten gewisser Staaten verwendet, um Lösungen hinauszuschieben ohne zuzugeben, dass hier engnationalistische Interessen und nicht etwa Menschenrechte entscheidend sind.

Es ist allerdings gelungen, nicht zuletzt durch die Erkenntnis einzelner Stellen, dass die Probleme der Minderheiten und Nationalitäten gelöst werden müssen, Spannungen abzubauen. Man braucht hier nur z. B. auf die Minderheiten-Gesetzgebungen in Ungarn, Slowenien oder Kroatien hinzuweisen, die heute auch für die westlichen Demokratien ein Beispiel sein könnten. Will man allerdings nicht anerkennen, dass hier wirkliche Fortschritte gemacht worden sind, so weist man immer wieder darauf hin, dass die Situation der Sinti und Roma, also der Zigeuner, weiterhin nicht voll befriedigend ist. Es sind zwar, das wird auch zugegeben, in fast allen Ländern Anstrengungen gemacht worden, aber noch fehlt ein endgültiges Ergebnis; das sei ein Grund, die Verhandlungen hinauszuziehen.

Die Frage der Zigeuner ist schwierig, weil es sich um Menschen handelt, die oft geistig oder physisch noch nicht sesshaft geworden sind. Das ist unleugbar ein Problem. Auf der einen Seite sollen die Zigeuner sesshaft gemacht werden, auf der anderen Seite aber sollen sie ihre Eigenheiten bewahren. Dass dies in vielen Fällen nicht möglich ist, liegt an Ort und Stelle auf der Hand. Wenn sich nämlich die Autoritäten erlauben, Menschen einen Wohnsitz vorzuschreiben, begrenzt man damit ihre Freiheit und trifft ihre Kultur.

Man darf nicht übersehen, dass die Zigeuner eigene Charakteristiken haben, die zwar zur Kultur beitragen, andererseits aber Probleme schaffen, wenn man ihnen die volle Angleichung an die Gastländer aufoktroieren will. Sie sind große Individualisten, und das ist kein Schaden für Gemeinschaften, in denen der Konformismus immer mehr fortschreitet und sich besonders in letzter Zeit die Zeichen mehren, dass unsere Machthaber die Krise mit dem Terrorismus dazu verwenden, die Freiheit der Menschen durch die Schaffung der »gläsernen Bürger« wesentlich einzuschränken. Das gilt vor allem für das Finanz- und Wirtschaftsgebiet. Man geht von Seiten der Regierungen weitgehend von der Allmacht des Staates aus und beschränkt dadurch zwangsläufig den privaten Rechtsraum des Einzelnen. Dass sich hier insbesondere die Sinti und Roma zur Wehr setzen, ist durchaus verständlich.

In der Zeit nach dem Zweiten Weltkrieg ist von verschiedenen Seiten der Gedanke aufgeworfen worden, man solle bei der Schaffung des einigen Europas einen Sonderstatus, also eine internationale Stellung, für die Zigeuner schaffen. Zugegeben, die entsprechenden Vorbesprechungen waren nicht immer erfolgreich, da der Individualismus der Sinti und Roma zur Folge hat, dass man sie schwerlich zu einer einheitlichen Auffassung bringen kann. Das gilt nicht zuletzt für die Frage der Beibehaltung der Nomadisierung oder der zwangsweisen Sesshaftmachung. Es ist eben schwierig, mit Individualisten auszukommen.

Jüngst hat man wenig von einer europäischen Konvention für die Zigeuner gesprochen. Trotzdem wäre es heute geboten, sich mit diesem für Europa als Rechtsraum wesentlichen Problem zu befassen.

Letzthin hat es übrigens diesbezüglich einige internationale Gespräche gegeben, vor allem in der Frage der Abschaffung der Grenzkontrollen im Geiste von Schengen. Dabei ist einer westeuropäischen Persönlichkeit entschlüpft, dass, wenn man die Freizügigkeit für ganz Europa anstreben würde, es notwendig wäre, den Schengener Vertrag neu zu schreiben oder aufzuheben. Denn dann, wie der Betreffende sagte, könnten die Zigeuner frei von Ost- nach Westeuropa reisen. Das aber würde Probleme schaffen, die unerwünscht sind. Hier liegt offensichtlich einer der Gründe vieler westlicher Widerstände gegen die Erweiterung. Dass man das nicht zugeben will, ist verständlich, außer die Wahrheit rutscht einigen Politikern heraus. Man will sich auf der einen Seite als Vorkämpfer der Rechte der Minderheiten profilieren, auf der anderen Seite aber die Folgen dieser Erweiterung der Rechtssphäre für sich selbst nicht zulassen.

Bei dieser Schwierigkeit könnte nur eine europäische Konvention über die Rechte der Zigeuner eine Lösung bieten. Allerdings gäbe es einen Punkt, der besonders schwierig ist, der aber unbedingt behandelt werden muss. Einer der Gründe der Unterentwicklung vieler Zigeuner ist der mangelnde Unterricht. Daher muss man eine Formel finden, um die Situation nach Möglichkeit zu verbessern, aber auch die Erziehung und die Schulung der Kinder zu ermöglichen. Wer z. B. in Ungarn mit dieser Frage zu tun hat, wird erkennen, dass es durch Unterricht möglich ist, eine Entwicklung dieses Teiles der Bevölkerung auch jenseits ihrer besonderen Fähigkeiten einzuleiten. Wenn man mit gebildeten Zigeunern zu tun hat, wie nicht zuletzt in der Slowakei, wo ansonsten das Problem noch immer nicht lösbar erscheint, wird man sehen, dass diese Menschen Fähigkeiten haben, wenn man nur endlich für sie die richtige Form der Erziehung gefunden hat.

Gewiss, das wird nicht leicht sein. Es sind schon so manche bei Versuchen gescheitert, und das nicht nur in unserer Zeit, sondern bereits im 19. Jahrhundert. Es hat auch damals große Anstrengungen gegeben, eine Lösung zu finden, und es hat Menschen gegeben, die sehr viel Verständnis für die Kultur der Zigeuner hatten und die auf diesem Gebiet wissenschaftlich sehr viel geleistet haben. Daher handelt es sich nicht um ein hoffnungsloses Streben, sondern um eine Sache, bei der guter Wille, Verständnis, aber auch raumübergreifende Lösungen geboten sind. Das bedeutet aber nicht, wie man es oftmals zu sagen scheint, dass nur in den Ländern Mittel- und Osteuropas ein Umdenken erforderlich ist. Auch der Westen sollte erkennen, dass es auch bei ihm notwendig ist, eine andere Einstellung zu diesem Fragenkomplex zu finden und auch über die wahren Probleme offen zu sprechen. Nur eine ehrliche Aufdeckung der verschiedenen Gründe für Haltungen wird es erlauben, eine Lösung zu finden, die für alle wünschenswert wäre, nicht zuletzt im Sinne der Ideale der Europäischen Union.

Kapitel III

Der Donauraum

Österreich

Es ist eine alte Erfahrung, dass es in der Wirtschaft wie in der Politik zwei Schlüssel zum Herzen Europas gibt. Der eine ist jener enge Landstreifen, der sich zwischen den Karpaten in Siebenbürgen und dem Schwarzen Meer auf etwa 80 km ausdehnt. Die Erfahrung im 19. Jahrhundert hat gezeigt, dass, als Russland immer wieder bestrebt war, seine Herrschaft auf den Balkan auszudehnen, die Mächte der damaligen Zeit dies stets zu verhindern wussten, indem Österreich-Ungarn seine Truppen in Siebenbürgen mobilisierte. Das zwang die Russen, sich trotz Siegen über die Türken zurückzuziehen, da das Gebiet zwischen Karpaten und dem Schwarzen Meer die leicht abzuschneidende Lebenslinie russischer Kräfte auf dem Balkan war.

Die andere Stellung als westliche Öffnung zum Donauraum und dadurch dem Balkan ist Österreich, wie es die Zeiten des Nationalsozialismus vor dem Zweiten Weltkrieg wieder einmal gezeigt haben. Damals hat die britische Regierung an der Wende zwischen 1936 und 1937 erkannt, dass Hitler einen Krieg führen wolle. Sie hat auch gleichzeitig verstanden, dass die Abrüstungspolitik früherer Regierungen England so schwach gemacht hatte, dass es einem deutschen Angriff keinen nennenswerten Widerstand entgegenstellen könne. Die Erkenntnisse des Generalstabes zeigten, dass man zwei Jahre brauchen würde, um wieder so weit aufgerüstet zu sein, dass man die britische Insel halten könne. Die Russen haben sich daher immer wieder darüber beklagt, dass London bewusst Hitler nach dem Osten orientieren wollte, um jene zwei Jahre zurückzugewinnen, die seinerzeit durch die fast totale Abrüstung verloren gingen. Daher wurden verschiedene Dinge gemacht, die für Österreich fatal waren, das von 1933 bis 1938 allein dem Angriff des Hitlerismus gegenüber stand. Man darf nicht vergessen, dass von allen Spitzenpolitikern der Welt nur Österreichs Kanzler Engelbert Dollfuß im Kampf gegen den Nationalsozialismus gefallen war und dass außerdem lange Zeit das österreichische Volk auch dem massiven nationalsozialistischen Terror Widerstand geleistet hat. Das einzige Land, das Österreich während des national-sozialistischen Angriffs des Jahres 1934 militärisch geholfen hatte, war Italien, das seine Truppen in Südtirol mobilisierte, was Hitler zwang, seine Kräfte, wenn nicht total zurückzupfeifen, so zumindest zu verhindern, dass sie militärisch zuschlagen.

Im Herbst 1937 hatte der britische Botschafter in Berlin, Henderson, den deutschen Außenminister von Neurath informiert, dass, wenn Berlin beschließen würde, Österreich militärisch zu übernehmen, England nichts tun würde und bestrebt wäre zu verhindern, dass jemand – damit war offensichtlich Frankreich gemeint – Österreich militärisch helfe. Herr von Neurath scheint diese Mitteilung nicht weitergegeben zu haben, was in diesem Fall für seinen Charakter spricht. Die Folge war, dass im Januar 1938 der Herzog von Windsor, dessen Sympathien für den Nationalsozialismus bekannt waren, zu Göring reiste und ihn fragte: »Wann schlagt ihr zu?« Das dürfte Hitler veranlasst haben, Österreich anzugreifen. Es ist bezeichnend, dass gewisse Politiker wie Edvard Beneš in London während des Zweiten Weltkrieges bestrebt waren zu verhindern, dass Österreich vom Westen genauso anerkannt werde, wie es gegenüber der tschechoslowakischen Beneš-Regierung geschehen war.

Auch stammt jener Passus der Moskauer Erklärung von Beneš, der Österreich zum Mitschuldigen am Hitler-Krieg erklärt hatte, obwohl dieser Staat bei Kriegsbeginn nicht mehr existierte, weil er vom Westen fallen gelassen wurde. Es ist bekannt, dass im ersten Monat nach der Okkupation Österreichs am 11. März 1938 alle westlichen Staaten die Ergebnisse des Überfalles durch Hitler anerkannt hatten. Einzig und allein Mexiko hat weiter zu Österreich gehalten und als einziger Staat formell beim Völkerbund gegen die Okkupation Österreichs protestiert.

Bis heute wird immer wieder von einer Mitschuld Österreichs am Hitler-Krieg gesprochen – obwohl das allein schon im Lichte der allgemein bekannten Tatsachen als falsch erwiesen ist. Es gab einige Österreicher, die aus parteipolitischen Überlegungen dieser Diskriminierung des Landes zugestimmt haben, insbesondere der spätere Kanzler Dr. Karl Renner, einer der Gründerväter der Ersten wie der Zweiten Republik, der im März 1938 die Österreicher aufgefordert hat, für den Anschluß zu stimmen. Als die Russen 1945 das Land betraten, stellte er sich Stalin bedingungslos zur Verfügung und machte dazu die Bemerkung, dass die Österreicher und insbesondere die österreichischen Sozialdemokraten voll und ganz zur Sowjetunion stehen und die Zusammenarbeit zwischen Kommunisten und Sozialdemokraten befürworten. Daran erinnert man sich selten, und noch viel weniger, dass es auf der anderen Seite in gewissen Nachbarstaaten Österreichs noch Wahlen gab, in denen die Kommunisten zu einer der stärksten Parteien ihres Landes wurden.

Österreich hat auch nach dem Krieg und sogar während der russischen Besetzung immer wieder seinen Freiheitswillen bekundet. Das gilt bereits für die Zeit der Okkupation, als die Kommunistische Partei mit Hilfe der Sowjetarmee nach ihrem katastrophalen Abschneiden bei den

Wahlen einen Putsch in Österreich versuchte, um die Regierung zu übernehmen. Damals waren es die Gewerkschaften unter der Führung des österreichischen Patrioten Franz Olah, die durch ihren Widerstand den Zusammenbruch des kommunistischen Versuches bewerkstelligten. In der Zeit nach der russischen Okkupation hat sich Österreich immer wieder im Dienste der Nachbarn, die noch unter russischer Herrschaft waren, verdient gemacht.

Hier sollte man sich an die gewaltige Hilfe erinnern, die Österreich den ungarischen Freiheitskämpfern 1956 geleistet hat. Das Land zählte damals die höchste Zahl von Flüchtlingen, die jenseits der rot-weiß-grünen Grenzpfähle Sicherheit fanden. Man darf auch nicht vergessen, dass es zu Zeiten des Prager Frühlings wieder Österreich war, das den Tschechen trotz massiven russischen Drucks die stärkste Unterstützung gewährt hat, wobei allerdings auch die Sudetendeutschen sich trotz der erlittenen Vertreibung und der grausamen Massenmorde an Deutschen besonders energisch für die Tschechen und insbesondere für die tschechische Kirche einsetzten.

Ungarn

Die Frage der kommunistischen Kraft in verschiedenen Ländern, beziehungsweise der Macht der Nationalsozialisten, illustriert sehr klar die Rolle, die Ungarn in dieser kritischen Situation gespielt hat. Was die Nationalsozialisten betrifft, hat es wohl eine Partei gegeben, die sich allerdings aus eigener Kraft niemals entwickeln konnte. Daher gab es wohl gewisse germanophile Bestrebungen, die aber nicht so weit gingen, dass sie die Politik des Landes bestimmten. Man darf in diesem Zusammenhang nicht vergessen, dass der erste Ministerpräsident in der Zeit des Zweiten Weltkrieges,

Graf Teleki, als der deutsche Druck auf Ungarn so stark war, dass man nicht mehr verhindern konnte, dass Ungarn an der Seite des Dritten Reiches teilnehmen müsse, lieber Selbstmord begangen hat, als eine dem entsprechende Erklärung abzugeben. Übrigens waren es dessen Nachfolger, nämlich Ministerpräsident Kállay und insbesondere sein dynamischer und patriotischer Innenminister Ferenc Keresztes-Fischer, die sich mit aller Kraft gegen den Nationalsozialismus stemmten und auch in der kritischen Zeit die Kontakte zu den Westmächten aufrecht erhalten haben. Der letzte legitime Ministerpräsident vor dem Staatsstreich deutscher Kräfte zu Gunsten der Nationalsozialisten, General Lakatos, hielt bis zur Verhaftung des Staatsoberhauptes und der Regierung durch deutsche Truppen aktive Kontakte mit den Vereinigten Staaten an der Wende 1943/44 aufrecht und hatte alles getan, um die kleine Gruppe nationalsozialistischer Quislinge zu isolieren. Daher gab es keine irgendwie legitime oder legalisierte Regierung der Nationalsozialisten in Ungarn.

Es waren auch die Ungarn, die, als die Russen das Land besetzten und die ersten Wahlen ausschrieben, der konservativen Kleinlandwirte-Partei die absolute Mehrheit im ungarischen Parlament gegeben haben. Das Land hat also mehrfach eindeutig gezeigt, dass es nicht mit dem Totalitarismus sympathisiert, sondern im Gegenteil, im Sinne des Testamentes des heiligen Stephan, des Gründers Ungarns, sich stets als ein Stück des Westens betrachtete. Das war die Kontinuität der ungarischen Verfassung, ausgedrückt durch die Heilige Krone, die der Papst der Nation geschenkt hat, als Zeichen der Bindung an das Christentum und an den Westen.

Nach der Staatslehre Ungarns ist die Heilige Krone das Staatsoberhaupt, und die Könige sind deren Diener. In der Sozialpolitik Ungarns hat es, was die Agrarordnung betrifft, vieles gegeben, das hätte reformiert werden müssen. Politisch aber war Ungarn stets auf der Seite der Demokratien und hat seinen Kampf gegen die Nationalsozialisten nahtlos in den Widerstand gegen die Kommunisten weiterentwickelt. Ungarn ist ein Land, das nichts für den Totalitarismus übrig hat, was sich in der inneren Struktur, der Autonomie der Komitate und dem politischen Einfluss von unten nach oben gezeigt hat. Dass die Ungarn, deren Sprache niemand anderer im Donauraum spricht, von ihren Gegnern manchmal als ein Fremdkörper in Mitteleuropa bezeichnet werden, ist unberechtigt. Man darf nicht vergessen, dass Ungarn, das der Vertrag von Trianon am Ende des Ersten Weltkrieges unmenschlich diskriminierte, weil es unter dem Schlagwort des Selbstbestimmungsrechtes der Völker das Land mit der größten Zahl von Landsleuten jenseits seiner Grenzen wurde, trotzdem solidarisch mit Europa und dem Westen blieb. Dies zeigt, welche Bedeutung es als Herz des Donauraumes hat.

Auch muss unvergessen bleiben, dass Ungarn das Land war, das den Russen zwei große historische Niederlagen zufügte. Eine war die Widerlegung des Glaubens an die »Irreversibilität« des Kommunismus, d. h. an das Prinzip, dass, wenn die Kommunisten irgendwo an die Macht kämen, dies das Ende der Geschichte bedeuten würde und sie niemand mehr, außer mit Hilfe fremder Heere, von der Staatsführung verjagen könnte. Der ungarische Freiheitskampf des Jahres 1956 hat bewiesen, dass dies ein Irrtum war. In Ungarn war es im Freiheitskampf des Jahres 1956 das ungarische Volk, das die Herrschaft der Agenten Moskaus verjagte. Es hat den Einsatz der Truppen des Warschauer Paktes gebraucht, um die Kommunisten wieder an die Macht zu bringen.

Im 20. Jahrhundert hat es drei Entscheidungsschlachten gegeben. Die erste war die Schlacht von Verdun, die die

Niederlage der Mittelmächte besiegelte; die zweite war Stalingrad mit dem Sieg über den Hitlerismus. Die dritte war der Freiheitskampf in Budapest, der wohl verloren ging, aber gleichzeitig weitgehend das Ende des Kommunismus herbeigeführt hat. Das zeigte klar das Paneuropa-Picknick in Sopron im Jahre 1989, das tatsächlich den endgültigen Sturz des Kommunismus in der DDR bewirkte. In den kritischen Zeiten hat es bei den Ungarn niemals eine sichere kommunistische Herrschaft gegeben, außer durch den Einsatz sowjetischer Truppen. Das Land hat daher das Testament seines Gründers, des heiligen Stephan, verwirklicht und damit eindeutig seine feste europäische Orientierung bewiesen.

Diese historischen Tatsachen haben in den kritischen Zeiten bei der Befreiung des Landes und insbesondere auch bei der Einstellung der Ungarn zu den künftigen Entwicklungen einen großen Einfluss gehabt. Die Völker des Donauraumes, insbesondere die Slowaken, aber auch die Rumänen, die Kroaten und Slowenen, verstehen sich heute gut mit den Ungarn und sehen in Ungarn jenes Land, das beispielgebend für Unabhängigkeit in Freiheit steht. Sie anerkennen aber auch, dass, gleich nachdem Ungarn befreit wurde, es immer öffentlich für die anderen Völker des Donauraumes tapfer eingetreten ist. Das gilt derzeit besonders für Kroatien, das in den Ungarn eine starke und energische Stütze gegen die internationalen Intrigen gefunden hat.

Slowakei

Die Slowakei war wohl lange ein Teil Ungarns, wurde aber im Pittsburgher Vertrag der Tschechischen Republik überantwortet, weil angeblich die Slawen zusammengehören. Letzteres wurde behauptet, um einer Volksabstimmung aus dem Weg zu gehen und trotzdem von Selbstbestimmung zu sprechen. Damals waren es die Führer der Slowakei, die demokratisch legitimiert waren, wie Hlinka, die für die slowakische Eigenstaatlichkeit eintraten. Was gar die zahlreichen Slowaken im Ausland betrifft, so waren diese im Zweiten Weltkrieg immer Patrioten unter der Führung von Steve Roman, der den Weltbund der Slowaken in den USA und Kanada begründet hat und damit jene Kraft schuf, die bei den Demokratien für die Unabhängigkeit der Slowakei eingetreten ist. Die Slowakei wurde nach dem Zweiten Weltkrieg erneut dem tschechoslowakischen Staat einverleibt, aber auch damals waren alle slowakischen Parteien der Ansicht, dass die Slowakei ihre Eigenstaatlichkeit erhalten müsse. Beim Zusammenbruch des Kommunismus hat sich gezeigt, dass die Slowaken ein ausgesprochen konstruktives, staatsaufbauendes Volk sind. Sie haben in der jüngeren Zeit mit großem Mut eine Wirtschaftspolitik eingeleitet, die den Aufstieg der Slowakei gegen alle Prophezeiungen herbeigeführt hat. Heute kann man die Slowakei als ein Musterbeispiel des Donauraumes bezeichnen. Sie wird auch in Zukunft eines der wichtigsten Mitglieder der Europäischen Union sein, nicht zuletzt infolge der tiefen religiösen Verankerung und des Patriotismus des Volkes.

Tschechische Republik

Schwieriger als die Slowaken haben es die Tschechen, die durch die Alliierten 1945 unter die Sieger eingereiht wurden, obwohl sie wenig Widerstand gegen den Hitlerismus geleistet hatten. Außerdem wurden bei der ersten Wahl nach dem Sieg der Sowjetunion die Kommunisten die größte Kraft in den tschechischen Ländern. Die Tragödie der Tschechen war die Persönlichkeit ihres hoch intelligenten, arbeitsamen

Präsidenten, Dr. Edvard Beneš, der ein extremer Nationalist war. Im Sinne dieser Einstellung hat er zugestimmt, dass man über drei Millionen Deutsche, die seit Jahrhunderten in Böhmen und Mähren lebten, entrechtet, ausgesiedelt und viele von ihnen ermordet hat, obwohl gerade diese Deutschen viel für den wirtschaftlichen Aufbau des Landes geleistet hatten. Dabei hat es auch unter den Tschechen Menschen gegeben, die von Anfang an gegen den Kommunismus Widerstand leisteten, nicht nur unter den Katholiken, sondern auch von Persönlichkeiten wie dem Sohn des ersten Präsidenten der Tschechoslowakischen Republik, Jan Masaryk, der dafür von den Kommunisten ermordet wurde. Jan Masaryk war übrigens durch lange Zeit ein treuer Anhänger der größeren österreichischen Gemeinschaft, da er noch, wie er selbst sagte, am 4. November 1918 für Österreich nicht nur gekämpft hat, sondern einer der höchstdekorierten Offiziere der österreichisch-ungarischen Armee im Ersten Weltkrieg war. Das Begräbnis von Masaryk, an dem Hunderttausende teilnahmen, war die erste gewaltige antikommunistische Demonstration der Tschechen.

Die Vertreibung der Deutschen und einer großen Anzahl von Magyaren war ein Bruch aller Menschenrechte. Hunderttausende dieser unglücklichen Menschen wurden in grausamster Weise ermordet und das gesamte Eigentum der Volksgruppe durch Dekret enteignet.

Dabei ist zu bemerken, dass sich die Deutschen in den kritischen Zeiten, nach der Ausweisung aus der Tschechoslowakischen Republik, anders benahmen, als von ihnen behauptet wurde. Kurz nach der Vertreibung hatten sie die Charta der Heimatvertriebenen unterschrieben, in der sie auf Hass und Rache verzichteten und sich zu Europa bekannten.

Es ist auch wahr, dass der Emigrationspräsident der Tschechoslowakischen Republik, Dr. Beneš, ein politischer

Mitarbeiter von Stalin war. Dank seiner sehr geschickten und unermüdlichen diplomatischen Arbeit hatte er die Vertreibung durchgesetzt und damit für das eigene Volk eines der schwersten Probleme der Zukunft geschaffen. Denn wer auch nur flüchtig auf die Karte schaut, muss wissen, dass es für die Tschechen immer von größter Bedeutung ist, mit den Deutschen ein gutes Verhältnis zu haben. Diese haben ihre Gefühle in den kritischen Tagen, während des Prager Frühlings gezeigt, als gerade die heimatvertriebenen Deutschen am aktivsten den Freiheitskampf der Tschechen unterstützten. Es schadet dem tschechischen Volk am meisten, dass es heute noch Menschen gibt, die davon keine Kenntnis nehmen wollen, dass die massive Vertreibung der Völker ein Verbrechen ist, das im Widerspruch zu der Charta der Menschenrechte steht, und die behaupten, dass die Sudetendeutschen selbst schuld an dieser Vertreibung seien.

Edvard Beneš hat am meisten für die Ausbreitung des Kommunismus in Mitteleuropa gearbeitet. Das haben jüngst die Protokolle über die Konversationen zwischen Beneš und Stalin bzw. Molotow gezeigt. So schickte Beneš bereits 1943 an Stalin die Behauptung, dass der einzige Ungar, der als Demokrat betrachtet werden kann, jener Matthias Rákosi ist, der einer der grausamsten kommunistischen Tyrannen im Donauraum war und der auch im Kirchenkampf, insbesondere gegen Kardinal Mindszenty und mit ihm gegen das Volk, eine entscheidende Rolle gespielt hat. Es war Beneš, der durchgesetzt hat, dass der erste Präsident der Slowakischen Republik, Tiso, am Ende des Krieges gehängt wurde. Das trug langfristig zu der Spaltung zwischen den Tschechen und den Slowaken bei. Das Erbe des Edvard Beneš erschwert bis heute die Wiedervereinigung im Donauraum. In seiner Tradition steht der heutige tschechische Staatspräsident Václav Klaus. Trotzdem ist der Donauraum zusammengewachsen, denn, wie es schon der frühere deutsche Bundeskanzler Willy Brandt gesagt hat: »Es wächst zusammen, was zusammengehört.«

Wer heute die Gelegenheit hat, sich an den Grenzen zwischen der Slowakei und Ungarn und zwischen Böhmen und Österreich umzusehen, wird erkennen, dass die Völker des Donauraumes einander nahe stehen und bereit sind, ihre früheren nationalen Spannungen zu beenden. Sie sind daher bestrebt, das zu tun, was offensichtlich in ihrem wirtschaftlichen und sicherheitspolitischen Interesse entscheidend ist – die Einigung des Donauraumes im Rahmen Europas. Der Donauraum und seine Einheit ist für Europa lebenswichtig. Es war die Zerschlagung seiner Einheit, die zu der Weltwirtschaftskrise geführt hat, die sich im Börsenkrach von New York ausgewirkt hat, und damit dem Nationalsozialismus den Weg bereitete. Daher ist es ermutigend, wenn man sieht, dass es unter den verschiedenen Völkern des Donauraumes den Willen gibt, ihre Eigenheit in der größeren Gemeinschaft zu bewahren. Sie verstehen, dass heute ihre wirtschaftliche und politische Zusammenarbeit von entscheidender Wichtigkeit für ihren Wohlstand wie für die europäische Einigung ist.

Die geschichtliche Erfahrung zeigt, dass Entscheidungen, die durch zügellosen Nationalismus bestimmt werden, sich gegen jene wenden, die, von diesem Geist beseelt, politische Entscheidungen treffen. Das war die Erfahrung von Menschen wie Hitler oder Mussolini, aber auch von Edvard Beneš, dem tschechischen Präsidenten, der durch seine Entschlüsse seinem Volk schwerst geschadet hat. Man kann eben nicht den eigenen Vorteil zum einseitigen Nachteil anderer und durch Verstöße gegen die moralischen Grundprinzipien dauerhaft durchsetzen.

An diese alte historische Erkenntnis muss man unwillkürlich denken, wenn man die Äußerungen der ewig gestrigen tschechischen Nationalisten hört. Es geht um die Mitgliedschaft in der Europäischen Union, aber auch darum, dass das Volk dort einen Platz findet, der ihm dauernde Freundschaft mit den Nachbarn und daher Sicherheit gewährleistet.

Hier geht es vor allem um die Frage der sogenannten Beneš-Dekrete. Eine der einflussreichsten Führungspersönlichkeiten in Prag war bestrebt, nicht nur die Beneš-Dekrete zu verewigen, sondern diese als ein Lebenselement seines Volkes darzustellen. Wer die Beneš-Dekrete gelesen hat, weiß, dass einige ihrer wichtigsten Paragraphen mit den Grundsätzen der Menschenrechte unvereinbar sind. Da sie noch immer in Kraft sind, verewigen sie rassistische Elemente gegen Deutsche und Ungarn. Sie beinhalten die Diskriminierung ganzer Volksgruppen, aber auch von Einzelpersonen. Noch vor nicht zu langer Zeit sind Gerichtsurteile gefällt worden, die auf den Beneš-Dekreten fußen. Die Äußerungen gewisser Politiker, die wohl erkannt haben, dass die Dekrete mit den Grundwerten Europas unvereinbar sind, die aber versuchen, den Eindruck zu erwecken, diese seien gar nicht mehr in Kraft, widersprechen der Wahrheit. Es ist die Verewigung von Unrecht, die auf die Dauer die politische Atmosphäre vergiftet und schließlich dazu führt, dass die verdrängten Wahrheiten im ungünstigsten Augenblick wieder an die Oberfläche gelangen.

Es ist nicht zu leugnen, dass diese Dekrete auch heute noch weit über ihr Ziel hinaus wirken. Es werden nämlich nicht nur Deutsche oder Magyaren diskriminiert und ihres Vermögens beraubt. Dasselbe gilt auch für einige Juden, denen seinerzeit die Nationalsozialisten alles weggenommen und sie in Lager gesperrt haben, deren Vermögen ihnen aber bis heute vorenthalten wird, möglicherweise in der Hoffnung, dass sie zeitgerecht sterben, damit endgültig der Diebstahl durch das Verschwinden der Opfer anerkannt wird. Das hatte seinerzeit Präsident Beneš selbst in London gesagt, als er einer jüdischen Delegation erklärte, er könne und wolle nicht Maßnahmen treffen, die bei der Restitution dazu führen würden, dass die gesamte Hauptstraße Mährisch-Ostraus erneut die Besitzer wechsle. Mährisch-Ostrau war nämlich eine jener Städte Mährens, in denen es eine zahlreiche jüdische Bevölkerung gegeben hat, die den wirtschaftlichen Aufschwung der Gegend herbeigeführt hatte. Dieser zynische Opportunismus gegenüber einer verfolgten Minderheit wird heute fortgesetzt, nachdem noch immer eine Anzahl von Juden das ihnen legitim gehörende Eigentum nicht zurückerhalten haben.

Man darf in diesem Zusammenhang eines nicht vergessen: Ein alter römischer Satz sagt, dass die Gerechtigkeit die Grundlage der Reiche ist. Der Erzbischof der nordirischen Stadt Armagh hat dies seinerzeit so formuliert: Ein Problem, das durch ein Verbrechen geschaffen wird, wird so lange bleiben, um die Verantwortlichen durch Generationen zu strafen, bis endlich die Rechtsordnung wiederhergestellt wird.

Der so genannte »Balkan«

Es ist eigenartig, dass Worte, auch wenn mehr denn einmal ihre Inhaltsleere bewiesen wird, dauernd in gewissen Massenmedien auftauchen. Wer die Technik der Propaganda beziehungsweise der Beeinflussung des Denkens der Massen kennt, kommt nicht umhin anzunehmen, dass diese Fortsetzung einer bereits seit langem nachgewiesenen Unwahrheit auf ein politisches Konzept hinweist. Ein solches Wort ist der Ausdruck »Balkan«, der wahllos eingesetzt wird, um Dinge, die mit diesem nichts oder nur wenig zu tun haben, zu bezeichnen.

Balkan ist ein klar begrenzter geographischer Raum. Das Wort wurde allerdings infolge der politischen Ereignisse immer mehr dafür verwendet, um den Eindruck zu erwecken, es handle sich um eine Kultur oder eine Haltung, der man einen negativen Inhalt geben will.

Man hat dies in unserer Zeit beobachten können, nicht zuletzt während der Kriege im südöstlichen Teil Europas. Dort wurde der Begriff »Balkan« wahllos ausgedehnt, vor allem in Bezug auf Kroatien, um dieses Land zu diskreditieren.

Das geschah durch führende Bürokraten in der Europäischen Union, die unbedingt Kroatien von Europa trennen wollten. Dazu kam, dass viele westliche Politiker die Realitäten Südosteuropas nicht kannten und daher gedankenlos weiterverbreiteten, was ihnen die Bürokraten nahelegten. Es hat ziemlich lange gedauert, bis es nach einem harten Kampf schließlich gelang zu erreichen, dass man Kroatien, zumindest in amtlichen Dokumenten, nicht mehr als Westbalkan bezeichnete.

Allerdings hatte nicht nur der bürokratische Hass gegen Zagreb zu dieser falschen Aussage geführt, sondern auch ganz konkrete Interessen von Wirtschaftskräften, die nach der Niederlage und dem Ende des Milošević-Regimes bestrebt waren, Jugoslawien wieder aufleben zu lassen. Sie wurden unterstützt durch einflussreiche britische Kreise, aber auch besonders von zahlreichen englischen Offizieren, die im Zweiten Weltkrieg an der Seite des Draža Mihailović eingesetzt wurden und dort infolge gemeinsamer Kampferlebnisse eine tiefe Liebe zu den Serben entwickelt hatten. Viel fataler war allerdings in Amerika der Einfluss der so genannten Belgrad Lobby, d. h. jener amerikanischen Diplomaten, die seinerzeit die Politik des Botschafters George Kennan unterstützten, aus dem Regime von Marschall Tito eine wirkungsvolle Konkurrenz gegen die stalinistische Form des Kommunismus zu schaffen. Das mag im Laufe des Zweiten Weltkrieges seine Berechtigung gehabt haben. Die Serbophilie aber und der Wille, Teile Jugoslawiens erneut unter serbische Führung zu zwingen, war falsch. Dies umso mehr, als der Sieg demokratischer Gedanken gezeigt hatte, dass die Kroaten, Mazedonier, Kosovaren und Bosniaken auf keinen Fall wieder unter die Herrschaft Belgrads gelangen wollten. Vor allem Kroatien mit seiner alten europäischen Geschichte und als Heimat des großen Demokraten Stjepan Radić hätte unter keinen Umständen eine Neuauflage Jugoslawiens geduldet.

Es liegt im Interesse der künftigen Friedensordnung Europas, die weitgehend von der Lösung der Probleme Südosteuropas abhängt, hier nicht durch falsche Begriffe eine Politik zu fordern, deren zwangsläufige langfristige Folge ein internationaler Konflikt wäre. Wer immer Kroatien kennt, weiß, dass dieses Land nicht zum Balkan gehört. Die Erklärung des Westens, man kämpfe für Demokratie und Selbstbestimmungsrecht der Völker wird in dem Augenblick unglaubwürdig, wenn man diese Rechte den Einwohnern von Bosnien-Herzegowina, vom Kosovo, von Mazedonien und selbstverständlich auch dem kleinen Montenegro verweigern würde. Ein dauerhafter Friede in Südost-Europa ist nur dann möglich, wenn man bereit ist, endlich den Geboten der Geographie und der Geschichte zu folgen und den Völkern selbst zu überlassen, welche staatliche Form für sie geboten ist. Man kann das Problem weder in den Redaktionen europäischer Zeitungen noch in den bürokratischen Burgen in Brüssel oder im Foreign Office in London lösen, sondern nur an Ort und Stelle.

Kroatien

In der Publizistik und der Politik der letzten Zeit spielt Kroatien immer mehr eine Rolle. Zu einer guten Politik sind – wie schon früher erwähnt – vor allem zwei Wissenschaften notwendig: Geschichte und Geographie. Letztere fehlen den meisten westlichen Politikern in den Beziehungen zu Kroatien.

Die Karten, die vor nicht allzu langer Zeit von Stellen in der EU veröffentlicht wurden, sind bezeichnend. Bei dem Beitritt der zehn neuen Staaten zur Europäischen Union und bei dem bindenden Versprechen, das der Westen Rumänien und Bulgarien gegeben hat, trug Kroatien eine andere Farbe. Das zeigt, wie absurd gerade auch vom geopolitischen Gesichtspunkt her die Politik ist, die Kroatien aus der Europäischen Union ausschließen will. Man hat seinerzeit in der Frage der baltischen Staaten den epochalen Irrtum geplant, nur Estland und Litauen in die EU aufzunehmen. Glücklicherweise ist dank dem energischen Auftreten des Europäischen Parlamentes diese Fehlleistung verhindert worden. Wenn man allerdings heute die neuesten Karten sieht und erkennt, dass die Ausschaltung Kroatiens von der Europäischen Union dieses Land heute wie einen Pfeil in dem gemeinsamen Raum darstellt und damit den so genannten »westlichen Balkan«, mit dem Kroatien nichts zu tun hat, bis vor die Tore Wiens führt, wird man erkennen, welch fataler Irrtum es wäre, wollte man Kroatien aus der Erweiterung auslassen.

Gewiss wäre es klüger gewesen, Kroatien bereits 2004 zum vollberechtigten Mitglied der Europäischen Union zu machen. Man merkt heute, ist man nicht ideologisch blind, wie sehr es fehlt. Trotzdem gibt es noch immer Bremser. Dies gilt vor allem für Großbritannien, das bestrebt ist, den Fortschritt der Beitrittsverhandlungen zu bremsen, und für Holland. Bei Großbritannien wird im Allgemeinen vermutet, dass hier sehr enge privatwirtschaftliche Interessen mit starken politischen Verflechtungen eine Rolle spielen. Dazu kommt der anti-katholische Affekt Englands, der in einem weitgehend nicht-religiösen Land, das auf seine pragmatische Politik stolz ist, sonderbar anmutet. Man hat, so eigenartig es klingen mag, den Schreck von der »großen Armada« des spanischen Königs Philipp II. noch immer nicht vergessen. Bei den Niederlanden wiederum kann man sich des Verdachtes nicht erwehren, dass die unselige Rolle der holländischen Soldaten bei dem furchtbaren Gemetzel der Muslime und Kroaten von Bosnien-Herzegowina in Srebrenica, bei dem die niederländischen Soldaten die Aufgabe, waffenlose Zivilisten zu schützen, nicht erfüllt haben, noch immer mitspielt.

Die Argumente, die jahrelang gegen Kroatien angeführt wurden, sind schon zahlreiche Male widerlegt worden, werden einem aber immer erneut aufgetischt. Man wirft vor, das Land sei keine Demokratie. Die freien Wahlen, wie die Tätigkeit des kroatischen Sabor, haben diese Behauptung widerlegt. Auch wird behauptet, die Kroaten trügen eine Mitverantwortung für gewisse Verbrechen im Laufe des Krieges mit der serbischen Armee. Beweise dafür hat man allerdings noch nicht gesehen, wohl aber wurde anscheinend vom Haager Gericht nicht zur Kenntnis genommen, dass Kroatien von den Serben überfallen worden war. Bei den Serben handelte es sich daher um echte Kriegsverbrechen, bei den Kroaten um einen reinen Defensivkrieg. Dazu kommt, dass man heute noch immer tausende Kroaten an der Rückkehr in ihre Heimat in der »Republika Srpska« gewaltsam hindert, den Kroaten aber vorwirft, die Serben an der Rückkehr in ihre Orte zu hindern. Jeder an Ort und Stelle weiß, dass die Tore Kroatiens offen sind. Der serbisch-orthodoxe Metropolit in Zagreb, Jovan, hat persönlich westlichen Publizisten bestätigt, dass die kroatische Regierung Sanader alles für die Rückkehr der Serben tut.

Es ist eigenartig, dass die Hauptverbrecher im Überfall auf die Muslime in Bosnien-Herzegowina, also Karadžić und Mladić, weiter frei herumlaufen und sogar finanzielle wie logistische Unterstützung von Kreisen in Belgrad erhalten. Die Serben wissen, dass sich beide im Zugriffsbereich Belgrads bewegen und sagen es, doch gegen diese Großverbrecher geschieht nichts. Auf der anderen Seite wollte man einem tapferen kroatischen Soldaten, der sein Land verteidigt hatte, General Bobetko, den Prozess machen, obwohl der greise Kommandant der kroatischen Armee bereits schwer krank im Spital lag und nach kurzer Zeit verschieden ist. Auch darf man nicht übersehen, dass während in Kroatien zahlreiche katholische Kirchen durch die fremde Armee zerstört wurden, in Serbien keine einzige orthodoxe Kirche beschädigt wurde.

Schließlich sollte man sich auch darüber im Klaren sein, dass Kroatien mit dem Balkan nichts zu tun hat. Es ist zwar wahr, dass einige hohe internationale Bürokraten aus dunklen Motiven immer wieder den Versuch unternehmen, Kroatien als Balkanstaat darzustellen. Weder historisch noch geographisch stimmt das. Wer zwischen Kroatien und Serbien reist, weiß, dass es eine Grenze der Kulturen gibt. Die Balkan-Kultur liegt im Osten.

Man muss sich aber auch darüber im Klaren sein, dass, solange Kroatien noch nicht der Europäischen Union beigetreten ist, die Stellung von Rumänien und Bulgarien, nicht zuletzt im Lichte der Freundschaft zwischen Serbien und Russland auf der einen Seite, aber auch im Lichte der möglichen russischen Politik im östlichen Mittelmeer, äußerst schwach sein wird.

Es muss auch darüber Klarheit herrschen, dass Kroatien eindeutig Teil der westlichen Kultur ist. Varaždin ist eine österreichisch anmutende Stadt, während auf der anderen Seite Dubrovnik venezianische Charakteristiken hat. Das gilt auch für andere Städte Dalmatiens wie auch des nördlichen und mittleren Kroatiens. Die kroatische Kultur war immer nach Westen orientiert – aus konfessionellen, politischen und weltanschaulichen Gründen.

Wird Kroatiens Beitritt zur EU nicht beschleunigt, dann wird die Anstrengung, im Südosten Europas eine Friedenszone zu schaffen, hinfällig werden. Das Überleben von Gebieten wie Albanien, Mazedonien, Montenegro und damit in weiterer Folge auch Bulgarien und Griechenland hängt weitgehend von jener Verbindung zu dem Westen und zur westlichen Kultur ab, für die Kroatien der Garant ist. Daher ist es nicht übertrieben zu sagen, dass Europa Kroatien zumindest ebenso braucht wie Kroatien Europa.

Slowenien

Selten wird der Name Slowenien im Zusammenhang mit der Zukunft des Donauraumes genannt. Das Land ist klein, arbeitsam und bescheiden und hat außerdem die Gabe gehabt, sich immer wieder wirkungsvoll, aber diskret durchzusetzen. Darüber hinaus ist es wegen seiner tiefen Religiosität bekannt. Die Slowenen sind aber auch tapfere Soldaten. Als der serbische Angriff auf Befehl von Milošević stattfand, hatte der erste Vorstoß Slowenien zum Ziel. Die Slowenen hatten weder eine Luftwaffe noch Panzer und schienen daher für die Serben ein leicht zu besiegendes, aber strategisch bedeutendes Opfer zu sein. Die jugoslawische Armee ist damals in Slowenien einmarschiert, während die Slowenen, die das schweizerische Milizsystem eingeführt hatten, das Volk unter die Waffen rief. Die Serben haben nicht verstanden, was das bedeutet und sind gegen die Hauptstadt Ljubljana vorgegangen, ohne Infanterieeinheiten nebst ihren Panzern einzusetzen. Nachdem der Flugplatz total zerstört worden war, sodass sie keine Flugverbindung mehr hatten, gelang es den Slowenen, die serbischen Panzer in die großen Wälder nahe des Flughafens von Ljubljana zu locken. Dort blieben die Serben ohne Infanteriebegleitung stecken, während die Slowenen sie mit ihren leichten Waffen und Minen umzingelten. Die serbischen Panzer hatten keine Möglichkeit mehr, sich zu bewegen. Darauf schalteten sich die Italiener ein und versprachen, dass, wenn die jugoslawische Armee sich nicht zurückzieht, sondern bereit ist, auf italienischen Schiffen in das serbische Gebiet gebracht zu werden, sie der Gefangennahme entgehen würde. Den Einheiten blieb nichts anderes übrig, als anzunehmen. Mit einigen schweren Verlusten hatte die slowenische Nation den ersten großen Sieg über die jugoslawische Armee davongetragen.

Einige Wochen später traf ein westlicher Politiker auf dem Gang des Europäischen Parlamentes den Vertreter der damals noch nicht anerkannten slowenischen Regierung, Herrn Šinkovec, der ihm zurief: »Gott sei Dank, man spricht nicht mehr von uns.« Er wollte damit sagen – was übrigens stimmte – dass der Krieg zu Ende gegangen war. Das kleine Slowenien hatte das hoch gerüstete und mächtige Serbien besiegt. Seither haben sich die Slowenen unter großen Anstrengungen stark hinaufgearbeitet. Sie haben wohl nicht die Waffen niedergelegt, denn man kann nicht wissen, was kommen wird, sie haben aber wieder begonnen, eine Friedenswirtschaft aufzubauen und erreichen damit einen großen Erfolg.

Slowenien ist heute für das ganze östliche Mittelmeer die Seeverbindung zum deutschen Industriegebiet. Das hat zu einem großen wirtschaftlichen Aufschwung dieses Landes geführt, ganz abgesehen von der eindrucksvollen Arbeitskraft des slowenischen Volkes. Die Slowenen sind heute damit zu einem der wichtigsten Verbindungsgebiete zwischen dem östlichen Mittelmeer und dem Industriegebiet Mitteleuropas geworden und betreiben weiter in der ruhigen und bescheidenen Art, die ihnen so gut bekommen ist, jene Politik der wirtschaftlichen Zusammenarbeit und der Verständigung der Völker, die allein die Zukunft Sloweniens garantieren kann.

Man braucht diesbezüglich nur in das Gebiet der Mur zu gehen, um zu wissen, wie sehr sich die Slowenen mit den Ungarn, die dort leben, verständigt haben. Allerdings war dazu auch eine große Persönlichkeit notwendig, von der man in Europa wenig spricht: Frau Pozsonec. Einer älteren Dame ist es gelungen, moralisch die Großmutter der ganzen Einwohnerschaft zu werden. Sie wurde bei der ersten freien Wahl Sloweniens in das Parlament gewählt und bei allen nachfolgenden Wahlen mit den Stimmen der Magyaren und Slowenen erneut bestätigt.

Wer die Gelegenheit hat, über die Autobahnen nach Österreich und nach Deutschland zu fahren, wird immer wieder sehen, welch große Zahl von Lastwagen aus Slowenien kommt. Die slowenische Wirtschaft ist gesund, die Politik ist ruhig, und die Slowenen sind weiter Menschen, die ihren Frieden in Ruhe genießen, weil sie im entscheidenden Augenblick patriotische und tapfere Krieger waren.

Bosnien-Herzegowina

Eine vollkommen andere Situation findet man in Bosnien und Herzegowina. Es ist unglaublich, was die politische Stümperhaftigkeit einiger internationaler Repräsentanten, wie Lord Paddy Ashdown und Wolfgang Petritsch aus dem Westen zustande gebracht hat, um Bosnien und Herzegowina in eine unmögliche Situation zu bringen. Das ist weitgehend darauf zurückzuführen, dass sich die westlichen Regierungen nicht angestrengt haben, wirklich qualifizierte Menschen in die verschiedenen Länder, die vom Kommunismus befreit wurden, zu entsenden. Man hat zwar lautstark erklärt, sie würden kommen, um Demokratie zu lehren. Die Wahrheit ist aber, dass sehr viele ihrer Schüler nur gelernt haben, wie man sich schnell die Taschen füllt oder aber, wie man wohl Demokratie predigt, aber dann genau das Gegenteil in der Praxis tut. Das zeigt Bosnien-Herzegowina.

Der Anfang des Unheils war, dass das Land nicht voll befreit werden konnte. Das war auf die Intrigen innerhalb des westlichen Bündnisses zurückzuführen. Nach der Befreiung der Krajina 1995 war die kroatische und bosnische Armee sehr erfolgreich in Bosnien-Herzegowina auf dem Vormarsch, sodass man eigentlich damit rechnen konnte, dass dort Ruhe und Ordnung eintreten würden. Dann haben sich die alliierten Mächte und insbesondere deren Bürokraten und Politiker in die Sache eingemischt und insofern die Situation verschlechtert, als sie nach eigenen Auffassungen vorgegangen sind, ohne das Land im geringsten zu kennen. Es gab zwar einige von ihnen, die sich angestrengt haben, an Ort und Stelle zu lernen, allerdings auf Kosten der Bevölkerung, der man angeblich in ihrer Not helfen wollte.

Ein prominenter Mann in Mostar, einer der wichtigsten Städte von Bosnien-Herzegowina, war der frühere Bürgermeister von Bremen, Hans Koschnick. Er hat seinerzeit, als eine parlamentarische Delegation nach Mostar kam, um sich über die Lage zu informieren, seinen Vortrag mit den klugen Worten angefangen: »Ich möchte vor allem sagen, dass ich, als ich gekommen bin, eine Reihe von Vorurteilen hatte. Alle waren falsch. Ich habe dann von der Erfahrung der österreichisch-ungarischen Verwaltung gelernt, weil es mir und meinen Kollegen niemals gelungen ist, alle Nationalitäten an einen Tisch zu bringen. Das war unter Österreich-Ungarn nur möglich, weil am Tisch selbst ein kaiserlicher Beamter aus irgend einem anderen Teil der Monarchie saß, dort die Autorität vertrat und insbesondere niemals versuchte, sich in Dinge einzumischen. Er hat nur, wenn es wirklich nicht anders ging, zwischen verschiedenen Stellungen zu vermitteln versucht.

Diejenigen, die heute das Sagen haben, wie z. B. Lord Ashdown oder Herr Petritsch, haben diese kluge Haltung niemals eingenommen. Sie wussten angeblich von Anfang an über alles Bescheid, haben daher gewaltig danebengegriffen. Sie konnten das immer wieder durch Autoritätsakte verändern, wie z. B. nach den letzen Wahlen in Bosnien-Herzegowina. Lord Ashdown hat überall vom Triumph der Demokratie gesprochen. Allerdings hat er selbst eingegriffen, indem er eine Reihe von Abgeordneten, die mit großer Mehrheit der Bevölkerung gewählt wurden, abgesetzt hat und vielfach den von ihnen besiegten Kandidaten an ihrer Stelle das Mandat zuteilte. Er hat gar nicht daran gedacht, dass er mit einer solchen Vorgangsweise genau das Gegenteil dessen erreichen würde, was tatsächlich notwendig war. Das war der Grund, warum in Bosnien-Herzegowina große Schwierigkeiten entstanden sind. Allerdings hat da auch die Verwaltung der Europäischen Union oder der Vereinten Nationen die Sache insofern abgeschlossen, als sie erklärten, es sei die Schuld der Bevölkerung, dass die Verwaltung nicht funktioniere; man müsse daher autoritär vorgehen.

Dabei haben Bosnien und Herzegowina zwei große Werte. An erster Stelle ist das die Verständigung zwischen den Völkern. Heute gibt es eine wesentlich bessere Atmosphäre zwischen den Nationalitäten, als das früher unter der jugoslawischen Herrschaft der Fall war. Leider versuchen bürokratische Machthaber nach eigenem Urteil vorzugehen und ihre eigenen Gedanken durchzusetzen, während sie ihre Willkür als Erziehung zur Demokratie bezeichnen. Dabei ist klar, dass die Völker keine Erziehung zur Demokratie brauchen, denn sie haben sich schon früher verständigt. Die Solidarität zwischen ihnen ist heute stark, stärker jedenfalls als das, was die verschiedenen Vertreter der »Siegermächte« durchsetzen wollen.

Natürlich gibt es Probleme. Es wäre erstaunlich, wenn es keine gäbe. Viel ist aber inzwischen geschehen, vor allem in der Verständigung zwischen den Kroaten und den Muslimen, und hätte es keine Einmischung der westlichen Mächte gegeben, wäre die Aussöhnung zwischen den Nationalitäten schon weiter fortgeschritten. Es ist aber etwas Ermutigendes festzustellen. Eine Verständigung zwischen den Nationalitäten ist möglich, wenn man sie nach eigenem Urteil handeln lässt und Institutionen schafft, die den Ausgleich herbeiführen, ohne sich in die Innenpolitik einzumischen. Man müsste endlich erkennen, dass das, was sich in Bosnien-Herzegowina abspielt, nicht eine Okkupation sein darf, wie es heute nur allzu oft den Anschein hat, sondern eine Friedensmission, die ein demokratisches Verständnis gegenüber der Bevölkerung mitbringt.

Man müsste bereit sein, auf die Einwohner zu hören, sie bei ihren Bestrebungen zu unterstützen und nicht allzu viel angebliche Autorität zu verwenden. Es ist besser für das gesamte Gebiet, die Kräfte, die sich seinerzeit vor dem Ersten Weltkrieg gut entfalten konnten, wieder neu ins Leben zu rufen. Man wird Demokratie nicht von oben her durch Dekrete, Drohungen und insbesondere durch die Verwerfung der demokratischen Prinzipien erreichen. Man müsste, soweit es irgend möglich ist, das tun, was die Beamten von 1914 taten, nämlich wohl eine Verwaltung zu haben, aber nicht um die Leute zu führen, sondern um den Menschen zu helfen.

Ein Beweis, dass es möglich ist, zeigt der Eindruck, den der Bischof von Banja Luka, Franjo Komarica, auf alle, einschließlich der Serben, gemacht hat. Komarica ist Kroate, verständigte sich aber immer mit allen Völkergruppen. Als die Serben Banja Luka besetzten und die Muslime und Kroaten vertrieben, hat sich Bischof Komarica geweigert, die Stadt zu verlassen, die sein Bischofssitz ist. Alle Versuche der serbischen Autoritäten, ihn aus der Stadt hinauszuekeln, hatten keinen Erfolg. Er wurde somit der Schutzherr aller Nationalitäten, auch wenn es ihm meist nicht gelang, diesen die Möglichkeit zu geben, weiter in der Gegend von Banja Luka zu bleiben. Alles wurde unternommen, um ihn unter Druck zu setzen, aber es gelang nicht. Mit der Zeit hat Bischof Komarica einen großen internationalen Ruf bekommen. Da begannen auch einige Serben, ernstlich in Frage zu stellen, ob es berechtigt sei, den Bischof zu verfolgen, der doch versuche, allen Menschen gleichermaßen zu helfen. Das Ergebnis war, dass ihm wohl nicht gelang, die Vertreibung ganz zu verhindern, er konnte aber die Aufmerksamkeit so auf Banja Luka lenken, dass es nicht mehr möglich war, so wild zu hausen, wie es am Anfang der Fall war. Ganz besondere Hilfe erhielt er allerdings von Papst Johannes Paul II., der den Bischof selbst im Juni 2003 besuchte. An der großen religiösen Feier nahmen auch Vertreter der Muslime und des Judentums teil. Es war eindrucksvoll zu sehen, dass Juden, Moslems und natürlich die noch verbliebenen Katholiken sich an den Bischof klammerten und seinem Beispiel folgten.

Die Serben, einschließlich der Vertreter der serbische Orthodoxie, allerdings haben sich weiter verstockt gezeigt. Geführt durch das Militär haben sie alles getan, um die Aussöhnung zu verhindern. Privat haben viele Serben erklärt, wie leid es ihnen tat, so zu handeln, denn sie haben auch gefühlt, dass der Bischof ihnen den Frieden bringen könnte. Bischof Komarica verfolgt seine Linie, er arbeitet heute genauso wie in der Vergangenheit und wird dies auch weiter so halten, umso mehr, als sich jetzt die serbischen Autoritäten nicht mehr trauen, ihn anzurühren, weil sein Ruf so groß geworden ist. Daher wird sich auch zeigen, dass am Schluss die geistige Kraft über die rohe Gewalt siegen kann.

Neben Kroatien ist Bosnien-Herzegowina ein Teil jenes Gebietes, das Ignoranten der geschichtlichen Wahrheit und der politischen Tatsachen als Balkan bezeichnen. Das Land hat lange Zeit unter türkischer Herrschaft gelebt, hat aber immer einen multinationalen Charakter erhalten. Heute sind die Muslime die mit Abstand stärkste Gruppe der Bevölkerung. Es folgen die Serben, die allerdings wohl durch die absurden Beschlüsse der Großmächte in den Verhandlungen in der Zeit des Zusammenbruchs von Jugoslawien das größte Gebiet erhielten, dabei aber eine relativ kleine Volksgruppe sind und schließlich die Kroaten, die in der Herzegowina ihren Mittelpunkt haben. Das war ein Beweis dafür, dass die geniale Propaganda der Serben und ihre Politik in der Zeit der Karadjordjević-Dynastie die diplomatischen Dienste des alten Jugoslawiens weitgehend kolonisiert hat. Das hat ihnen erlaubt, durch ihre Kontakte zu erreichen, dass, als Jugoslawien zusammenbrach, Bosnien-Herzegowina als angeblich freier Staat entstanden ist. Allerdings war dann die Folge jener Krieg, der mit der Aggression Serbiens auf Slowenien begann, nach der Niederlage der Serben östlich von Ljubljana in Kroatien den Krieg weiterführte und schließlich auch in Bosnien-Herzegowina ausbrach. Die Serben versuchten, die Muslime und Kroaten aus weiten Teilen Bosnien-Herzegowinas zu vertreiben und das ganze Gebiet zu einem Teil Serbiens zu machen. Das ist allerdings nicht gelungen, nicht nur durch den sehr tapferen Widerstand der muslimischen Bevölkerung, sondern auch durch die Kampfbereitschaft der Kroaten und schließlich durch jene mächtige Offensive der kroatischen Armee, die zur Befreiung eines guten Teils von Bosnien-Herzegowina führte. Allerdings konnte dieser Erfolg nicht ausgeschöpft werden, denn die pro-serbischen Kräfte unter den europäischen Mächten erreichten, dass den Kroaten und den mit ihnen verbündeten Muslimen durch gewaltigen internationalen Druck und Drohungen die Möglichkeit genommen wurde, tatsächlich das von ihnen seit immer besiedelte Land wieder zu übernehmen.

Man hat sehr viel davon geredet, dass den Serben Unrecht angetan wurde. Das ist nicht wahr. Die Serben haben weite Gebiete erhalten, in denen es keine serbische Mehrheit gegeben hat. Eine Stadt wie Banja Luka z. B. hatte eine Mehrheit aus Muslimen und Kroaten, doch eine serbische Minderheit erhielt die Herrschaft über die Stadt. Die Tragödie von Srebrenica hat dazu geführt, dass mit den Massenmorden der Serben an den Muslimen und Kroaten eine Situation geschaffen wurde, bei der die Erben der Kriegsverbrecher Karadžić und Mladić heute einen guten Teil von Bosnien beherrschen. Trotzdem sind die Medien im Westen noch immer tätig, ständig von angeblichem Unrecht, das die Kroaten und Muslime den Serben angetan hätten, zu sprechen und damit den Versuch zu machen, eine Lösung in Bosnien-Herzegowina herbeizuführen, die den Serben den größten Einfluss sichert. Das ist in einer anderen Form die gleiche Mentalität, die zu dem eigenartigen Wahlrecht im Kosovo geführt hat, wo die kleinste Minderheit proportional mit Abstand die größte Zahl von Sitzen erhält.

Derzeit ist Bosnien-Herzegowina in zwei Teile geteilt, die »Republika Srpska« auf der einen Seite – die muslimisch-kroatische Föderation auf der anderen. Das Land ist großteils verwüstet worden. Trotzdem hat es gezeigt, wie weit es sich aus eigener Kraft von den schweren Schicksalsschlägen erholen kann.

Leider weiß man im Westen nicht genug über die Zustände in Bosnien-Herzegowina. Besonders die Tatsache, dass dort wohl immer wieder in den internationalen Versammlungen von Demokratie gesprochen, praktisch aber eine Herrschaft von Bürokraten aufgestellt wurde, die nach rein parteipolitischen Gesichtspunkten der westlichen Staaten großteils aus Politikern zusammengesetzt ist, ist unbekannt. Diese Bürokraten haben bei sich zu Hause das Vertrauen ihrer Wähler verloren, sind aber Parteigünstlinge, was ihnen ein schönes Gehalt in Bosnien-Herzegowina sichert. Sehr bezeichnend ist dabei, dass gerade diese Herolde der Demokratie diejenigen sind, die gelegentlich am allermeisten die Ergebnisse der Abstimmungen verfälschen. Das geschah zuerst unter einem österreichischen Diplomaten, Herrn Petritsch, der die Wahlen, die unter ihm abgehalten wurden, nach seinem Geschmack korrigierte. Ihm folgte ein britischer Lord, der aufgrund von Problemen, die nicht unbedingt mit Politik zu tun hatten, auf die Bevölkerung von Bosnien-Herzegowina losgelassen wurde und dort wie ein Pascha regiert. Seine letzte Tat im Jahre 2005 war es, das kreativste Mitglied des aus drei Männern zusammengesetzten Staatspräsidiums ohne viel Vorwarnung zu entlassen, unter dem Vorwand der Korruption, obwohl man in Sarajewo weiß, dass dies nicht stimmt. Bezeichnend ist auch, dass der noble Lord dem Kroaten keine Gelegenheit gab, die Anklage zu widerlegen. Offenbar war er bei der Staatsanwaltschaft des Haager Tribunals in die Juristenschule gegangen, denn diese hat beim Angriff gegen Kroatien die Umkehr der Beweislast eingeführt. Ein solches Vorgehen erfüllt jeden anständigen Juristen mit Schaudern. Praktisch wurden die Rechte der Verteidigung zerstört. Dabei weiß schon ein Primaner in Rechtsfragen, dass der Ankläger seine Anklage beweisen muss und nicht der Verteidiger seine Unschuld. Das aber nennt man demokratische Erziehung im Bürokratistan, das die Vertreter der Okkupanten bestrebt sind, aufzustellen.

Kapitel IV
Vom Baltikum zum Balkan

Die Baltischen Staaten

Von den kleineren und von Brüssel ferner gelegenen Ländern sind heute die baltischen Staaten im Westen am wenigsten bekannt. Sie haben zwar eine sehr alte Geschichte, denn es sind alles Staaten mit Häfen gewesen, die daher Handel betrieben haben und dadurch der weltweiten Kultur geöffnet waren. Dazu kam die Bedeutung der Hanse, jener Gemeinschaft, die im nördlichen Teil Europas einen großen Einfluss hatte. Auch die Ansiedlung der Deutschen hat in diesen drei Staaten neben den Urvölkern, also den Esten, die die nächsten Verwandten der Finnen und Magyaren sind, Letten und Litauern, sehr viel für die Entwicklung der baltischen Kultur und Tradition beigetragen. Allerdings hatte ihre Position auch den großen historischen Nachteil, dass sie als relativ kleine Staaten am Rande von größeren Mächten gelebt haben. Auf der einen Seite waren die Schweden, die zumindest den Vorteil hatten, die Kultur der baltischen Völker großteils zu teilen, auf der anderen Seite aber die Russen, die nach der Niederlage der Schweden eine imperialistisch-politische Rolle gegenüber den benachbarten Völkern gespielt haben. Zeitweilig hatten auch die Polen bedeutenden Einfluss im polnisch-litauischen Großreich, dessen Spuren noch heute in Litauen politisch und geistig fühlbar sind.

Damit entstand eine Periode der beschränkten Unabhängigkeit der Balten, die wohl zu Russland gehörten, andererseits aber ein eigenes Leben führen konnten. Als Russland sich nach dem Westen öffnete, berief es Balten als Diplomaten, Beamte und Politiker wie auch als Funktionäre an den Hof der Zaren. Sie sollten Russland den Weg nach Europa ebnen. Das hat zu einer merkwürdigen, allerdings auf die Dauer schwer haltbaren Situation geführt. Auf der einen Seite hatten die Balten einen großen Einfluss, auf der anderen Seite aber waren sie wie ein Fremdkörper in dem großen slawischen Reich und hatten daher mit der Mehrheitsbevölkerung immer Probleme, dies umso mehr, als die Kultur der Balten wesentlich höher war als diejenige der Russen.

Nach dem Sturz des Zaren gab es eine kurze Zeit der Eigenstaatlichkeit der baltischen Länder. Sie spielten eine recht bedeutende Rolle im Völkerbund und haben sich insbesondere als Vorkämpfer der europäischen Einigung erwiesen. Es ist in diesem Sinn bezeichnend, dass, als Coudenhove-Kalergi mit seiner Idee »Paneuropa« auftrat, die ersten größeren Summen, die seine politische Bewegung unterstützen sollten, von den drei baltischen Präsidenten gegeben wurden. Die Balten hatten längst verstanden, dass sie als Nachbarn der Sowjetunion alles tun müssten, um sich in Europa zu verankern. Leider ist das nicht gelungen, nachdem Hitler, die Interessen der Europäer verratend, durch den Hitler-Stalin-Pakt die Balten der Sowjetunion auslieferte.

Die Folge war eine Ausrottungspolitik von Seiten Stalins. Stalin sagte dem amerikanischen Botschafter Averell Harriman während des Zweiten Weltkrieges, er habe durch wissenschaftliche Studien feststellen lassen, wie viele Menschen man töten müsse, um ein Volk auszurotten. Es müssten die richtig gewählten fünf Prozent hingerichtet werden. Stalin hat dies versucht und war tatsächlich bestrebt, die politische, intellektuelle und kulturelle Elite der baltischen Völker, also jene fünf Prozent der Studie, nach Sibirien zu deportieren, wo viele von ihnen gestorben sind. Wovon Stalin allerdings nicht wusste, und was dann zur Wiederherstellung der baltischen Staaten geführt hat, war die Schärfe und energische Aktion des Volkes in der Heimat und der baltischen Emigration. Es hat gerade in den baltischen Staaten einen jahrelangen heldenmütigen Widerstand gegeben, aber dieser wäre wahrscheinlich ohne den Einsatz der baltischen Emigration nicht erfolgreich gewesen.

Im allgemeinen sind Emigrationen durch Streit und Querelen gekennzeichnet. Bei den baltischen Nationen war das nicht der Fall. Sie waren geeint durch ihren tiefen christlichen Glauben, durch ihren Einfluss in verschiedenen Staaten, wie z. B. der USA, durch ihre stete Bereitschaft, für die Freiheit einzutreten. Außerdem hatten sie den Vorteil, dass, als die Sowjetunion das Baltikum besetzte, die diplomatischen Vertretungen der drei Länder dies nicht anerkannten und weiter ihre Funktion ausübten. Es war ein glücklicher Umstand, dass der baltische Einfluss in den Vereinigten Staaten stark genug war, um zu erreichen, dass die USA, sogar als sie an der Seite der Sowjetunion in den Krieg eintraten, die Anerkennung der baltischen Exil-Vertretungen trotz des schwersten Druckes aus Moskau aufrecht erhalten haben. Als sich die Hoffnung verwirklichte, die baltische Freiheit wiederherzustellen, hatte man ein starkes Personal zur Verfügung. So kam etwa die derzeitige Präsidentin Lettlands, die kraftvolle Frau Vaira Vike-Freiberga, aus Kanada. Daher war es den Balten gegeben, sich schneller als andere zu erholen, die diese Stütze aus dem Ausland nicht hatten.

Der Beitritt der baltischen Staaten zur Europäischen Union und gar der entscheidende Schritt, dass die drei baltischen Staaten der NATO angehören, hat eine Garantie gegeben, die zeigt, wie sehr die Balten mit Europa zusammenhängen. Inzwischen aber spielen sie in den verschiedenen

Funktionen Europas eine bedeutende Rolle und haben in ihrem Lande durch die wirtschaftliche Entwicklung, aber auch durch das gesunde demokratische System gezeigt, dass sie voll und ganz bereit sind, die Möglichkeiten auszuschöpfen, um ihre Unabhängigkeit und Freiheit zu erhalten. In Europa andererseits hat die beispielgebende Haltung der Balten zur Folge gehabt, dass heute das Verständnis für die baltischen Staaten weit verbreitet ist, ja noch zunimmt. Man kann damit rechnen, dass, zumindest solange Europa halbwegs auf der Höhe ist, die Balten ebenfalls einer der am meisten respektierten Partner der Union sein werden.

Der Ostseeraum

In der heutigen Lage der baltischen Staaten ist Lettland zweifelsohne der schwächste, aber auch der wichtigste Punkt. Man kann aber darüber drei weitere Regionen in dieser Zone nicht übersehen, will man an die Sicherheit Europas, besonders der seit dem Beginn der neunziger Jahre sich befreienden Völker, denken. Diese hängen nämlich zusammen. Man hatte ursprünglich in gewissen Kanzleien den Gedanken entwickelt, nur zwei der drei baltischen Staaten bei ihrer Befreiungsaktion eine moralische Unterstützung zu geben. Man meinte, dass es für die Russen am ehesten annehmbar wäre, wenn man sich auf Litauen und Estland beschränken würde und Lettland fallen ließe. Aber die energische Politik aller drei Staaten und auch der Skandinavier, etwa der damals durch Uffe Ellemann-Jensen geleiteten dänischen Außenpolitik, brachten diese Pläne zu Fall.

Dazu kam, dass es einen Menschen gab, der entscheidend für die Balten eingetreten ist: der tschetschenische General Dschochar Dudajew. Er entstammte einer alten tschetschenischen Familie, die seinerzeit in den Kämpfen gegen Russland im 19. Jahrhundert eine große Rolle gespielt hatte. Man weiß vielfach nicht, wenn man an Tschetschenien denkt, dass dieses Volk durch über dreihundert Jahre der riesigen Macht Russlands die Stirn geboten hat. Wenn man heute an diese Zeit zurückdenkt und sie mit der gegenwärtigen terroristisch-brutalen Politik Russlands vergleicht, wird man finden, dass hier keine großen Unterschiede bestehen. Die Armeen des Zaren waren in Tschetschenien fast ebenso grausam wie diejenigen Stalins oder jetzt Putins. Der große Unterschied besteht nur darin, dass in den früheren Jahrhunderten die technischen Mittel nicht ganz so vollkommen waren, wie sie es in unseren Tagen sind. Heute ist der Krieg wesentlich blutiger und mörderischer als seinerzeit. Zudem gibt es heute die gewaltigen Propagandamittel und die Nachrichtendienste. Man kann heute ein Volk besser isolieren als es seinerzeit der Fall war. Eine totalitäre Macht wie Russland hat die Möglichkeit, die Verbreitung von Nachrichten ganz anders zu bremsen, als es in den früheren Zeiten der Fall war. Auch ist festzustellen, dass Russland jetzt besonders mit seinen energiepolitischen Möglichkeiten weit mehr Instrumente hat, um Regierungen bzw. öffentliche Meinungen umzustimmen, als es früher der Fall war. Was heute bezüglich der Operationen in Tschetschenien und aus Tschetschenien von Russland an Lügen und Unwahrheiten ausgestreut wird, ist bestimmt wirkungsvoller, als es damals in den Tagen des Zaren war, denn heute hat man mit Rundfunk und Fernsehen und mit den anderen Instrumenten der Nachrichtenübermittlung ganz andere Möglichkeiten als seinerzeit.

In den Bestrebungen, die Freiheitsbewegung der baltischen Staaten zu brechen, gab es damals größere Mittel, als es heute der Fall ist. Andererseits aber hatte gerade diese größere Maschine auch bedeutendere Schwachpunkte als im 19. Jahrhundert. Einer dieser Schwachpunkte war die Fliegerei. Die Familie von Dudajew war bis auf einen Mann durch die Russen ausgerottet worden. Dieser, der Großvater des späteren Generals und Präsidenten, hat darüber gewacht, dass die Erinnerung an die Freiheit und an die Rechte der Tschetschenen gegenüber der russischen Unterdrückung in der Familie wach gehalten wurden. Der junge Dudajew war eine Persönlichkeit, die hohe Intelligenz mit Mut und einem glühenden Patriotismus verband. Er hat daher Studien der militärischen Wissenschaften betrieben, ist dann in die russische Luftwaffe eingetreten und war einer der besten Flieger der russischen Armee. Er ist schnell aufgestiegen und wurde schließlich einer der höchsten Offiziere infolge seines unermüdlichen Einsatzes. Dabei hatte Dudajew immer den Gedanken, in der russischen Armee einmal die Gelegenheit zu ergreifen, um sein Volk zu rächen und es wieder in die Freiheit zu führen. Dies geschah im Jahre 1990, als er zum Oberkommandierenden der russischen Luftstreitkräfte für die baltischen Staaten ernannt wurde. Als dann die baltische Freiheitsbewegung begann und insbesondere die Initiative damals noch bei Estland und bei Litauen lag, war seine Stunde gekommen. Moskau hatte beschlossen der baltischen Befreiungsbewegung, die mehr oder weniger eine Einheit bildete, das Rückgrat zu brechen. Dazu erging der Befehl, schlagartig die drei baltischen Hauptstädte dem Erdboden gleichzumachen. Das wäre möglich gewesen, nachdem die Balten keine Flugzeuge hatten und auch niemand im Westen bereit gewesen wäre, ihnen gegen einen solchen Schlag zu helfen. Auf dem Boden gab es noch ziemlich viele russische Kräfte, die Armee und insbesondere die Schlägertruppen des Innenministeriums unter der Kontrolle der Geheimpolizei KGB – jener Organisation, in die Putin schon als Jüngling eingetreten war und die heute unter dem Namen FSB genauso unverändert weiter wirkt wie seinerzeit. Am angegebenen Tag haben diese

Kräfte, die inzwischen in ziemliche Bedrängnis gelangt waren, auf den großen Schlag aus der Luft gewartet. Dieser ist ausgeblieben, weil Dudajew die Luftflotte genügend in der Hand hatte, um zu verhindern, dass der Befehl aus Moskau ausgeführt werde. Das zwang in den drei Republiken die Kräfte der Spezialeinheit, also der OMON, sich am Abend des entscheidenden Tages vor der Bewegung der Befreiungsorganisation zurückzuziehen, was dann in einer späteren Phase eine friedliche Lösung erlaubte. Hier wiederum waren es insbesondere Dänemark und sein Außenminister, die die Europäische Union schließlich überzeugen konnten, die baltischen Staaten anzuerkennen. Auf diese Weise gelang es tatsächlich, ein größeres Blutvergießen in den baltischen Staaten zu verhindern, den Übergang möglich zu machen und weit mehr für einen unblutigen Zusammenbruch der Sowjetunion zu tun, als es die hoch gelobte Perestrojka tun konnte.

Dschochar Dudajew wurde später, als die Tschetschenen ihre Unabhängigkeit erklärten, der erste frei gewählte Präsident des Landes. Ihm gelang es, solange Jelzin in Moskau regierte und vor allem als dieser an seiner Seite General Lebed hatte, ein Abkommen zu schließen, das den Frieden hätte herbeiführen können. Doch mit dem Sturz von Jelzin veränderte sich die Lage und unter der Führung von Wladimir Putin überfiel die russische Armee die Tschetschenen neuerlich. Das hat zu dem jetzt noch immer weiter tobenden Krieg geführt, zu dem wohl heute die westlichen Mächte wegen reiner Erdöl- und Erdgasinteressen keine Stellungnahme abgeben, der aber bis heute – trotz der Ermordung von Dudajew durch die Russen und die spätere Erschießung seines würdigen Nachfolgers Maschadov, der noch durch die Tschetschenen frei gewählt wurde – fortgesetzt wird. In Tschetschenien fließt noch heute Blut. Während man im Westen alles tut, um diese Situation zu vergessen, ist in den baltischen Staaten die Erinnerung an Dudajew und an das, was er für die Balten getan hat, lebendig. Tapfere Menschen, wie es die Freiheitskämpfer der baltischen Staaten waren, können sich an eine Hilfe erinnern. Diejenigen aber, die an dem Kampf um die Prinzipien, denen sie angeblich anhängen, nicht teilnehmen wollen, auch wenn sie gelegentlich Sympathieworte äußern, sind nicht bereit, sich an die Personen zu erinnern, die tatsächlich die großen Helden der Wende in der Sowjetunion waren.

Die beiden baltischen Staaten Estland und Litauen haben sich inzwischen weiterentwickelt. Litauen hat einen inneren Frieden, der auf den ausgeglichenen Beziehungen zwischen der litauischen Bevölkerung und den Minderheiten fußt, unterstützt von der starken katholischen Kirche, die in Litauen einen großen Einfluss hat. Gestärkt aber wird Litauen auch durch die Tatsache, dass der Befreier des Landes, der tapfere Vytautas Landsbergis, weiter in der Politik tätig ist und heute Litauen im Europäischen Parlament würdig vertritt.

Estland verdankt seinen Fortschritt der eigenen Kraft, ganz besonders, weil es ihm gelungen ist, die politische Stabilität des Landes zu erhalten; zuerst unter Präsident Lennart Meri und dessen Nachfolger Arnold Rüütel, aber auch dank dem jugendlichen früheren Ministerpräsidenten Mart Laar, der den Mut hatte, gegen die Proteste aller Bürokraten jene Steuerreform durchzuführen, die den Aufschwung der estnischen Wirtschaft mit sich gebracht hat. Dass er dabei gerade mit der Verwaltung der Europäischen Union schwere Kämpfe durchzustehen hatte, insbesondere in der Zeit, als es um den Beitritt Estlands ging, war für jene, die die Bürokratie kennen, nicht erstaunlich. Hier wurde mit extremsten Mitteln gearbeitet, einschließlich der Drohung von Seiten einiger Regierungen, sie würden mit ihrem Veto den Beitritt Estlands verhindern, wenn dieses nicht bereit wäre, jenes Steuersystem, das im Westen so viel Unheil stiftet, in Estland wieder einzuführen. Für Europa war es ein Glück, dass eine Mehrheit des estnischen Parlamentes die großen Vorteile der Reform von Mart Laar erkannte und daher auch nach einer Regierungsänderung weiterhin auf seiner Linie verharrte. Die Bürokraten versuchen weiter, die Reform zum Scheitern zu bringen, obwohl sie doch offensichtlich ganz gewaltige Erfolge gebracht hat. Inzwischen hat die Slowakei die estnische Reform übernommen und ist damit erfolgreich. Diesbezüglich hat Mart Laar ein sehr weises Wort gesprochen: »Gegen meine Reform stehen nur zwei Kräfte – die Advokaten und die Steuerberater, denn diese haben sehr viel verloren.«

Wäre es den Baltischen Staaten gegeben gewesen, allein und in Sicherheit zu leben, so würden sie heute für viele Länder ein Beispiel sein. Das ist ihnen allerdings nicht geschenkt worden. Die Russen stehen weiter an ihren Grenzen und zeigen, dass sie den Gedanken an eine Wiedereroberung in der Zukunft nicht aufgegeben haben. Das haben nicht nur die Äußerungen von verschiedenen höheren russischen Militärpersonen gezeigt, sondern auch die Weigerung Russlands, in der Frage der Grenzen, speziell gegenüber Estland, eine endgültige Lösung anzustreben.

Dazu kommt die russische Präsenz in Königsberg, das eine verschärfte Form der Fehler des polnischen Korridors darstellt. Die Gefahr hier ist vollkommen klar. Man braucht nur auf die Karte zu schauen, um zu wissen, dass der Punkt Königsberg/Kaliningrad ebenso eine Bedrohung für Polen ist wie für die baltischen Staaten. Die großen russischen Einheiten, die sich dort befinden, und die Flotte im Hafen von Pillau sind eine ständige Bedrohung, falls es einmal wieder zu einer blutigen Auseinandersetzung kommen sollte. Man hat dort die deutsche Bevölkerung fast vollkommen ausgerottet, es wurden verschiedene Völkerschaften angesiedelt und gleichzeitig jener Oblast, also jene Verwaltungseinheit

Russlands geschaffen, in der es statistisch der Bevölkerung mit Abstand am schlechtesten geht. Hierbei handelt es sich eben um nichts anderes als einen Posten, der für militärisch-politische Zwecke eingesetzt wird.

Ein sehr kluger rumänischer Politiker, der frühere Außenminister Severin, hat seinerzeit den Satz geprägt: »Solange russische Truppen in Königsberg/Kaliningrad und in Tiraspol stehen, werde ich nicht an einen Friedenswillen des Kreml glauben.« Er hat damit vollkommen recht gehabt. Die Okkupation von Königsberg ist nämlich nichts anderes als eine militärische Operation auf fremdem Gebiet und die Möglichkeit, Europa damit zu erpressen. Sie ist aber auch eine dauernde Gefahr für die baltischen Staaten. Das zu sagen, wird heute durch die Verfechter der so genannten »political correctness« in Deutschland als Kriegshetze betrachtet. In Wahrheit aber muss man sich einfach, will man politisch denken, mit den Tatsachen abfinden, die einem im Lichte der Geschichte und der Geographie vorliegen. Nur allzu sehr hat in der Vergangenheit das Vergessen dieser Grundwahrheiten unserer Welt ins Unheil geführt. Man sollte hier klarer denken, klarer sehen und nicht vergessen, dass man, während man nicht an eine militärische Aktion gegen Russland denken würde, auch nicht übersehen darf, was man politisch und wirtschaftlich tun kann, um der Lage in einem der Brennpunkte, der nur allzu oft vergessen wird, gerade ins Gesicht zu schauen. Wenn man solche Probleme unter den Teppich kehrt, kommen sie noch komplizierter und unangenehmer zurück.

Lettland

In der Reihe der Länder, die der Europäischen Union am 1. Mai 2004 beigetreten sind, ist Lettland bemerkenswert.

Sein Bruttosozialprodukt ist angestiegen, und zwar um eindrucksvolle sechs Prozent im Verlauf des vergangenen Jahres, sodass derzeit im Durchschnitt der Europäischen Union allein Irland größere Fortschritte zu verzeichnen hat. Auf der anderen Seite ist es eines jener europäischen Länder, die, was das Pro-Kopf-Einkommen betrifft, etwa bei einem Drittel des Durchschnitts der Europäischen Union liegen. Allerdings gibt es viel Arbeitslosigkeit. Das ist teilweise das Ergebnis der gezielten Politik Russlands, teilweise die Folge der Armut, die das Land von der russischen Okkupation geerbt hat.

In dieser Perspektive ist die Hoffnung, die an die Europäische Union geknüpft ist, sehr groß, wie schon 2003 Ministerpräsident Indulis Emis gesagt hat, als in der Abstimmung vom 20. September bezüglich des Beitritts seines Landes zu Europa sich 67 Prozent für die Europäische Union entschieden haben.

Ein großes Problem bleibt der russische Druck auf Lettland, aber auch in gewissem Ausmaß von Seiten der westlichen Mächte mit deren Bestreben, durch Servilität Russlands Gunst zu gewinnen. Von den 2,3 Millionen Einwohnern Lettlands sind nur 1,9 Millionen Bürger der Europäischen Union. Das heißt, dass es heute noch 400 000 Ausländer im Lande gibt. Sie sind fast ausnahmslos Russen, die vor allem in den Jahren der Russifizierungspolitik Stalins gewaltsam in Lettland angesiedelt wurden. Das hat damals den Anteil der Russen im Lande auf 34 Prozent der Bevölkerung gesteigert, wodurch der Hundertsatz der Letten drastisch zurückgegangen ist. Noch heute stellen die Russischsprachigen in der Hauptstadt Riga die Mehrheit. Dadurch ist die Position der Letten noch immer schwierig, insbesondere, nachdem Moskau alles versucht, um die Frage der angeblichen Diskriminierung gegen die Russen dazu zu verwenden, immer wieder Spannungen anzuheizen, was den

Willen des Putin-Regimes zeigt, das Land wieder zu erobern.

Die Blindheit des Westens schafft eine schwere Irritation in der Bevölkerung. Offensichtlich sind viele Russen trotz der Möglichkeit, sobald sie es wünschen Letten zu werden, noch immer nicht bereit, die lettische Staatsbürgerschaft zu erwerben. Allerdings kann man feststellen, dass die Zahl der Russen, die die lettische Staatsbürgerschaft annehmen, seit 1995 um jährlich 70 000 zugenommen hat.

Dies scheint sich allerdings nun zu ändern, zumindest nach der Äußerung des Integrationsministers Nils Muiznieks. Mit dem EU-Beitritt Lettlands haben russischsprachige Menschen ein Zeichen gesetzt, dass sie zu verstehen beginnen, dass Lettland dank der Mitgliedschaft im vereinten Europa weiter ein unabhängiger Staat bleiben wird. Daher haben sie mehr Vertrauen. Zweifelsohne übersteigt heute die Zahl der Russen, die um die lettische Staatsbürgerschaft ansuchen bei weitem jene, die in der Vergangenheit eine baltische Staatsbürgerschaft angenommen haben. Das gilt vor allem für Kinder und jüngere Leute. Auf der persönlichen Ebene sind die Beziehungen zwischen den Letten und den Russischsprachigen sowie den anderen Minderheiten friedlich und tolerant. Allerdings gab es in jüngerer Zeit Demonstrationen, als Studenten gegen die Reform des Schulgesetzes protestierten, weil diese die Zahl der Unterrichtsgegenstände, die auf Lettisch unterrichtet werden, von 50 auf 60 Prozent angehoben hat. Untersuchungen durch lettische Organisationen, die die örtlichen Vertreter der Europäischen Union als authentisch bezeichnen, zeigen, dass die Mehrzahl der demonstrierenden Kinder und Jugendlichen durch ihre Lehrer gezwungen worden waren, an den Aufmärschen teilzunehmen.

Dazu kommt, dass die Propaganda Moskaus äußerst aggressiv ist. Ganz besonders der russische Außenminister

Iwanow hat immer wieder erklärt, dass die Beziehungen mit Lettland nicht zufriedenstellend seien, sodass Russland gezwungen wäre, erneut für eine Änderung der lettischen Politik Druck auszuüben.

Sogar die internationalen Vertretungen geben nunmehr zu, dass das Problem nicht so sehr Lettland, sondern Russland ist. Die verschiedenen Klagen und Forderungen Russlands fußen meist auf der Tatsache, dass sie die wirkliche Situation nicht zur Kenntnis nehmen wollen und immer wieder auf frühere Zeiten verweisen. Der Westen tritt dagegen nicht energisch genug auf und lässt die Letten ziemlich allein, ist er doch bestrebt, den Russen zu Gefallen zu sein. In privaten Gesprächen, aber auch in ihren vertraulichen Berichten an ihre Regierungen, sagen die Vertreter der europäischen Organisationen, dass der lettische Standpunkt der Wahrheit wesentlich näher ist als die verschiedenen Forderungen Moskaus. Bedauerlich ist allerdings, dass dies in den offiziellen Dokumenten und Stellungnahmen der Europäischen Union noch immer nicht zum Ausdruck kommt.

Diese eigenartige Haltung stößt auf den ernstlichen und offenen Widerstand der starken Dame des Landes. Präsidentin Vike-Freiberga ist eine intelligente und prominente Frau. Sie und ihre Familie sind nach Lettland zurückgekommen, nachdem ihr Heimatland wieder frei geworden war. Heute ist sie mit Abstand die energischste Verteidigerin der lettischen Unabhängigkeit. Es ist ein offenes Geheimnis in diplomatischen Kreisen, dass der russische Außenminister Iwanow und auch Wladimir Putin in verschiedenen neueren Konversationen mit westlichen Persönlichkeiten festgestellt haben, dass Frau Freiberga augenblicklich für sie der gefährlichste Gegner ist. Putin nennt sie »die böse kleine Frau«. Manche lettische Persönlichkeiten meinen in privaten Konversationen, dass die Russen die Ermordung von Frau Freiberga planen. Diese ist nicht bereit, die Schutzmaßnahmen zu ergreifen, die ihr immer wieder vorgeschlagen werden. Sie sagt, diese seien politisch unmöglich. Auch hat sie die Angst, dass ihr lebendiger Kontakt mit der Bevölkerung, der die Basis ihrer breiten Beliebtheit ist, unter den schwierigen Bedingungen solcher Schutzmaßnahmen unmöglich gemacht würde. Die Versuche, Frau Freiberga zu schützen, sind nicht ausreichend. Das gilt ganz besonders für die öffentlichen Veranstaltungen, zu denen Frau Freiberga oft und sehr gerne geht. Hier besteht ein kritisches Potential, an das man sich erinnern sollte.

Putin hat sich mit großem Nachdruck über die allgemeine lettische Politik beklagt. Er ist keineswegs bereit anzuerkennen, dass es große Anstrengungen von Seiten der lettischen Regierung gegeben hat, den russischsprachigen Bewohnern das Wahlrecht im Lande zu geben. Dieser Zustand macht viele führende Persönlichkeiten nervös und stört daher die Anstrengungen der lettischen Regierung, die Wirtschaft des Landes zu stärken. Trotzdem kann man feststellen, dass letztere sich relativ schnell entwickelt.

Die Russen versuchen systematisch, ihren Druck auf das Land zu erhöhen. Außenminister Iwanow und Präsident Putin, ersterer offiziell und letzterer in privaten Konversationen unternehmen alles, um Misstrauen gegen Lettland zu schüren und eine Spannung zu schaffen, die die Politik der lettischen Regierung sehr beeinträchtigen kann. Aus dieser Perspektive hat der Beitritt Lettlands zur Europäischen Union wesentlich dazu beigetragen, die Stellung des Landes zu stärken. Obwohl es klare Gefahren von Seiten Russlands gibt, kann man verhältnismäßig optimistisch sein, dass Lettland in seiner bisherigen Entwicklung weiter gehen wird und insbesondere auch die innenpolitische Lage verbessern kann.

Polen

Im nördlichen und östlichen Europa ist Polen das größte und wichtigste Land. Man hat ihm allzu lange verschiedene Schwächen angedichtet, die sich in Krisenzeiten stets als falsch erwiesen haben. Das deutsche Schlagwort von der »polnischen Wirtschaft« projiziert ein falsches Bild. Gewiss ist in Polen in Friedenszeiten die wirtschaftliche Situation nicht gerade zufriedenstellend. Auf dem Gebiet der Finanzwirtschaft haben sich die Polen aber bewährt. Das zeigte sich bereits im alten Österreich-Ungarn. Wer die politische Arbeit dieser Gemeinschaft liest, wird bemerken, dass es in der Regel eine Arbeitsteilung zwischen den verschiedenen Nationen des Vielvölkerstaates gegeben hat. Die Ungarn waren meist die Leiter der Außenpolitik, während in der österreichischen Reichshälfte die Ukrainer auf dem Gebiete der Gesundheitspolitik eine bedeutende Rolle spielten. Die Polen beschäftigten sich mit den Finanzen. Diese Zusammenarbeit der Völker nach ihren jeweiligen besonderen Befähigungen ist übrigens für Europa ein wichtiges Beispiel. Denn gerade hier könnte man in einem geeinten Europa, wenn man endlich den Geist des Nationalismus gebannt hat, eine sehr fruchtbare Zusammenarbeit der Völker schaffen. Auch bei den Vorbereitungen der Neubeitritte zur Europäischen Union waren vor 2004 die Finanzarbeiten der Polen stets unter den besten. Die Polen haben außerdem den Vorteil, ein wirklich patriotisches Volk zu sein. Sie haben ihren Mut und ihre Überlebensfähigkeit gerade in den tragischen Tagen des Zweiten Weltkrieges bewiesen. Sie sind auch heute einer der sehr wichtigen Staaten im Rahmen der Europäischen Gemeinschaft.

Außerdem sind sie außenpolitisch zuverlässig. Allein

schon aus ihrer geographischen Situation sind sie stets berufen gewesen, eine imperialistische Ausdehnung nach Möglichkeit zu verhindern. Sie waren in der Kultur von größter Bedeutung und haben sich in der Verteidigung der europäischen Werte in der Geschichte bewährt, wie es ihr Einsatz in den Türkenkriegen bewiesen hat.

Ein Unheil während einer langen Zeit war die Spannung zwischen den Polen und den Ukrainern. Das hat sich insbesondere vor dem Zweiten Weltkrieg sehr negativ auf beide Völker ausgewirkt. Der Einsatz der Polen auf Seiten der Ukrainer während der Befreiung vom russischen Joch und in jüngerer Zeit zu Gunsten der Demokratiebewegung kann für die zukünftige Entwicklung Entscheidendes für den Frieden beitragen. Wie sehr dies dringend und möglich ist, zeigt uns die große Rolle des polnischen Papstes Johannes Paul II. in der jüngeren Entwicklung der europäischen Politik. Man hat oftmals darüber diskutiert, wer das Wunder des friedlichen Zusammenbruchs der Sowjetunion herbeigeführt hat. Es hat natürlich eine Anzahl von politischen Eintagsfliegen gegeben, die von sich selbst behauptet haben, sie hätten dazu beigetragen. Will man aber die Situation sachlich beurteilen, wird man finden, dass es ganz wenige Menschen waren, die die Entwicklung vorausgesehen haben und daraus die entsprechenden Folgerungen ableiteten. Drei Personen sind es, von denen man sagen kann, dass sie auf diesen, einen der glorreichsten Titel der Geschichte, Anspruch haben. An erster Stelle ist da der amerikanische Präsident Ronald Reagan zu nennen, der schon bevor er Präsident wurde immer wieder gesagt hat, dass aus rein wirtschaftlichen Gründen die Sowjetunion bereits tot sei. Sie wisse es nur noch nicht. Unsere Aufgabe sei daher, sie über ihren wahren Zustand durch praktische Handlungen zu informieren. Das war das Argument für den berühmten »Krieg der Sterne« von Reagan, gegen den so viele politische Dampfschwätzer in Europa gewettert hatten und unter dem Applaus der meisten Medien erklärten, dass es sich hier um eine vollkommene Fehlleistung handle. In Wahrheit war das, was Reagan tat, nichts anderes als die praktische Durchführung seiner Erkenntnisse, nämlich Russland zu zwingen, eine letzte große Anstrengung zu machen. Dann würde die Sowjetunion zusammenbrechen. Durch den so genannten Rüstungswettlauf wurde erreicht, dass die Sowjetunion zusammenbrach, ohne dass ein einziger Tropfen Blut vergossen wurde. Reagan hat hier eine absolut historische Tat vollbracht.

Wer die Gelegenheit hatte, mit den führenden Kommunisten zu sprechen, weiß genau, dass diese bis zu den Anstrengungen Reagans immer der Überzeugung waren, der Kommunismus sei irreversibel, d. h. sollte er jemals an die Macht kommen, wäre das das letzte Wort der Geschichte. Nun hat der ungarische Freiheitskampf von 1956 bewiesen, dass das ungarische Volk die Kommunisten allein durch den Volkswillen verjagt hat und dass es daher erst notwendig war, russische Armeen nach Ungarn zu bringen, um sie wieder auf ihren Thron zu setzen. Diese Lehre von der Irreversibilität des Kommunismus war damit Lügen gestraft, und das hat in der Psychologie aller Kommunisten in Westeuropa einen tiefen Schock ausgelöst. Die Kommunisten haben nach den Ereignissen vom Jahr 1956 erkannt, dass ihnen nicht die Zukunft gehört und dass sie daher nicht mehr den Wind der Geschichte im eigenen Rücken hatten. Wer immer damals mit den Kommunisten sprechen konnte, wusste genau, dass es für sie ein schwerer Schlag war.

An zweiter Stelle aber steht Papst Johannes Paul II. Der Autor dieses Buches hat viele Gelegenheiten gehabt, mit Kommunisten zu sprechen, da er stets den Grundsatz verfolgte, keine interessante Konversation auszuschlagen, wenn man nur überzeugt sei, dass die eigene Ideologie die mit Abstand richtigste und daher auch stärkste ist.

Die Wahl des polnischen Papstes war für Moskau ein schwerer Schlag, dessen Ausdruck das kurz darauf erfolgte Attentat auf Johannes Paul II. gewesen ist. Der Mordanschlag wurde in Russland beschlossen, aber in Bulgarien vorbereitet. Bulgarien war zu diesem Zeitpunkt das Land, das die Führer der kommunistischen Internationale verwendeten, um auf den verschiedensten Gebieten die schwierigsten und gefährlichsten Einsätze durchzuführen. Der Nachrichtendienst der Sowjets war ausgezeichnet und sie waren von Anfang an der Überzeugung, dass der polnische Papst für sie höchste Alarmstufe bedeutet. Dies nicht bloß, weil er der erste Slawe auf dem Thron der größten christlichen Kirche war, sondern vor allem wegen seiner Persönlichkeit. Kardinal Wojtyla war im Westen wenig bekannt, aber für die in Moskau Regierenden galt er als die größte Gefahr für ihre eigene Zukunft und war seit langem im Visier des KGB. Dass diese Einschätzung des Nachrichtendienstes den Tatsachen entsprach, zeigte der Ablauf der Ereignisse. Johannes Paul II. hat für die Befreiung seines Heimatlandes viel geleistet. Er hat die Möglichkeit geschaffen, dass Polen zur NATO und zur Europäischen Union beitreten konnte. Er hat das polnische Episkopat, das auf die Bevölkerung einen großen Einfluss hatte, für den Beitritt Polens zur EU mobilisiert, obwohl das früher viele Polen nicht verstanden. Kardinal Glemp, der erste Mann der Kirche Polens, hatte lange Zeit große Zweifel an der EU, bis ihn Papst Johannes Paul II. dazu veranlasste, die Bedeutung der polnischen Mitgliedschaft in der Europäischen Union anzuerkennen. Auch ist die Gewerkschaftsbewegung Solidarnosć weitgehend auf seine Aktion zurückzuführen. Er hat auch stets ganz besonders auf den Führer von Solidarnosć, Lech Walesa, einen großen Einfluss gehabt und damit viel erreicht.

Noch wichtiger war aber, dass mit der Wahl von Johannes Paul II. die vatikanische Ostpolitik grundlegend geändert wurde. Diese war durch lange Zeit noch immer befleißigt, mit den Russen ein gutes Verhältnis zu suchen, da sie in der Illusion lebte, es sei möglich, auf diese Weise die orthodoxe Kirche mit Rom auszusöhnen. Johannes Paul II. wusste längst, dass das eine Illusion war. Daher hat er hier eine klare Linie verfolgt und damit ganz besonders in den Ländern Mittel- und Osteuropas, wo die Orthodoxie noch stark ist, erreicht, dass viele führende Orthodoxe ihre Illusion aufgaben und erkannten, dass nur in Europa eine positive Lösung für die Kirche möglich sei.

Man darf schließlich nicht die Ausstrahlung des Papstes vergessen, die weit über die Grenzen der freien Welt hinaus fühlbar war. Ohne Waffen, ohne viel Geld, ohne politische Unterstützung ist es dem großen Polen gelungen, gestützt auf die geschichtliche Wahrheit und auf die Kraft des Glaubens, jene Wende herbei zu führen, die Europa vor einem großen Krieg bewahrt und auf einen Weg in die Zukunft geführt hat. Johannes Paul II. konnte den von ihm begonnenen Weg nicht mehr bis zum Enderfolg gehen. Es war ihm wie Moses in der Heiligen Schrift bestimmt, wohl das gelobte Land von Ferne zu sehen, aber seinen Nachfolgern, ganz besonders Benedikt XVI., den Einzug in das gelobte Land des Friedens und des Ausgleichs zwischen den europäischen Völkern zu überlassen.

Der dritte Mann, der Entscheidendes zu der weltgeschichtlichen Wende beigetragen hat, war der deutsche Bundeskanzler Helmut Kohl, der den Mut hatte, gegen den Sturm im eigenen Land und in ganz Europa die Aufstellung der Abwehrraketen in Deutschland zu erlauben und damit den Sowjets zu zeigen, dass Deutschland bereit sei, sich tatsächlich zu wehren, wenn die Russen angreifen würden.

Dies waren die drei Männer, die tatsächlich die Wende herbeigeführt haben, die nicht nur schöne Reden geführt haben, sondern tatsächlich durch riskante Taten das erreicht haben, was die weltpolitische Lage total veränderte.

Hier hat der polnische Papst mit dem amerikanischen Präsidenten und dem deutschen Bundeskanzler zusammen das Ende einer der größten Gefahren der freien Welt herbeigeführt und tatsächlich Europa gerettet, wie es seinerzeit sein Vorgänger Jan Sobieski bei der Entsetzung von Wien getan hat.

Vergessene Ukraine

Alle jüngeren Ereignisse zeigen, wie wichtig die Weltstrategie gerade in der derzeitigen Politik ist. Hier erfährt man wieder, welche Schwäche leider unsere angeblichen Staatsmänner zeigen, wenn sie in den entscheidenden Momenten die Bedeutung der Landkarten, also der Geographie und deren Potential vergessen.

Es gibt eine gerade strategische Linie zwischen Königsberg auf der einen Seite und der Hauptstadt des sogenannten Transnistriens, nämlich Tiraspol, auf der anderen. Beide Städte sind wie die Enden einer Zange, in deren Mitte sich die Ukraine befindet. Wie man vor dem Zweiten Weltkrieg wissen konnte, dass der sogenannte »polnische Korridor« der wahrscheinliche Punkt sei, an dem sich ein internationaler Krieg entzünden würde, so gilt das heute für die beiden weltstrategisch bedeutenden Städte.

An dieser Überlegung erkennt man die geschichtliche Bedeutung der Ukraine in der Entwicklung unserer Tage. Das Land, das lange Zeit geteilt war, ist am Ende des Zweiten Weltkrieges bei der Schaffung der UNO zumindest auf dem Papier wiederhergestellt worden. Stalin hatte gefordert, dass man die Ukraine als einen Staat anerkenne und ihm damit das Recht gebe, einen Delegierten und eine Stimme in der Weltorganisation zu haben. Dieser Wunsch des Kreml wurde damals von den Westmächten, vor allem Amerika, angenommen, weil man der fälschlichen Ansicht war, dass man während des Krieges Verschiedenes versprechen könne, am Ende aber als herrschende Wirtschaftsmacht der Erde wieder alle vergangenen Fehler korrigieren könne.

Die Ukraine ist ein legitimer Staat. Sie hat eine bewundernswerte Bevölkerung. Gleichzeitig hat sie aber zwei entscheidende Schwächen: auf der einen Seite der Einfluss von Elementen, die nicht ukrainisch sind; auf der anderen die Schwierigkeit, die Wirtschaft aufzubauen. Historisch waren die Ukrainer Soldaten, Beamte, Bauern, während die Wirtschaft vornehmlich in Händen der Juden lag. Im Laufe des Zweiten Weltkrieges und der hitlerischen Verbrechen wurden Letztere nahezu ausgerottet. Ein Teil konnte noch nach Israel flüchten, der andere wurde umgebracht. Damit hat seit Ende des Zweiten Weltkrieges jenes Element im Land gefehlt, das notwendig gewesen wäre, um ihm eine unabhängige, gesunde Wirtschaft zu geben.

In der Zeit von Stalin bis Putin hat sich der russische Imperialismus immer wieder das Ziel gesetzt, die Ukraine erneut zu erobern, Russland einzuverleiben und als Ausgangspunkt für weitere große Operationen gegenüber Polen, beziehungsweise den anderen Teilen Europas, zu nutzen. So gesehen hat die Ukraine tatsächlich eine der Schlüsselstellungen in Europa – daher auch die Notwendigkeit, sie möglichst bald in die Union zu integrieren.

Dass dies bisher noch nicht ernstlich in Angriff genommen wurde, ist gefährlich. Das könnte heute noch korrigiert werden, wenn man endlich bereit wäre, zu erkennen, dass man eine europäische Politik zu machen hat und nicht eine Politik, die sich danach richtet, ob man im Kreml gut aufgenommen wird. Man müsste aber auch verstehen, dass vom kulturellen, historischen und geistigen Standpunkt aus die Ukraine ein Teil Europas ist. Man braucht z. B. nur die deutschsprachige Literatur zu nehmen, insbesondere Ende des 19. und Anfang des 20. Jahrhunderts, um zu erkennen, dass der Geist Europas gerade auf diesem Gebiet blühte. Ostgalizien wie die Bukowina sind Länder, die ein Motor der europäischen Kultur und Literatur waren. Damit hat die Ukraine ein Recht auf Europa erworben, das gleichzeitig eine politisch-sicherheitspolitische Bedeutung hat. Sollte man dieses nicht achten, würde sich ein solcher historischer Fehler tragisch rächen.

Der Freiheitskampf des ukrainischen Volkes um den Sieg Juschtschenkos gegen den moskauabhängigen, wegen Verbrechen vorbestraften Janukowitsch war Beweis der demokratischen Reife und des Freiheitswillens der Ukrainer. Nun ist es geboten, eine Politik für die kommende Zeit vorzubereiten. Auch wenn sich die Lage in der Ukraine bessern sollte, besteht keine Sicherheit darüber, dass die imperialistische Politik Russlands nicht bald neue Krisenherde schafft.

Putins und Kutschmas Plan war klar. Durch massiven Schwindel sollte ein angeblicher Sieg von Janukowitsch geschaffen und dieser dann als demokratischer Erfolg bezeichnet werden. Das müsste das politische Gleichgewicht in der Region verändern und den nächsten Schritt, nämlich die offizielle Einverleibung der Republik Moldawien in das russische System, möglich machen. Das würde auch die beiden bereits durch die Kommunisten beherrschten Gebilde Transnistrien und die Republik der Gagausen, offiziell zu russischen Gebieten machen und damit Rumänien gefährden. Dieser Schritt würde für Moskau das Tor zum Balkan und damit den Weg in das Mittelmeer öffnen, eine Operation, die Stalin nur darum nicht gelungen war, weil die Vereinigten Staaten ihre starke Flotte im Mittelmeer stationiert hatten. Allerdings war das damals nur möglich, weil Zypern noch sicher in westlichen Händen war. Das wäre heute fraglich, da auf Griechisch-Zypern ein Tassos Papadopoulos herrscht, der der Geldgeber und Berater des Slobodan

Milošević war, den er wirkungsvoll unterstützte und dem Serben so erlaubte, den Krieg gegen Kroatien und Bosnien-Herzegowina zu führen.

Nun ist mit dem Sieg von Juschtschenko eine Lage entstanden, in der man eine Friedenszone in der Region schaffen kann. Man muß heute überlegen, wie eine Wiederholung der beendeten Krise verhindert werden kann. Es muss der Ukraine genügend Sicherheit gegeben werden, damit sich das Land von der Misswirtschaft Kutschmas erholen kann und durch eine Mitgliedschaft in der NATO den baltischen Staaten gleichgestellt wird. Allerdings reicht eine NATO-Mitgliedschaft politisch und wirtschaftlich nicht aus, so wünschenswert sie auch ist. Ein wirtschaftlicher Aufstieg ist nur dort möglich, wo die Bevölkerung und die ausländischen Investoren sicher sind. Das hat die Praxis der Geschichte immer wieder gezeigt.

Die Demonstrationen in Kiew haben eindeutig klar gemacht, dass die Bevölkerung die Mitgliedschaft ihres Landes in der Europäischen Union wünscht. Sie haben außerdem gezeigt, dass die Ukrainer die Demokratie wollen und bereit sind, dafür auch ihr Leben einzusetzen, wenn es nicht anders geht. Es wäre daher unberechtigt, jetzt Zeit zu verlieren, um angeblich den demokratischen Willen zu entdecken.

Bisher war das Europäische Parlament immer der Motor des Fortschrittes, während der Rat die Bremse war. Die Volksvertretung sollte sich ihrer Vergangenheit würdig erweisen und auch bezüglich der Ukraine jene Schritte unternehmen, die dem tapferen Volk sagen, Europa verstehe, was die Menschen im eisigen Wind auf dem Hauptplatz von Kiew demonstrieren wollten.

Sollte es allerdings noch Schwierigkeiten ganz besonders wirtschaftlicher Natur geben, die es der Ukraine nicht erlauben, sofort den Kopenhagener Kriterien zu entsprechen, so wäre es jedenfalls von entscheidender Wichtigkeit, möglichst schnell eine Beitrittspartnerschaft zu schließen, also Kiew den Status des Beitrittskandidaten zu geben. Dies würde Russland zeigen, dass die Ukraine zu Europa gehört und man nicht bereit ist, auf politischen Druck aus Moskau hin, Verrat am Freund und Partner zu üben.

Montenegro – Crna Gora

Es ist in letzter Zeit relativ wenig über Montenegro geschrieben worden und trotzdem gibt es wachsende Zeichen, dass eine Entscheidung in absehbarer Zeit kaum mehr zu verhindern ist. Das ist nicht nur darauf zurückzuführen, dass gemäß den internationalen Abkommen bald die Verhandlungen über die Weiterentwicklung der Staatengemeinschaft »Serbien und Montenegro« beziehungsweise der Möglichkeit einer Unabhängigkeit Montenegros einsetzen müssen und eine Volksabstimmung vorgenommen wird.

Wahr ist, dass der große Vorkämpfer einer Integration im Raume des früheren Jugoslawien, Javier Solana, immer wieder versucht, den Abschluss der Gespräche hinauszuschieben. Damit will er in einem als günstig betrachteten Augenblick eine Entscheidung herbeiführen, die seiner Idee eines Zusammenschlusses zwischen Serbien und Montenegro in einem neuen Jugoslawien entsprechen würde. Bisher ist das Solana zwar nicht gelungen, aber er versucht es weiter, wobei sich so manche Beamte in der Europäischen Union die Frage stellen, woher dieses eigenartige Interesse Solanas stammt. Viele meinen, Solana befürchtet, dass, wenn es Montenegro gelingen würde, seine Unabhängigkeit durchzusetzen, dies eine starke Auswirkung auf die Entwicklung in Spanien hätte. In den spanischen Gesprächen, auch auf der internationalen Ebene, wird eine Art Parallele zwischen

Montenegro und den baskischen Provinzen Spaniens aufgestellt. Dass diese Parallele historisch, aber auch volkscharakterlich ein Absurdum ist, wird schon darum nicht weiter diskutiert, weil allzu wenig Menschen Montenegro kennen. Für jene, die sicherheitspolitisch denken können, sollte klar sein, dass Montenegro eine Schlüsselstellung in der Entwicklung dieser Region des Mittelmeeres hat. Hier gibt es einen Zweikampf zwischen Solana und dem Führer der Montenegrinischen Unabhängigkeit, Milo Djukanović, sowie dem Präsidenten des Landes, Filip Vujanović, die beide der Ansicht sind, dass den Montenegrinern bindend versprochen wurde, dass sie frei abstimmen könnten, ob sie mit Serbien zusammenbleiben wollen.

Laut der letzten Volkszählung von Ende 2003 gibt es eine Gesamtbevölkerung von 629 000 Personen. Von ihnen bezeichnen sich 267 000 als Montenegriner und 198 000 als Serben, wobei festzustellen ist, dass der größte Teil der Serben erst auf die Zwangsbesiedelung unter Milošević zurückzuführen ist. Dazu kommt, dass eine Anzahl von wichtigen Teilen der Bevölkerung in der Abstimmung mit den Montenegrinern für die Unabhängigkeit stimmen würden, etwa die Bosniaken, die 48 000 Menschen zählen, die Albaner mit 31 000 und die Muslime mit 25 000. Von den kleineren Gruppen gibt es kaum eine, die den geringsten Wunsch hätte, mit Serbien zusammengeschlossen zu werden. Demokratisch ist es daher kaum denkbar, dass es jemals eine Mehrheit für die Gemeinschaft Serbien und Montenegro geben würde, es sei denn, dass die gegenwärtige Situation aufrecht erhalten wird und die Serben die Möglichkeit haben, eine weitere Zwangsbesiedelung durchzuführen. Dass dies augenblicklich kaum möglich ist, liegt auf der Hand.

Die Montenegriner haben ihren Willen für Unabhängigkeit nicht verloren. Seit einigen Monaten weht in Podgorica auf den meisten Gebäuden die alte königliche montenegrinische Flagge. Die Serben trauen sich nicht, sie wegzunehmen, während die montenegrinischen Beamten diese Entwicklung unterstützen. Es ist offensichtlich, dass die Montenegriner entschlossen sind, ihre Eigenstaatlichkeit durchzusetzen. Das zeigt sich schon in der vollkommen unterschiedlichen Entwicklung der Wirtschaft. Montenegro hat bereits seit längerer Zeit den Euro als die offizielle Devise, während die Serben zusammen mit der UNO versucht haben, Montenegro zu veranlassen, sich wieder dem Dinar anzuschließen. Das ist nicht gelungen, sodass diese Frage erledigt ist. Auch bei einigen Serben gibt es durchaus eine Tendenz, sich friedlich zu trennen. Ob dies allerdings von den internationalen Interessen, die hier ihre Geschäfte machen, zugelassen wird, bleibt fraglich, zumindest bis ein offizielles Referendum stattgefunden hat.

Im März 2002 war unter dem Druck von Solana der Beschluss gefasst worden, die Bevölkerung nach drei Jahren entscheiden zu lassen, was sie wünscht. Dieser Termin läuft nun aus. Wer immer sich im Lande umschaut, weiß genau, dass, sollte die Volksabstimmung halbwegs frei erfolgen, eine Mehrheit für die Unabhängigkeit Montenegros Erfolg hätte.

Von serbischer Seite wird nunmehr versucht, irgendetwas zu schaffen, was ihnen die Möglichkeit geben kann, nicht nur als serbische Partei, sondern als größere, europäisch orientierte Einheit aufzutreten. So hat Belgrad versucht, eine neue Organisation, nämlich die »Grupa Za Promiene« (»Für den Wechsel«), aufzustellen, an deren Spitze eine angeblich überparteiliche Persönlichkeit, der frühere jugoslawische Botschafter Svetožar Jovičević, steht. Dieser ist ein Anhänger der Belgrader Linie und versucht die Propaganda der alten serbischen Partei zu übermitteln. Jovičević hat den Vorteil, dass er in respektablen Kreisen des Großgeschäftes serbischen Ursprungs sowie bei internationalen Freunden eine gewisse Popularität hat. Er steht sich auch sehr gut mit Herrn Solana. Wer allerdings die Situation im Licht einer zukünftigen Volksabstimmung sieht, muss wissen, dass auch diese Bewegung kaum eine Chance auf Erfolg haben wird. Dies umso mehr, als die Organisation wenig Mitglieder hat, mit der Bevölkerung so gut wie keinen Kontakt hält, und nur dank ausreichender Finanzen gelegentlich publikumswirksame Ereignisse organisieren kann. Diese haben dann in der internationalen Presse eine gewisse Wirkung. Dass Jovičević Dank der Unterstützung von Seiten Solanas ein gewisses Gewicht bei den internationalen Organisationen hat, die seine Politik fördern, kann nicht geleugnet werden.

Somit gibt es ein Duell zwischen der Mehrheit in Montenegro auf der einen Seite und Javier Solana und einflussreichen Kreisen in der UNO, die unbedingt ein Jugoslawien retten wollen, auf der anderen Seite, was insbesondere in London mit viel Wohlwollen verfolgt wird. Die nationalen Kräfte von Montenegro haben so gut wie keine äußere Unterstützung, sie sind aber fest fundiert in ihrer eigenen Bevölkerung. Interessanterweise gibt es auch wieder den Traum vom Wiedererstehen eines kleinen Königreichs Montenegro. Die Erinnerung an den alten König Nikita hat viel Auftrieb erhalten, insbesondere durch eine Anzahl von Montenegrinern, die aus Luxemburg zurückgekommen sind und dort gesehen haben, was eine kleine Dynastie in einem kleinen Staat für eine gute Wirtschaft tun kann. Nach fast hundert Jahren, seit die Unabhängigkeit Montenegros durch den Verrat der Alliierten verloren gegangen ist, ist das Bewusstsein für den eigenen Staat bei den Bewohnern der Schwarzen Berge, die die Mehrheit sind, stark verwurzelt. Obwohl es von Seiten der Europäischen Union einen schweren Druck unter dem Einfluss von Javier Solana auf das Land gibt, war dieser, wie die Ereignisse bis jetzt gezeigt haben, erfolglos. Wenn nicht von Seiten der internationalen

Instanzen stark geschwindelt wird, wird Montenegro daher am Tag der Volksabstimmung, falls diese zugelassen wird, wiedererstehen. Djukanović hat bisher noch jede Abstimmung der Bevölkerung gewonnen, und außerdem besitzt die Unabhängigkeit Montenegros auch noch die Unterstützung in den kleineren nationalen Gruppen im Land. Deshalb wird Montenegro innerhalb absehbarer Zeit als unabhängiger Staat auferstehen.

So, wie sich die Situation in der Region entwickelt, wäre ein Erfolg der Montenegriner sehr nützlich für die weitere freiheitliche Entwicklung. Die Montenegriner wissen, was die serbische Herrschaft bedeutet. Sie sind daher bereit, für ihre Unabhängigkeit zu kämpfen. Wenn Montenegro gegen seinen Willen nach Jugoslawien getrieben wird, wird es ein Zentrum der Unruhe sein. Ein unabhängiges Montenegro demgegenüber kann eine positive Wirkung für die ganze Region haben.

Serbien

Die Ermordung des serbischen Ministerpräsidenten Zoran Djindjić Mitte März 2003 hat große Aufmerksamkeit gefunden. Wenn man auf die vielen terroristischen Aktionen zurückblickt, die in Serbien auch in letzter Zeit stattgefunden haben, ist diese Ermordung, die bereits eine Anzahl von serbischen Politikern vorhergesagt hatte und die Djindjić selbst erwartete, nicht erstaunlich. Sie dramatisiert nur die wahre Lage in Serbien auf doppelte Weise: In Serbien selbst sind die Strukturen, die die Grundlage der Macht von Slobodan Milošević waren, noch immer stark, trotz der Behauptungen der westlichen Mächte, dass diese, dank der Tätigkeit des Haager Gerichtshofes geschwächt worden seien. Die Verbindung zwischen der staatlichen Verwaltung und den kriminellen Organisationen besteht weiter wie in der Vergangenheit. Schon früher gab es geheime oder halbgeheime Gemeinschaften, die in ihrer großen Mehrheit durch Berufssoldaten geführt wurden und dabei noch Geschäfte entwickelten, die die Grundlage ihrer Macht waren. Ein Beispiel dafür war der berühmte Tschetnik-Führer Arkan, der vor seiner Ermordung über große Gebiete Serbiens herrschte und auch über viele serbisch okkupierte Gebiete Kroatiens. Serbien hat schon seit Generationen eine Tradition des Bandenwesens.

Dazu kommt eine zweite Tatsache, die Schaffung der so genannten »Republika Srpska« in Bosnien-Herzegowina durch die westlichen Mächte. Letztere haben zumindest de facto die Okkupation eines großen Gebietes von Bosnien-Herzegowina durch die Serben im Vertrag von Dayton anerkannt, sowie die Ausrottung der Moslems und der kroatischen Bevölkerung in gewissen Gegenden, wie etwa Srebrenica, geduldet. Damit erhielten die Serben des Karadžić nicht nur einen überdimensionalen Teil des Landes Bosnien-Herzegowina, sondern auch einen größeren Einfluss auf die kleineren Teile der Bevölkerung. Das wurde zum Nachteil der Kroaten und der Muslime durchgeführt. Diese ungerechte Entscheidung, die die Hälfte des Landes der serbischen Minderheit gab, war großteils motiviert durch den westlichen Verdacht gegen die Moslems, der schon existierte, bevor die derzeitigen Ereignisse eingetreten sind, wie auch durch die alte und traditionelle Freundschaft zwischen Frankreich und den Serben. So wurde ein künstlicher Staat, die »Republika Srpska« geschaffen in Gegenden, in denen früher – wie z. B. im Falle von Banja Luka – eine kroatische und moslemische Mehrheit bestanden hat. Eine Politik der serbischen Ansiedlung war die Folge, wobei in weiten Gebieten Serben Wohnrecht erhielten, die Extremisten waren und sogar oft kriminellen Organisationen angehörten. Es wurde damit eine Lage geschaffen, in der es weder Gesetz noch Ordnung gibt, in der übrigens die westlichen Truppen sich praktisch kaum je sehen lassen, weil sie sich vor den Banden fürchten.

Zwei der ärgsten Verbrecher dieses Krieges, von denen die westlichen Mächte immer geschworen hatten, sie würden sie vor den Haager Gerichtshof bringen, sind noch frei und leben unbedroht. Der erste ist der frühere Präsident der sogenannten Serbischen Republik, Radovan Karadžić, von dem jeder Mensch in Bosnien weiß, dass er sich im Dorfe Celebić aufhält, aber von dem auch alle Leute ganz offen sagen, dass die alliierten Truppen sich niemals trauen würden, dorthin zu gehen, obwohl es in einem Gebiet liegt, das angeblich von den westlichen Mächten besetzt ist. Ähnliches gilt auch für den einstigen Chef der serbisch-republikanischen Armee, Ratko Mladić, der der zweithöchste Kriegsverbrecher ist, gleich hinter Karadžić. Mladić lebt heute in Belgrad und hat sogar aus der Kasse des serbischen Militärs eine Generalspension bezogen. Niemand scheint fähig oder willens zu sein, ihn zu verhaften. Das ist sogar so weit gegangen, dass z. B. der Präsident des serbischen Parlamentes, der Skupstina, Mićunović, einmal offen erklärt hat, dass sich niemand in Serbien trauen würde, Mladić zu verhaften. Er hat seine eigene Leibgarde und unternimmt Reisen in den verschiedenen Teilen von Serbien, allerdings immer begleitet von schwer bewaffneten Mitgliedern der verschiedenen Mafia-Organisationen, die derzeit in Serbien in Verbindung mit der Regierung tätig sind. Das gilt sogar für Belgrad, wo bis vor kurzem zwei wichtige Verbrecherorganisationen, die mit nationalistischen Parteien verbunden sind, Teile der Stadt regierten, nämlich die Bande von Zemun des Milorad Liković und die Bande von Surcin, die laut Informationen durch Ljubiša Buha geführt wird, der zumindest als Mitwisser an der Ermordung von Djindjić teilgenommen hat.

Djindjić hat seinerzeit seine Verbindung mit den Verbrechern dazu genutzt, seine eigenen Ideen einer Reform durchzusetzen. Mit seiner Vergangenheit als Sozialist und Intellektueller hatte er große persönliche Beliebtheit im Westen. Andererseits hat er in der Heimat speziell die Hilfe der Zemun-Bande und von Milorad Luković verwendet, der ein früherer Offizier der Sondereinheiten der serbischen Armee in Bosnien und im Kosovo war, um seinen Rivalen Milošević zu verhaften und ihn schließlich dem Haager Gerichtshof auszuliefern. Das war der Tag, an dem Djindjić zum Tode verurteilt wurde. Die Ermordung selbst wurde durch die Zemun-Gruppe durchgeführt, während die Informationen bezüglich der Zemun-Gruppe, die gewisse Verhaftungen erlaubt hatte, auf die Surcin-Gruppe zurückzuführen sind, weil beide in letzter Zeit einen richtigen Bandenkrieg ausgekämpft hatten. Ljubiša Buha hatte viele Informationen über die Zemun-Gruppe des Luković an die Presse weitergegeben und damit zu den internationalen Medien, was dazu führte, dass die Zemun-Gruppe beschloss, Djindjić auszuschalten.

Derzeit gibt es viele Erklärungen aus Belgrad, dass jetzt die Banden endgültig liquidiert werden. Europäische Union und NATO haben bereits versprochen, dass sie der serbischen Politik neue und wirkungsvollere Waffen geben werden, um gegen die Extremisten und Kriminellen zu kämpfen. Das zeigt die Naivität dieser politischen Stellen, denn die serbische Polizei ist noch immer durchsetzt von Kriminellen aus diesen Gangs. Dies umso mehr, seit der Generalstabschef der serbischen Armee, General Nebojsa Pavković, der unter dem Einfluss von Djindjić pensioniert worden war, wieder ein entscheidendes Wort in der Armee, aber auch bei den Sicherheitskräften zu sprechen hat. Er ist mit starken Elementen der Verbrecherbanden verbunden, vor allem mit Luković.

Die Entlassung von Pavković war bestimmt der letzte entscheidende Schritt für die Ermordung von Djindjić. Ein Attentat auf sein Leben im Februar war nicht erfolgreich, und so wurde die klassische Ermordung durch einen besonders tüchtigen Scharfschützen der Armee ausgeführt, der der Zemun-Gruppe angehört. General Pavković bewegt sich noch immer frei und führt offensichtlich, zumindest wie es wohlinformierte Personen in Belgrad sagen, die kriminellen Organisationen, die Verbindungen zu den radikal-nationalistischen Parteien und zu den Regierungen haben. Mit anderen Worten: Es besteht weiter die gleiche Struktur, wie seinerzeit in den Tagen von Milošević.

Hier sollte man auch feststellen, dass der frühere Präsident von Jugoslawien, Vojislav Koštunica, sich jetzt an einer Stelle befindet, die ihm erlauben könnte, die Macht, von der ihn Djindjić verdrängt hatte, erneut zu erobern. Man sollte endlich zur Kenntnis nehmen, dass Kostunica in einer Rede vor vier Jahren erklärte, dass er mit fast allen Punkten des Programms von Milošević einverstanden ist, aber dass er ihn darum nicht mehr unterstützt, weil er den Krieg verloren hat.

Aus all dem kann man schließen, dass die serbische Politik weitergeführt wird, so wie sie in der Vergangenheit war. Jedermann in Belgrad weiß, dass er, falls er versuchen sollte, die Allianz mit den kriminellen Banden zu lösen, innerhalb von kurzer Zeit tot wäre.

Die Tätigkeit der Extremisten und der Banden wird über die »Republika Srpska« weiter funktionieren, nachdem die westlichen Mächte in der Illusion leben, dass diese Republik ein erhaltenswertes Element ist. Es ist wahr, es gab in Bosnien-Herzegowina die Wahl einer Dreiparteien-Präsidentschaft, in der zumindest zwei von den drei Präsidenten, nämlich Sulejman Tihić für die Muslime und Dragan Covic als Kroate ganz bestimmt nicht die serbische Politik unterstützen. Das serbische Mitglied der Präsidentschaft, Mirko Šarović, obwohl er sich nach außen als ein gemäßigter Politiker gibt, ist er in Wirklichkeit nicht unabhängig genug, um eine vernünftige Annäherung an den Westen durchzuführen. Außerdem war er wegen seiner Korruption verwundbar, die schließlich Ausmaße annahm, dass sogar die Okkupationsmächte ihn abberufen mussten. Ein ermutigendes Zeichen war die Erennung des Ministerpräsidenten von Bosnien-Herzegowina, des Moslems Adnan Terzić. Es bleibt aber fraglich, ob dieser, der wenig Unterstützung von den westlichen Kräften gegenüber der »Republika Srpska« hat, die Möglichkeit haben wird, ein zivilisiertes Leben zu schaffen. Da Koštunica auf der anderen Seite in Serbien weiterhin der entscheidende Mann bleibt, nachdem Djindjić aus dem Weg geräumt wurde, kann er wieder die Verbindungen zwischen Serbien und der »Republika Srpska« ausbauen.

Das ist ganz besonders bedrohlich für Montenegro, aber auch für den Kosovo. Daher ist die Lage im früheren Jugoslawien gefährlich, solange es nicht eine wirkliche und energische Reform in Serbien gibt. Man sollte allerdings auch nicht vergessen, dass es auch unter den Serben viele fähige und auch europäisch orientierte Menschen gibt.

Kosovo

Der Kosovo war nach 1918 eine Provinz Serbiens, obwohl 90 Prozent der Bevölkerung Albaner sind. Letztere wurden dauernd unterdrückt, und die Wahlen, die innerhalb Jugoslawiens abgehalten wurden, führten immer zum Sieg der serbischen Minderheit, da die Mehrheit der Albaner sich entweder von Anfang an weigerte, an den sowieso schwindelhaften Wahlen teilzunehmen, während jene, die zur Wahl gingen, erleben mussten, dass ihre Stimmzettel teilweise überhaupt nicht gezählt oder aber aus angeblich technischen Gründen zurückgewiesen wurden. Die Folge war, dass die Sitze in der Skupština für den Kosovo immer von den extremistisch-serbischen Parteien gewonnen wurden. Gleichzeitig lag die Wahlbeteiligung gewöhnlich unter 10 Prozent.

Unglückseligerweise haben die westlichen Mächte während der Krise in Jugoslawien erklärt, dass sie die territoriale Ordnung nicht verändern würden. Sie garantierten damit die weitere serbische Herrschaft im Kosovo. Mit dem Konflikt und der darauf folgenden Bombardierung des Kosovo durch die alliierten Kräfte hat sich die Lage insofern geändert, als die albanische Bevölkerung gegen die Serben aufgestanden ist. Das brachte die Alliierten dazu, den Albanern Waffen zu liefern, wodurch eine Sonderlösung für die Gegend geschaffen wurde. Die Folge war, dass am Ende des Konfliktes eine Flucht der serbischen Minderheit aus dem Kosovo stattfand. Auch haben die Alliierten den albanischen Kosovaren versprochen, dass sie als Belohnung für ihre Hilfe, selbst über ihre Zukunft entscheiden könnten.

Es entstand eine doppelte Verwaltung. Auf der einen Seite waren die militärischen Kräfte im Kosovo, die großteils aus Europäern bestanden. Wir haben daher heute im Kosovo Einheiten von Italienern, Deutschen, Franzosen, Engländern und Kräfte der kleineren europäischen Staaten, wie Österreich, Ungarn und der Tschechischen Republik. Andererseits aber blieb die zivile Verwaltung in Händen der Vereinten Nationen. Dieses Modell trägt zu den gegenwärtigen Spannungen bei.

Im März 2004 gab es einen Aufstand der albanischen Bevölkerung gegen die Maßnahmen der UNO-Verwaltung mit ihrer Korruption und ständigen Einmischung in die inneren Angelegenheiten des Kosovo. Auch glauben die Kosovaren, dass die Vereinten Nationen den Kosovo der serbischen Verwaltung zurückgeben wollen. Einflussreiche UNO-Funktionäre wollen offensichtlich, vor allem aus wirtschaftlichen Gründen, Jugoslawien neu entstehen lassen.

Zahlreiche Kosovaren sind gut ausgebildet, bestimmt besser als die Serben, viele der Jüngeren sprechen Fremdsprachen und es besteht ein sehr lebendiger Kontakt zwischen der Bevölkerung des Kosovos und den Kosovoalbanern im Ausland. Da es im Kosovo noch starke Familienstrukturen gibt, haben praktisch fast alle Familien Angehörige im Ausland, ganz besonders in den Vereinigten Staaten, die substantielle Summen nach Hause schicken. Nach einer Schätzung der Kosovo-Regierung unterhält ein Kosovare heute, wenn er in den Vereinigten Staaten lebt und arbeitet, ungefähr 10 bis 16 Mitglieder seiner Familie in der Heimat. Obwohl infolge der wirtschaftlichen Schwierigkeiten, die derzeit den Kosovo belasten, nicht zuletzt wegen des Mangels an internationaler Hilfe nach den gewaltigen Zerstörungen des Krieges, heute im Kosovo etwa die Hälfte der Bevölkerung arbeitslos ist, gibt es keine extreme Armut, wie es in den anderen Ländern dieser Gegend der Fall wäre. – Noch gibt es im Lande eine recht gut entwickelte Landwirtschaft. Die große Mehrheit der Bevölkerung sind Moslems, doch der christliche Teil der Kosovo-Bevölkerung hat besonders freundliche Beziehungen zu ihnen. Sogar auf der Ebene des Klerus verkehren die Christen und die Moslems miteinander, ja helfen einander. Man muss allerdings mit Bedauern feststellen, dass unter dem Einfluss Belgrads und der großen Finanzmittel, die Serbien der orthodoxen Kirche im Kosovo zukommen lässt, Letztere zu Gesprächen mit anderen Glaubensgemeinschaften nicht bereit ist.

Die Kosovo-Verwaltung, soweit sie in Händen von Kosovaren liegt, ist gut. Präsident Ibrahim Rugova ist ein kluger und sehr beliebter Mann, ein Politiker, der tatsächlich für eine friedliche Koexistenz zwischen den Nationalitäten arbeitet.

Die viel zu große Macht der UNO führt indes in eine schwere Krise. Bis jetzt sind die Kosovaren sehr geduldig gewesen, aber, wie es die Rebellionen im März 2004 gezeigt haben, kann das nicht mehr so weitergehen. Das ist nicht nur auf die Korruption der UNO-Verwaltung zurückzuführen, sondern auch auf die Tatsache, dass sie alle zivilen Gebiete totalitär beherrschen will.

Sie will so ziemlich alle Macht übernehmen – die Sicherheit, die Finanzen und den Haushalt. Während die Kosovaren ihre Steuern zahlen, werden der Haushalt und die Verteilung des Geldes durch die UNO bestimmt. Der niedrigst qualifizierte Beamte der UNO bezieht ein Gehalt, das über dem des Staatspräsidenten liegt. Tatsächlich arbeitet die albanische Verwaltung des Landes hauptsächlich dank freiwilliger Spenden. Rugova, der ein asketischer Mensch ist, erträgt das alles. Aber für die Bevölkerung ist das auf die Dauer unannehmbar. Auch ist die UNO-Verwaltung eigenartig zusammengesetzt: Der UNO-Beauftragte für Liberalisierung und Privatisierung in der Wirtschaft ist ein früherer kommunistischer Russe, während der Verwalter für Demokratisierung und Reform der Polizeidienste ein Nigerianer ist, also aus einem wenig demokratischen Land stammt.

Die UNO-Bürokratie ist ungenügend. Nur das Militär aus Europa beweist Haltung. Die europäischen Soldaten erfüllen ihre Aufgabe. Sie helfen, Schulen zu bauen und unterstützen die Verwaltung und die sozialen Dienste. Somit sind sie, im Gegensatz zu den Beamten, beliebt. Unter diesen Voraussetzungen treibt der Kosovo in eine große Krise. Es hat Versprechen der fremden Verwaltung gegeben, dass die Entscheidung der Bevölkerung des Kosovo über ihre Zukunft 2005 erwartet werden kann. Die Kosovaren wollen die Unabhängigkeit. Praktisch jeder, der die Gelegenheit hat, mit ihnen offen zu reden, muss das wissen. Sollte es daher eine ehrliche Volksabstimmung geben, wird diese eine erdrückende Mehrheit für die nationale Unabhängigkeit und für Europa ergeben. Bis zu einem gewissen Grad kann man sagen, dass die Entscheidung über die Zukunft des Kosovo auch eine Entscheidung über die zukünftige Entwicklung auf dem Balkan sein wird.

Mazedonien

Die Serben behaupten, dass sie wegen eines Krieges im Mittelalter gegen die Türken, der Schlacht auf dem Amselfeld im Jahre 1389, ein ewiges Recht auf den Kosovo haben, da dort der Ausgangspunkt des serbischen Staates liegt. Dabei wird gleichzeitig ein Recht auf Mazedonien behauptet. Das ist ein historischer Schwindel. Leider gibt es in Serbien Mythen, die mit den geschichtlichen Tatsachen nichts gemein haben. Würde man die auf diesem Grund geschaffenen Grenzen anerkennen, gäbe es keine Hoffnung auf Frieden. Die Völker haben noch allzu sehr die unmenschliche Unterdrückung der letzten Jahrzehnte vor Augen. Heute scheint das im Westen vergessen zu sein. Ja, es gab jüngst sogar englische Ideen, man solle Kroatien veranlassen, seine Wünsche, in die Europäische Union einzutreten, zurückzustellen, um auf die Serben zu warten, und dann mit diesen in der Form irgend eines neuen Jugoslawien der Europäischen Union beizutreten. Dass das nicht geht, hat die Geschichte genügend gezeigt.

Man sollte sich aber auch darüber Gedanken machen, dass ein Land, nämlich Mazedonien, immer wieder vergessen wird. So wird es bei den Verhandlungen meist zurückgestellt.

Man sollte aber die Qualität dieser Menschen nicht unterschätzen und ganz besonders auch nicht vergessen, dass es Mazedonien gibt. Will man nämlich einen Frieden im

Südosten Europas haben, ist es unmöglich, an Mazedonien vorbei zu gehen.

Dass das derzeit bei gewissen selbsternannten Staatsmännern nicht erkannt wird, ist leider nicht erstaunlich. Die Mazedonier aber sind eine Nation, die absolut fähig ist, einen geordneten und funktionierenden Staat aufzubauen. Sie haben dies bereits gezeigt, und wenn man gar in das benachbarte Bulgarien geht, wird man sehen, was für Möglichkeiten in dieser Region bestehen.

Friede ist nicht die gewaltsame Verhinderung eines Krieges, sondern eine Ordnung, die auf dem freien Willen der Menschen fußt und die den Gegebenheiten von Geschichte und Geographie entspricht. Dazu gibt es heute gute Aussichten. Sind wir aber nicht bereit, diese Chance zu nutzen, darf man später nicht erstaunt sein, dass wir wieder im Südosten Europas den Beginn von katastrophalen Entwicklungen erleben werden. Dabei müsste man sich allerdings dann selbst die Schuld zuschreiben, denn es ist eine kurzsichtige Politik im Westen, die eine wirkliche friedliche Ordnung in diesem Teil Europas zumindest erschwert und möglicherweise verhindert.

Kapitel V

Die Zukunft im Mittelmeer und die islamische Welt

Maghreb und Mashrek

In der nächsten Phase der weltweiten Entwicklung wird die Macht zur See, beziehungsweise das Meer als Verkehrsstraße, eine nahezu entscheidende Rolle spielen. Schon die letzten Kriege haben gezeigt, dass der Landverkehr immer schwieriger wird. Das hat auch die große Konfusion des Verkehrs in Europa in den Jahren nach dem Zweiten Weltkrieg bewiesen. Transportmittel verspäten sich häufig, besonders jene auf dem Lande, ganz gleich, ob es sich um die bereits durch die Ereignisse überholte Struktur der Eisenbahnen handelt oder noch mehr um die weiter wachsende Verstopfung der Straßen, die zwangsläufig in einer Kriegszeit noch wesentlich ärger würde.

Außerdem hat die Entwicklung der Kontinente gezeigt, dass die meisten nicht mehr so sehr von ihren Landgrenzen abhängen, sondern von ihren Verbindungen zur See. Man könnte daher derzeit die Kontinente nach den Meeren benennen, mit denen sie direkte Verbindung haben. Für Europa und Nordafrika sowie den islamischen Raum bis hin zum Kaukasus, ist dies das Mittelmeer. Die europäisch-amerikanische Verbindung hängt weitgehend vom Atlantischen Ozean ab, der mit dem Mittelmeer zusammenhängt. Darum ist die Beziehung der Länder zu den Meeren und für Europa ganz besonders zum Mittelmeer in Zukunft von entscheidender politischer und wirtschaftlicher Bedeutung.

In diesem Sinne gibt es zwei historisch und zeitgenössisch wesentliche Gebiete, nämlich im Osten gegenüber dem Schwarzen Meer den Bosporus und die Dardanellen, gegenüber dem Atlantischen Ozean im Westen die Meerenge von Gibraltar. Was den Suez-Kanal betrifft, so ist dieser der einzig wirklich verwundbare Punkt der Stellung am Mittelmeer, da, wie auch der Zweite Weltkrieg gezeigt hat, es durchaus möglich ist, hier die Verbindungen durch einen gezielten Luftschlag auf lange Frist unbrauchbar zu machen.

Somit sind in Bezug auf die europäische Zukunft in ihrer Verbindung mit dem Mittelmeer die beiden Gebiete Gibraltar und Türkei lebenswichtig. Allerdings ist auch der islamische Gürtel, der vom Maghreb bis zum Schwarzen Meer reicht, von größter strategischer Bedeutung. Die Amerikaner haben dies dadurch unterstrichen, dass sie, als sie ihre Operationen im Irak durchführten, alles versuchten, um den Iran unter Druck zu setzen und außerdem immer mehr Bereitschaft zeigten, mit den islamischen Vertretern dieser strategischen Gebiete freundschaftliche Beziehungen, sogar jenseits von Erdöl-Interessen, zu schaffen.

Die große Schwierigkeit für die Amerikaner und für die mit ihnen verbündeten Europäer ist in dieser Perspektive die Tatsache, dass es diesmal auf dem militärischen Gebiet auch um Guerilla-Kriege geht, wie es die Entwicklung früher in Vietnam und in unserer Zeit im Irak zeigt. Lehrreich ist dabei auch die Lage in Afghanistan und die Möglichkeiten weiterer Ereignisse in verschiedenen Ländern, die nicht allzu weit von dem zukünftigen politischen Kriegsschauplatz liegen.

Wenn man die Entwicklung der Strategie in den Gebieten der Guerillas beobachtet, wird man zu Erkenntnissen kommen, die für die zukünftigen Vorgänge im Nahen Osten von Bedeutung sind. Der wichtigste Teil der Operation findet gewöhnlich schon vor dem Konflikt statt. Diesbezüglich sind die Nachrichtendienste von entscheidender Wichtigkeit. Das hat sich auch im jüngsten Irak-Krieg klar gezeigt. Die Erfahrung, dass in der Politik die Kenntnisse der Geographie und der Geschichte entscheidend sind, hat weitgehend bei den Amerikanern gefehlt. Man hat im Westen den Begriff »Irak« am Ende des Ersten Weltkrieges aus englisch-französischen Erdölinteressen erfunden. Man hat einen Staat geschaffen und hoffte, auf diese Weise die wirtschaftliche Position der beiden europäischen Mächte zu festigen. Es hat sich aber im Laufe der Zeit gezeigt, dass das nicht möglich war.

Der Irak war immer ein Unruheherd, seitdem man ihn aus dem Osmanischen Reich gerissen hat und daraus den neuen Staat bildete. Man hat meist bewusst die gewaltige historische Leistung und Fähigkeit der Türkei vergessen. Das scheint allerdings auch heute noch der Fall zu sein, wie die Diskussion um die Mitgliedschaft der Türkei in der Europäischen Union zeigt. Es ist vom Standpunkt der Größe der Bevölkerung und des Einflussgebietes undenkbar, dass man die Türkei wie kleine Staaten in die Europäische Union aufnimmt. Zahlenmäßig wird die Türkei in absehbarer Zeit mehr Bevölkerung haben als Frankreich oder Deutschland.

In vielen nationalen, oftmals historisch verfeindeten Gebieten diverser Völker gibt es ein übernationales Element, das für Frieden sorgt. Bei nationalen Spannungen war für eine solche Aufgabe geboten, jemand von außerhalb des Raumes zu beauftragen, um die Volksgruppen an einen Tisch zu bringen. Die Erfahrungen in Bosnien-Herzegowina zwischen Orthodoxen, Katholiken und Moslems haben diese Erkenntnis unterstrichen. Diese Rolle hatte seinerzeit im Nahen Osten die Türkei gespielt. Mit der Zerstörung des Osmanischen Reiches hat man unlösbare Probleme geschaffen, wie den Irak und auch in gewissem Sinn Palästina. Man darf heute nicht vergessen, dass die Türkei während der Kriege zwischen Juden und Arabern immer diplomatisch in Israel vertreten war, in den arabischen Staaten sowieso. Man vergisst auch immer wieder die ziemlich bedeutende Rolle, die die sephardischen Juden in der Türkei spielen, wobei es dort gegenüber ihnen keine wie immer geartete Diskriminierung gibt. In der Ordnung, die nach dem Ersten Weltkrieg geschaffen wurde, gab es diese Stelle einer höheren Autorität, die die Völker zusammenführt, nicht mehr. Deshalb sind die Spannungen im Nahen Osten entstanden und haben sich weiter entwickelt.

Diese Konflikte sind heute weit gefährlicher, als sie es früher waren. Die Erfahrung lehrt, dass Guerilla-Kriege für eine Großmacht wesentlich belastender sind als äußere Konflikte.

Im Nahen Osten ist der Krieg der letzten Zeit strategisch nicht unbedeutend. Nicht zuletzt ist die Zahl der eingesetzten Kämpfer auf beiden Seiten vollkommen unterschiedlich, weil die Guerilla mit ihrer Beweglichkeit und mit ihrer freien Operation gegenüber dem Heer immer in geringerer Zahl sind, aber genauso viel, wenn nicht mehr Schaden anrichten können. Dabei entwickelt der Guerilla-Krieg politische Realitäten. Die Guerillas haben die Möglichkeit, den Eindruck der Kraft zu schaffen. Sie wählen den Platz, den Ort und die Zeit ihrer Angriffe aus, während ihre Beweglichkeit ihnen meist erlaubt, nach einem Angriff dem Gegenangriff erfolgreich auszuweichen. Da sie auch keine klar umschriebenen Linien halten müssen, ist ein Rückzug ganz anders, als derjenige einer konventionellen Armee. Dazu kommt, dass zwangsläufig durch die Form des Guerilla-Krieges die Publizität über den Konflikt eine ganz andere ist als für die staatlichen Militärkräfte.

Man sieht das beim Tschetschenien-Krieg. Gewiss tun die Russen das Möglichste, um die Information über Tschetschenien zu behindern. Es gelingt ihnen aber nicht, weil immer etwas durchsickert und außerdem die Guerillas in der

Regel, da sie politisch und national begründet sind, Kräfte in der Emigration haben, die für die Verbreitung sorgen. Dazu kommt, dass in der Regel die Taten der Guerillas anders beurteilt werden als diejenigen der regulären Truppen. Auch muss sich die reguläre Kraft, vor allem in bewohnten Gebieten, weit mehr ausdehnen, um die Bevölkerung zu schützen, als es die Guerilla brauchen.

Die staatlichen Armeen dürfen keinen Krieg führen, der die Gesamtbevölkerung gegen sie mobilisiert und den Guerillas Rekruten verschafft. Sie müssen das flache Land halten, da dieses für die weiteren Operationen lebenswichtig ist. Ein Guerillakrieg bindet ungemein viele Kräfte, die dann nicht mehr zu anderen Aufgaben verwendet werden können. Die Aufgabe der konventionellen Kräfte besteht darin, den Feind zu identifizieren, ihn möglichst von der Bevölkerung zu isolieren und ihn schließlich zu besiegen. Das ist eine ungemein schwierige Aufgabe. Der Westen hatte seinerzeit mit dem englischen Intelligence Service einen guten und funktionierenden Dienst. Dieser ist noch immer das Beste, was die demokratische Welt hat, aber er ist längst nicht mehr das, was er seinerzeit war. Was den amerikanischen Dienst, insbesondere die zahlreichen Nachrichtendienste geführt durch die CIA betrifft, ist dieser von Anfang an nicht entsprechend gewesen. Der amerikanische Informationsdienst wurde erst im Zweiten Weltkrieg geschaffen, wobei hier gleich zu Anfang gewaltige Fehlgriffe gemacht wurden, da die Ernennungen oft nach parteipolitischen Aspekten erfolgten. Außerdem ist der Nachrichtendienst durch die Geschwätzigkeit im Vaterland immer gefährdet. Ein klarer Beweis dessen war die falsche Einschätzung der Realitäten im Irak, als der offizielle Krieg ausbrach. Man erwartete die volle Unterstützung der Schiiten, hatte aber vergessen, dass nach dem ersten Wüstenkrieg ein historischer Fehler begangen wurde, als die Kräfte der Amerikaner nicht bis nach Bagdad vorgedrungen sind, sondern mit Saddam Hussein einen Waffenstillstand schlossen und ihre Verbündeten, nämlich die Schiiten und die Kurden, der Rache der Tikrit auslieferten. Eine ähnliche Situation würde sich, allerdings unter anderen Vorzeichen, bei einer amerikanischen Operation gegen den Iran ergeben.

Im Irak hat die Vorbereitung für den Guerilla-Krieg glänzend funktioniert. Das plötzliche Verschwinden der irakischen Kräfte hat erlaubt, bereits vorbereitete Organisationen einzusetzen, die jetzt noch immer operieren. Außerdem ist klar, dass bereits in der Zeit von Saddam Hussein große Waffendepots geschaffen wurden, die derzeit den Guerillas erlauben, sogar gegen die Helikopter und Flugzeuge der Amerikaner zu kämpfen. Dabei wurde bei der Verbindung innerhalb der Guerilla eine Tatsache offenbar, die auf eine der großen Schwächen des amerikanischen Nachrichtendienstes hinweist. Dieser fußt weitgehend auf perfekten und tatsächlich ultramodernen elektronischen Informationsübertragungen, die zwischen dem Kommando und dem Einsatz genutzt werden können. Bei den Guerillas, wie der Irak zeigt, gibt es kaum solche elektronischen Verbindungen. Daher kann man dort auch mit dem Nachrichtendienst nicht das machen, was eigentlich notwendig wäre.

In Vietnam hatten die Guerillas einen entscheidenden Vorteil gegenüber der Lage im Irak. Die Kommandozentrale der Guerillas war außerhalb der Reichweite der Amerikaner, also in Kambodscha und auch weitgehend in Laos. Das ist allem Anschein nach im Nahen Osten nicht der Fall. Daher auch der Übergang in die zweite und in die dritte Phase des Guerilla-Krieges, nämlich die Bildung größerer Einheiten, die Regionen schaffen können, die in der ersten Phase vom Zugriff der konventionellen Armee weit entfernt sind, aber dort erlauben, die dritte Phase vorzubereiten, nämlich den konventionellen Krieg gegen einen geschwächten Feind.

Auf alle Fälle aber ist der dezentralisierte Krieg, der heute im Irak vorbereitet wird, für die konventionellen Kräfte am schwierigsten, umso mehr, als gleichzeitig immer wieder beachtet werden muss, was sich in Afghanistan abspielt. Sollten gar die Amerikaner im Iran auch noch in den Konflikt einbezogen werden, wird der ganze Nahe Osten in Flammen aufgehen und damit die Situation im Mittelmeer äußerst gefährden. Es wäre auch zu befürchten, dass ein solcher Konflikt auf den Maghreb übergreift.

Es wäre möglich gewesen, zumindest das Risiko sehr zu beschränken, wenn die Amerikaner nicht den historischen Fehler gemacht hätten, die Türkei aus dem Konflikt im Irak auszuschalten. Das war verständlich wegen der Aufmerksamkeit, die Washington schon allein aus Erdölinteressen den Kurden widmen musste. Die türkischen Truppen sind auf einen Kampf gegen Guerillas bestens vorbereitet, ganz abgesehen davon, dass ihnen im Gegensatz zu den europäischen und amerikanischen Kräften die große Möglichkeit gegeben ist, bei örtlich führenden Personen in ihrer Sprache zu sprechen, während das für die westlichen Kräfte nicht zutrifft.

Die Gefahr einer Ausdehnung des Konfliktes im Irak ist durchaus gegeben. Dieser kann so ziemlich den ganzen Nahen Osten bedrohen, mit Ausnahme der Türkei und möglicherweise Pakistans. Auf der anderen Seite wird es hingegen furchtbar schwer sein, westliche Truppen dort einzusetzen, beziehungsweise die sehr tüchtigen israelischen Kräfte ebenfalls einzuschalten, dies umso mehr, weil in Israel heute bereits die Kriegsmüdigkeit fühlbar wird.

Aus all dem darf man schließen, dass es im Mittelmeerraum einen großen potentiellen Gefahrenherd gibt, dass man diesem aber mit richtiger Politik begegnen kann. Nur wird das niemals möglich sein, wenn sich in der Vorderfront eines solchen Konfliktes die Vereinigten Staaten oder die Europäische Union befinden. Daher die wesentliche Bedeutung der Türkei für die gesamte politische Zukunft des Nahen Ostens und Marokkos für den Maghreb. Nur in festem Bündnis mit diesen Kräften kann man das strategisch wichtige Mittelmeer halten. Ob das gelingen wird, hängt weitgehend von den politischen Entscheidungen der nahen Zukunft ab.

Man merkt bereits die Intention der Extremisten auf beiden Seiten des potentiellen Konfliktes, einen Krieg der Kulturen herbeizureden. Dabei hat man die Bedeutung des Islams in diesem Raum, der sich politisch bis nach Indonesien ausdehnt, richtig einzuschätzen. Man sieht heute den Islam in der Perspektive der extremsten Kräfte, also insbesondere eines Khomeini, Osama Bin Laden, der Taliban und deren Anhänger, und vergisst darüber die große Mehrheit, die ganz anders eingestellt ist. Letztere will den Frieden. Sie verlangt eine konstruktive Sozialpolitik und die wirkliche Nutzung der Erträge, die aus dem Boden kommen, zur Entwicklung der Bevölkerung. Man sieht in Jordanien, aber auch in der Haltung von Pakistan im Konflikt mit den extremistischen Bewegungen, dass das möglich ist. Die westliche Presse unterschätzt, was die Pakistanis für die Bekämpfung des Terrorismus getan haben. Man sollte mit den rationellen und gemäßigten islamischen Kräften, die gewaltige Persönlichkeiten hervorgebracht haben, wie General Musharraf in Pakistan und die derzeitige Führungsgarnitur der Türkei, Erdogan und Gül, zusammenarbeiten. Doch wird das niemals gehen, wenn man sich den islamischen Völkern gegenüber überheblich zeigt und vergisst, dass es Zeiten der Kultur gegeben hat, in denen die Entwicklung der islamischen Welt vor derjenigen des Westens lag. Denken wir nur an die bedeutenden Erfindungen der Araber, wie die Einführung der Null-Zahl in der Mathematik, oder daran, dass in Spanien, als die Mauren einen guten Teil des Landes beherrschten, es das Reich der drei Religionen gab, deren schönstes Symbol auch heute die Kathedrale von Toledo ist: In der Mitte steht wohl der christliche Altar, neben ihm sind aber ebenso die Moslems, wie die Juden vertreten. Man sollte auch nicht belehrend den islamischen Völkern entgegentreten, sondern ihre Werte erkennen und das, was uns gemeinsam ist. Die monotheistischen Religionen haben sehr viele solche Verbindungen, wie ein Besuch in einer Universität wie Al Azhar zeigt. Es ist auch bedauerlich festzustellen, dass der Westen viel weniger über die islamische Welt weiß, als die islamische Welt über den Westen. Man darf hier in einer kritischen Situation nicht das psychologische Element vergessen.

Das Tor des Mittelmeeres

In der zugegebenermaßen immer ernster werdenden Lage im Nahen Osten und der damit zusammenhängenden Spannung zwischen den Supermächten spielt wieder einmal das Mittelmeer eine große Rolle. Man hat das seinerzeit im Zweiten Weltkrieg erlebt, insbesondere aber in der Zeit nach diesem, als im Kalten Krieg die russische Flotte im Mittelmeer aufgetaucht ist und die Amerikaner zwang, mit ihrer Kriegsmarine ebenfalls dort zu erscheinen. Das war eine für Europa bedenkliche Entwicklung. Sie zeigte auch, dass das Mittelmeer für die Supermächte große Bedeutung hat.

Für die Europäer gibt es vor allem zwei Punkte, die auf die Dauer von entscheidender Wichtigkeit sind, nämlich die Ein- und Ausgänge des Mittelmeeres. Im Westen werden diese heute durch zwei Mächte, nämlich durch die Europäische Union mit Spanien, auf der anderen Seite durch den führenden Staat des Maghreb, Marokko, kontrolliert. Man hat oftmals in der Vergangenheit von der sinkenden strategischen Rolle von Gibraltar gesprochen. Jedoch hat der Fels auch weiterhin eine große Bedeutung und wird diese beibehalten.

Die Entwicklung in Zypern hat gezeigt, dass die UdSSR und später Russland früher als der Westen verstanden, dass es sich beim Mittelmeer auch im Atomzeitalter um ein strategisch wichtiges Gebiet handelt. Die Vereinigten Staaten haben zwar ihre Flotte in das Mittelmeer geschickt, aber praktisch ist die Verantwortung weitgehend bei Europa und nicht bei der Supermacht aus Übersee geblieben.

In jüngerer Zeit hat sich die Situation um die Meerenge von Gibraltar zugespitzt. Das ist noch dazu im Zusammenhang mit einer Entwicklung geschehen, die von den meisten als relativ zweitrangig betrachtet wird. Viele warfen Spanien vor, sich mit einem Felsen zu befassen, wobei man immer wieder betonte, dies sei doch reine historische Nostalgie. Man hat darüber aber vergessen, dass auf der anderen Seite des Meeres ebenfalls spanische Stellungen, wie etwa die Städte von Ceuta und Melilla sowie verschiedene kleinere Gebiete an der Küste Marokkos eine große Rolle spielen. In Marokko wiederum ist zu fühlen, dass nationalistische Kräfte nicht bereit sind, eine Änderung des Status in der Meerenge anzunehmen, ohne auch die marokkanischen Interessen ins Spiel zu bringen.

Das führt zu einem doppelten Ergebnis: Auf der einen Seite können hier Spannungen zwischen Europa und den islamischen Staaten des Mittelmeeres entstehen. Diese liegen keinesfalls im Interesse Europas oder des Maghreb. Auf der anderen Seite kommt es aber auch zu Spannungen zwischen europäischen Ländern, noch dazu in einem Gebiet, das an sich den ganzen Erdteil interessieren sollte.

Die Situation hat sich in jüngerer Zeit ziemlich verschlechtert. Das ist Folge des Drucks, der sich in Nordafrika durch die gefährliche Entwicklung in Algier fühlbar macht, wo extreme islamische Kräfte infolge der unleugbaren Korruption der algerischen Regierung immer mehr provoziert werden. Algerien könnte wegen seines Erdölreichtums, aber auch wegen anderer Rohstoffquellen, zu den reichsten Ländern der Welt zählen. Seine schwache und korrupte Regierung hat jedoch bisher so gut wie nichts getan, um diese Möglichkeiten zu nutzen. Zwar wird in Algier immer behauptet, dies sei noch ein Erbe aus der Kolonialzeit. Gewiss sind damals schwere Fehler gemacht worden. Diese hätten aber längst korrigiert werden können, während die Machthaber vor allem damit beschäftigt waren, ihre persönlichen wirtschaftlichen Interessen zu wahren und sich daher nicht um die Entwicklung einer sich explosiv vermehrenden Bevölkerung gekümmert haben. In Folge der Misswirtschaft in Algier gibt es heute eine gefährliche Entwicklung im Norden Afrikas. Marokko anderseits ist ein Land, das eine verhältnismäßig sachverständige Regierung gehabt hat und auch hat. Die Monarchie hat dem Land Stabilität gegeben. So hat Marokko heute durchaus die Chance einer ruhigen demokratischen Entwicklung. Andererseits sind die nationalen Spannungen in und besonders um das Land durchaus dazu angetan, diese friedliche Entwicklung zu stören und damit die Lösung sozialer Probleme zu erschweren.

Von europäischer Seite aus sollte man die Ereignisse an der Meerenge von Gibraltar im Auge behalten und erkennen, dass Europa an der Erhaltung der Freundschaft zwischen Spanien und Marokko interessiert sein muss. Das, was sich in der Meerenge abspielt, insbesondere die Masse der Menschen, die Tag für Tag versuchen, über das Meer ihrem Erdteil zu entkommen, schafft eine Situation, die für alle Staaten Europas von Bedeutung ist.

Es läge im Interesse Europas zu erkennen, dass wir mit Nordafrika vieles gemeinsam haben. Die Spannungen in diesem Raum betreffen auch uns. Wir sollten, speziell in Marokko und auch, soweit es politisch möglich ist in Algier, eine Entwicklung fördern, die erlaubt, den Menschen einen Lebensstandard zu sichern, der die innere Stabilität des Landes gewährleistet. Das ist bisher leider nur ungenügend geschehen.

Dass so eine konstruktive Politik möglich ist, hat seinerzeit Marschall Lyautey in Marokko gezeigt. Natürlich war diese durch ihre koloniale Seite geschwächt, aber sie hat bis heute Spuren hinterlassen. Es würde daher dafür stehen, in diesem Geist weiter tätig zu sein und den Menschen die berechtigte Aussicht zu geben, in ihrer Heimat überleben zu können. So würde am Ausgang des Mittelmeeres eine friedliche Zusammenarbeit von Staaten erreicht werden, die, wie es die Geschichte zeigt, für einander gemacht sind. Man sollte nicht vergessen, dass seinerzeit als die Mauren in Spanien waren, dort viel gemeinsam von Christen wie Moslems und Juden geleistet wurde. Die gleiche Chance besteht auch heute. Es ist aber höchste Zeit, hier unverzüglich weiter zu gehen, will man den sich abzeichnenden Gefahren begegnen.

Gibraltar

Obwohl relativ wenig in der internationalen Presse über die Lage Gibraltars die Rede ist, scheinen die Kontakte zwischen London und Madrid zu zeigen, dass zumindest die beiden Regierungen eine Lösung finden wollen, die das Problem der britischen Kronkolonie zur Ruhe legen kann. Verhandlungen haben bereits stattgefunden, aber bisher ist nichts wirklich Greifbares bekannt geworden, mit Ausnahme des offensichtlichen Willens beider Regierungen, ganz besonders Großbritanniens, endlich eine Lösung für eine Frage zu finden, die seit dem Vertrag von Utrecht im Jahre 1713 immer wieder zu Spannungen zwischen beiden Ländern geführt hat oder, wie es der frühere spanische

Ministerpräsident Felipe Gonzales treffend bemerkte: »Es handelt sich um Steine in unseren Schuhen.«

In Großbritannien nimmt das Interesse an der Sache zu, seitdem Ministerpräsident Tony Blair und Außenminister Jack Straw beschlossen hatten, die Frage von Gibraltar zu lösen, weil sie die Stellung Großbritanniens in der Europäischen Union betrifft. Tony Blair und sein Außenminister sind der Meinung, dass eine Achse geschaffen werden sollte zwischen London und Madrid, um ein Gegengewicht gegen die Zusammenarbeit zwischen Paris und Berlin zu schaffen. Andererseits wird im Allgemeinen in London gefühlt, dass nun, nach einer Wende in Berlin, neue europapolitische Achsen entstehen können. Daher die Dringlichkeit für Großbritannien, freundliche Beziehungen zu Spanien auszubauen. Das ist wahrscheinlich das wichtigste Motiv für den Wunsch, das Problem Gibraltar aus dem Wege zu schaffen.

Auf der spanischen Seite ist die Situation noch komplizierter. Auf der einen Seite ist für eine Mehrheit der Spanier die spanische Souveränität über Gibraltar eine große nationale Prestigefrage. Andererseits kann der Status von Gibraltar für Spanien ein wirkliches Problem schaffen, sollte Gibraltar in der einen oder anderen Form an Spanien oder ein Bündnis zwischen Spanien und Großbritannien übergeben werden. Es ist praktisch sicher, dass in einem solchen Fall das Problem der spanischen Städte an der marokkanischen Küste, also Ceuta, Melilla und einiger kleinerer Inseln, von Marokko in den internationalen Organisationen und durch einen direkten Druck auf beide Städte sofort aufgegriffen würde. Zur Stunde haben beide Städte noch eine spanische Mehrheit, aber mit der internationalen Intervention und dem wachsenden Druck der Marokkaner, die sich dort ansiedeln, könnte die Spannung an allererster Stelle in Ceuta ausbrechen, wo die spanische Mehrheit bereits relativ klein ist, und bald danach in Melilla. Das wäre ein großer Verlust für Spanien, denn Ceuta und Melilla waren durch Jahrhunderte ein Teil Spaniens und sind durch ihre Charakteristiken mehr spanisch als marokkanisch.

Man kann nicht ausschließen, dass mit einer stark nationalistischen Entwicklung in Marokko diese Situation zu einem direkten Konflikt mit Spanien führen kann. In einem solchen Fall wären die internationalen Institutionen, ganz besonders die UNO, auf der Seite Marokkos. Spanien sieht sich also bezüglich der Meerengen einem großen Risiko gegenüber, falls der Status von Gibraltar geändert wird.

Gibraltar hat derzeit eine Bevölkerung von 27 649 Einwohnern auf 6,5 Quadratkilometern. Es ist ihm seinerzeit gelungen, dem Meer gewisse Territorien abzuringen, aber das ist bestimmt nicht genug, um seiner wachsenden Bevölkerung einen entsprechenden Lebensraum zu sichern.

Die strategischen Überlegungen bezüglich Gibraltar beschäftigen pressewirksam vor allem die Tabakschmuggler und die verschiedenen internationalen Verbrecherorganisationen, die sich mit Rauschgift, beziehungsweise Menschenhandel, befassen. Diese werden jetzt durch die Gibraltarer Regierung von Peter Caruana schärfstens verfolgt. Als Caruana die Einwohner zu einer Demonstration aufgerufen hat, um seine Politik bezüglich der Zukunft Gibraltars durch Selbstbestimmung zu unterstützen, haben mehr als zwei Drittel der Bevölkerung von Gibraltar an dieser Demonstration teilgenommen. Bevor Peter Caruana Ministerpräsident wurde, waren die Sozialisten die absolut herrschende Kraft in Gibraltar. Sie scheinen ihren Einfluss auf die Bevölkerung jetzt weitgehend eingebüßt zu haben, da sich sogar die Arbeiter in ihrer erdrückenden Mehrheit für Caruana erklärt haben, der trotz seiner konservativ-liberalen Orientierung für sie den Willen von Gibraltar, ein unabhängiges Element zu bleiben, verkörpert.

Wenn man von Selbstbestimmung spricht, haben die Spanier überhaupt keine Hoffnung, in einer Abstimmung eine Mehrheit zu bekommen. Die offiziellen Sprachen von Gibraltar sind Englisch und Spanisch. Die Bevölkerung aber ist ein Gemisch von verschiedenen Nationen: Genoveser, Malteser, Juden, vor allem Sepharden, Portugiesen und natürlich auch Engländer, die insbesondere das Geld ihrer Pension dort verbrauchen. Religiös ist die katholische Kirche vorherrschend, und es ist bezeichnend, dass Gibraltar gleichermaßen eine von Großbritannien wie von Spanien unabhängige eigene Diözese bildet. Ihre Führung liegt in den Händen von Bischof Caruana, der, obwohl er denselben Namen trägt wie der Ministerpräsident, keiner seiner Verwandten ist. Er ist ein großer Kämpfer für die Caruana-Politik für Gibraltar. Er vertritt die Auffassung, dass nichts ohne die Zustimmung der Bevölkerung entschieden werden kann. Bischof Caruana ist darüber hinaus ein sehr entschiedener Europäer, sodass sich die Möglichkeit abzeichnet, eine europäische Lösung für Gibraltar zu finden, sollten beide Seiten schließlich bereit sein, den Willen der Gibraltarer Bevölkerung, ihre eigene Zukunft zu bestimmen, anzuerkennen. Auf dem südlichsten Punkt des Felsens steht heute ein katholisches Heiligtum, genannt »Unsere liebe Frau von Europa«. Bischof Caruana ist bestrebt, aus dieser Kapelle einen Wallfahrtsort zu machen, auch für die Länder, die jenseits der Grenzen von Gibraltar liegen. Nebst der katholischen Kirche entsteht allerdings nunmehr eine mächtige Moschee, die größer ist als diese und mit Geldern aus Saudi-Arabien errichtet wurde. Die Rechtfertigung der Moschee besteht darin, dass heute 5000 Einwohner auf dem Felsen von Gibraltar, hauptsächlich Marokkaner, von islamischer Religion sind. Ihnen ist es gelungen, eine Aufenthaltserlaubnis auf dem Felsen zu erhalten. Allerdings ist die Moschee in einer Gegend gebaut worden, wo es kaum

Moslems gibt, da diese in ihrer großen Mehrheit in den Armendistrikten leben. Andererseits ist sie aber ein ganz gewaltiges Gebäude, das klar die neue Orientierung zeigen soll.

Nebst seiner strategischen Bedeutung in der Vergangenheit ist heute der Fels ein Zentrum des Tourismus. Die Mehrheit der Touristen dürfte aus Spanien erwartet werden, ganz besonders von der Küste Andalusiens.

Andererseits ist er aber auch ein bedeutendes Zentrum wirtschaftlicher Tätigkeit, nachdem derzeit an die 50 000 Gesellschaften in Gibraltar registriert sind. Das ist natürlich ein Vorteil für die Bevölkerung. Man schätzt, dass die Einwohner des Felsens im Schnitt das Doppelte der Bewohner von Andalusien in Spanien verdienen. Vom Standpunkt der Besteuerung stellt Gibraltar einen sicheren Hafen für Interessen dar, was die Zahl der Gesellschaften erklärt, die dort ihre Basis haben. Während in der Zeit der sozialistischen Regierung von Bossano Gibraltar ein Zentrum krimineller Tätigkeiten war, versucht Peter Caruana nunmehr sehr streng und erfolgreich, die kriminellen Gesellschaften und die zweifelhaften Tätigkeiten vom Felsen zu verbannen. Das wird aber in der Regel von der westlichen Presse nicht anerkannt, die noch immer die Behauptung aufstellt, dass Gibraltar ein Zentrum verbrecherischer Tätigkeit sei.

Zusammenfassend kann man sagen, dass Gibraltar in absehbarer Zukunft ein wichtiger politischer Punkt sein wird. Die Aussichten der derzeitigen Verhandlungen zwischen Spanien und Großbritannien werden als relativ gering angesehen, weil in der Verfassung festgesetzt ist, dass die Zukunft der Halbinsel ohne die Zustimmung der Bevölkerung nicht verändert werden kann. Es gibt allerdings Verhandlungen über andere Formen, die beiden Seiten, der Bevölkerung von Gibraltar und auch den interessierten Ländern, gefallen können. Eine Europäisierung von Gibraltar würde Spanien erlauben, einen Einfluss auf dem Territorium zu haben, andererseits aber der Bevölkerung des Felsens die Sicherheit einer gewissen Unabhängigkeit geben. Ob dies der Bevölkerung genügt, muss noch herausgefunden werden, denn man darf nicht vergessen, dass, als die letzte Volksabstimmung bezüglich der Zukunft stattgefunden hat, die Mehrheit für den Status quo erdrückend war. Auf der anderen Seite hoffen zumindest die spanischen Unterhändler, eine Formel zu finden, die es ihnen erlauben würde, den Druck in Spanien selbst und gleichzeitig der Bevölkerung von Gibraltar zu mildern. Sie hoffen, jenes Maß an Unabhängigkeit ganz besonders in Wirtschaftsfragen und in den Fragen der Sicherheit zu erreichen, die heute die Bevölkerung am meisten wünscht.

Auf alle Fälle ist bezeichnend, dass heute ebenso die katholische wie die jüdische Bevölkerung, also die zwei einflussreichsten Elemente auf dem Felsen, klar entschlossen sind, ein Statut für Gibraltar zu erhalten, das ihre jetzige Sondersituation beibehalten würde, ebenso wie die Bindungen an Großbritannien, obwohl es eine gewisse kleine Befriedigung auch für die Spanier geben müsste. Daher ist die einzige Aussicht, soweit man es zur Stunde sehen kann, eine Form der Europäisierung, die eine britische und eine spanische Herrschaft schaffen, aber dem Fels das Recht einer unabhängigen Gesetzgebung geben würde. Dies beträfe Fragen der Sicherheit, der Gerichtsbarkeit und der Polizei, aber auch der Staatsbürgerschaft.

Schlüsselstellung Türkei

Die Mitgliedschaft der Türkei in der Europäischen Union steht infolge des Beginns der Beitrittsverhandlungen am 3. Oktober 2005 im Mittelpunkt der allgemeinen Aufmerksamkeit. Der Antrag geht auf 1963 zurück. Er wurde seither ein Opfer der Strategie verschiedener Regierungen. Die Vorgangsweise war fast immer die gleiche: Wenn man die Türkei gebraucht hat, wurde gesagt, dass nunmehr gewisse Punkte, die den Beitritt verhindern, ausgeräumt seien. Hatten die Türken den Wünschen entsprochen, wurden neue Bedingungen gestellt, um die alten Zusicherungen nicht mehr einhalten zu müssen. Dass die Türken trotz vieler Enttäuschungen nicht locker ließen, war der Beweis des Ernstes ihrer Bestrebungen.

Auch die Politiker, die weiter als nur bis morgen denken, erkannten, dass man keine Mittelmeerpolitik ohne die Türkei machen kann. Der Einfluss von Ankara in den Mashrek-Gebieten und im Kaukasus ist unübersehbar. Die Türkei ihrerseits ist sich nicht nur über die dauernde Bedrohung von Seiten Russlands klar, sondern auch darüber, dass Ankara wirtschaftlich und politisch früher oder später im Mittelmeerraum eine Rolle spielen wird. Dazu aber ist es notwendig, zeitgerecht die Zusammenarbeit mit Europa auszubauen.

Auf der einen Seite gibt es heute in Europa eine politische Mehrheit zu Gunsten des Beitrittes der Türkei. Auf der anderen Seite lassen die Regierungen wieder Hintertüren offen, um ohne Gesichtsverlust den eigenen Erklärungen widersprechen zu können. Dieses Spiel ist gefährlich.

Wer die Lage sachlich beurteilt, weiß, dass wir die Freundschaft mit der Türkei brauchen. Es liegt im Interesse Europas, mit der Türkei am Mittelmeer die bestmöglichen Beziehungen zu pflegen, nicht zuletzt auch wegen der geschichtlich gewachsenen kulturellen Verbindungen. Die Türkei gehört aber in eine andere Kategorie als die meisten Mitgliedstaaten der Europäischen Union. Sie hat derzeit eine Bevölkerung von 70 Millionen Menschen, die im Jahr 2025 auf etwa 90 Millionen ansteigen wird.

Man darf auch den Einfluss Ankaras in den islamischen Ländern keineswegs unterschätzen, obwohl der Glaube der Türken weitgehend mit der westlichen Zivilisation vereinbar ist. Die Laisierung des Landes durch Kemal Atatürk hat die Bedeutung der Religion nicht zerstört. Es gibt ein tiefes religiöses Bedürfnis in der türkischen Bevölkerung, deren innere Überzeugung trotz der Maßnahmen der militärischen Macht nicht ausgelöscht werden konnte. Auch liegt der türkische Islam nahe an jenen ursprünglich christlichen Wurzeln, die seinerzeit der große Kirchenlehrer, der selige Raimund Lull, in seinem Buch über Christentum und Islam schon im 13. Jahrhundert beschrieben hat.

Das gilt auch für Ministerpräsident Recep Tayyip Erdogan. Der Mann ist ein frommer Moslem, steht aber gleichzeitig den gläubigen Christen und Juden freundschaftlich gegenüber. Was heute die türkische Regierung unter Erdogan sucht, ist eine Verständigung, die die kulturellen Spannungen, die übermäßig propagandistisch hochgespielt wurden, ausräumen kann. Allerdings muss man sich auch darüber im Klaren sein, dass die Macht der Türkei und deren Einfluss ihr Aufgaben auferlegen, die manchmal anders sind als diejenigen, die in Europa zu erfüllen sind. Es gibt eben viel mehr, was uns eint, als das, was uns trennt.

Die Türkei passt nicht in die gleichen Formen der Europäischen Union, wie ein westlicher Staat. Europa ist ein Kontinent, der nach eigenen Kriterien zu beurteilen ist. Daher muss eine eigene Form der Zusammenarbeit zwischen der Türkei und der EU gefunden werden.

Die Regierung in Ankara legt Gewicht auf eine EU-Vollmitgliedschaft und lehnt jedes Nachdenken über eine »privilegierte Partnerschaft« ab. Was wir aber brauchen, ist eine Türkei, die in ihrem Raum tätig ist, um gleichzeitig mit ihr eine Gemeinschaft zu schaffen, die dieser das gibt, was sie wirklich sucht: Eine Gemeinschaft der Mittelmeervölker, die auf Europa genauso zutrifft, wie auf den Mashrek und den Maghreb. Man muss endlich verstehen, dass Zentralismus schädlich ist. Wir haben heute die einmalige Chance, einen neuen Weg zu finden. Diesen sollte man aber nicht durch bürokratische Überlegungen von Seiten gewisser Potentaten des Rates der Europäischen Union behindern.

Die Bedeutung der Türkei für die freie Welt ist offensichtlich. Man braucht sich nur die Karte anzusehen, um dies zu erkennen. Ankara ist einer der wichtigsten Punkte der internationalen Strategie. Das gilt gleichermaßen für die Schlüsselposition am Ausgang des Schwarzen Meeres wie für den Transport von Erdöl zwischen Ost und West. Dazu kommt der starke Einfluss der Türkei auf die Länder des Mashrek und nicht zuletzt auf das Krisengebiet in Palästina, das vor nicht zu langer Zeit noch zu dem Osmanischen Großreich gehörte.

Die Sieger im Ersten Weltkrieg bewiesen im Nahen Osten ebenso mangelndes Einsehen für die Tatsachen der Geschichte und der Geographie wie gegenüber den Realitäten im Donauraum. Sie hatten auch dort künstliche Staaten geschaffen, Grenzen gezogen, wo sie nicht hingehörten und für die Wirtschaft wenig oder gar kein Verständnis gezeigt, außer natürlich für die eigenen, rein kommerziellen Interessen. Typisch dafür war der Beschluss über die Grenzziehung zwischen Türken und Griechen, die nur darum nicht gelang, weil die Armee von Atatürk die Beschlüsse, die im fernen Westen getroffen worden waren, nicht achtete und zumindest die Einheit Anatoliens als Gebiet der Türken rettete. Auf diese Weise wurde eine Türkei erhalten, die, wie die späteren Ereignisse bewiesen, ein Hüter der Ordnung in den folgenden Kriegen war.

Von türkischer Seite handelt es sich beim Drängen in die EU vor allem um wirtschaftliche Interessen, da Europa für das Land nicht nur der wichtigste Markt für Konsumgüter, sondern auch für den Fremdenverkehr und die industriellen Investitionen lebenswichtig ist.

Anders liegt die Lage für Europa. Hier handelt es sich nicht nur um verständliche wirtschaftliche Überlegungen, sondern vor allem um Fragen der Sicherheit. Wie seinerzeit die Krisen im Kalten Krieg gezeigt haben, ist das Wort Churchills, das Mittelmeer sei der »weiche Unterleib« Europas, politisch, aber noch mehr strategisch richtig. Wir sahen das beim kommunistischen Überfall auf Griechenland, der mit Hilfe der »Truman-Doktrin« abgewehrt werden konnte. Noch fühlbarer wurde diese Wahrheit mit dem Aufscheinen der russischen Flotte im Mittelmeer und den Aktionen der sowjetischen Politik und des KGB in diesem Raum. Es war bezeichnend, dass im Laufe des serbischen Überfalles auf Slowenien, Kroatien und Bosnien-Herzegowina die Zahl der russischen – angeblichen – Handelsagenturen auf Zypern sich mehr als verzehnfachte. Auch die politischen und wirtschaftlichen Stellen Russlands auf der Insel wuchsen wie Pilze nach einem Regen aus dem Boden. Erst seit dem Ende der Kämpfe ist wirklich bekannt geworden, dass das Regime des Milošević in Belgrad niemals seine militärischen Aktionen hätte durchführen können, wenn es nicht dank Moskau diese sichere Basis im Mittelmeer gegeben hätte. Ebenso ist durch den ständigen Waffenschmuggel von Tiraspol nach Larnaka bewiesen worden, dass der Kosovo-Krieg aller Wahrscheinlichkeit nach nicht ausgebrochen wäre, hätte es nicht die russischen Außenstellen auf dem griechischen Teil der Insel gegeben.

Wer daher versucht, die Lage in und um die Türkei zu beurteilen, muss neben der Kenntnis der diplomatischen Vorgeschichte der jüngsten Ereignisse sich auch die örtlichen Gegebenheiten und die Tradition der Länder vor Augen halten. Die Türkei spielt in dem kritischen Raum eine große Rolle – in der Politik wie in der Strategie. Daher das Interesse Washingtons und Londons, sich die Unterstützung von Ankara zu sichern, daher das Bestreben der Diplomatie, die Türken durch Versprechen, wie dasjenige der Mitgliedschaft in der Europäischen Union, an sich zu binden.

Dabei bringt diese Perspektive ernstliche Fragen mit sich. Auf der einen Seite kann Europa der Türkei viel geben, auf der anderen wirft ein Beitritt unter den vorherrschenden Bedingungen ernstliche Probleme, zumindest in der weiteren politischen Perspektive, auf. Die Türkei hat traditionell und weltpolitisch eine offensichtliche Aufgabe, die weit über eine einfache Mitgliedschaft in der Union hinausgeht und mit einer solchen unter den derzeitigen Bedingungen nicht unbedingt vereinbar ist. Ankara ist nämlich eine in der Tradition von Konstantinopel traditionell imperiale Stadt, wie London, Paris, Wien oder Tokio. Es hat Einfluss weit jenseits seiner Grenzen. Das gilt gleichermaßen für das Gebiet des Mashrek und gegenüber den islamischen Ländern, die sich von dem russischen Joch befreit haben. Dazu hat auch die äußerst sinnvolle Entwicklungspolitik der Türkei beigetragen, die die menschliche Infrastruktur der Länder beachtet hat, also bestrebt ist, den neuen freien Ländern der Turk-Völker auf allen Gebieten des Lebens jene Bildung zu geben, die ihnen in den Sowjet-Zeiten versagt war.

Das Mittelmeer ist keine Grenze, sondern eine Drehscheibe. Um das Mittelmeer entwickeln sich langfristig drei Macht-Pole, nämlich das sich einigende Europa, der Maghreb, in dem voraussichtlich Marokko die Führungsrolle haben wird, und der Mashrek, beziehungsweise die neuen islamischen Staaten, unter denen die Türkei die größte Macht ist. Diese drei Kraftzentren – wollen sie in der Welt der Zukunft bestehen – haben alles Interesse daran, sich in einer neuen Form der Gemeinschaft zu finden. Hier wäre für Europa die Türkei ein lebenswichtiger Partner und zugleich, wie Marokko, der Mittelpunkt für ihren Raum. Auch würden sich auf diese Weise Länder finden, die sich wirtschaftlich ergänzen und gemeinsam eine bedeutende Rolle spielen können. Sie würden zusammen in der Welt von morgen bestehen – eine Zukunftsperspektive, die wir brauchen, wollen die Europäer und daher auch die Türken und Marokkaner nicht in kommenden Jahren nur mehr die Rolle von Museumswächtern und Fremdenführern für müde Amerikaner und Japaner spielen, also die »graeculi« der Welt von morgen werden – eine immerhin noch erträglichere Perspektive als das Leben im Eiskeller des sowjetischen Machtbereiches.

Kapitel VI

Russland

Totalitäre Flut

Es ist bezeichnend für manche Massenmedien und Politiker, dass sie sich bei der außenpolitischen Planung für ihr Land oftmals weigern, das zu sehen, was ist, und stattdessen ihre Hoffnungen als Tatsachen betrachten. Das war auch in den Tagen Hitlers vor dem Ausbruch des Zweiten Weltkrieges der Fall. Man glaubte nur zu gerne den Friedenserklärungen des Diktators. Diejenigen, die unbedingt die Tatsachen sahen und benannten, wurden in der Regel als Kriegshetzer bezeichnet oder durch Schweigen begraben.

Heute gibt es nur mehr wenige Menschen, die sich an diese Zeit erinnern können. Daher droht die Wiederholung der Geschichte.

So gilt Putin als Demokrat, dem man Friedenswillen zugute halten muss. Und die Frage Tschetschenien wird umgedeutet: Die Tschetschenen sind Terroristen, weil es der Kreml sagt. Man erinnert sich nicht mehr an die Gräuel des echten Völkermordes. Als es in Tschetschenien so genannte Wahlen gab, äußerten nur wenige Zweifel am Ergebnis. Während man im Zweiten Weltkrieg versprach, die so genannten Quislinge – nach dem norwegischen Verräter Vidkun Quisling – zu bestrafen, hört man heute diesen Ausdruck nicht mehr. Dabei war doch in Tschetschenien nur Präsident Maschadov demokratisch legitimiert. Weil aber Putin erklärt hatte, dass er ihn nicht mehr anerkennt und dafür einen würdigen Nachfolger von Vidkun Quisling, nämlich den kurz darauf getöteten Kadyrow bestimmt hatte, wurde dieser als der Präsident Tschetscheniens bezeichnet. Dabei waren dessen Vorgangsweisen genau die gleichen wie seinerzeit bei den verschiedenen Quislingen. Als es einen großen Anschlag in der U-Bahn von Moskau gab, erklärte bereits nach wenigen Stunden Kadyrows Sohn und Nachfolger der Presse, das tschetschenische Volk sei erschüttert über das Ereignis und fühle sich tiefst mit dem russischen Volk verbunden – eine schamlose Behauptung.

Im Westen übersieht man systematisch die innenpolitische Entwicklung Russlands. Im Dezember 2004 hat es Wahlen gegeben, die offensichtlich betrügerisch waren. Es wird aber immer wieder angenommen, sie seien der legitime Ausdruck des russischen Volkes gewesen. Vor unseren Augen hat die Partei Putins »Einiges Russland«, die das Monopol der Massenmedien hatte, über die Gelder des Staates verfügte und den staatlichen Apparat überall für ihre Propaganda einsetzte, eine Zwei-Drittel-Mehrheit in der Duma erhalten. Sie hat sofort alle Schlüsselstellungen besetzt und den Generalsekretär der Partei, Boris Grislow, als Präsident des Parlamentes eingesetzt. Der Vorsitz aller Ausschüsse wurde »Einiges Russland« zugeteilt. So kann die angebliche Mehrheit die gesamte Arbeit des Parlamentes bestimmen und der Opposition die Möglichkeit nehmen, nach außen sichtbar zu werden. Von einer Kontrolle der Regierung durch das Parlament kann keine Rede mehr sein.

Noch bezeichnender war eine jüngste Maßnahme, wonach die Fraktionsgröße, von der die Möglichkeit, den Apparat des Parlamentes zu verwenden, abhängt, neuerdings so festgesetzt wurde, dass die Oppositionsparteien nicht mehr die Möglichkeit haben, Fraktionsstatus zu erlangen. Heute ist es bereits so weit, dass der Führer der Partei »Einiges Russland« erklärt, die Duma dürfe sich nur mehr mit technischen Fragen befassen, denn die politischen Entscheidungen würden im Rahmen der Mehrheitspartei erfolgen. Die Duma hat damit aufgehört, ein Parlament im Sinne der demokratischen Auffassung einer Volksvertretung zu sein.

Der Generalsekretär des »Einigen Russland«, Valerij Bogomolow, der die Vorbereitung der Präsidentschaftswahlen zur Aufgabe hatte, hat innerhalb der totalitären Partei heute bereits eine eiserne Disziplin eingeführt, die die Abgeordneten, so wie seinerzeit im Obersten Sowjet, zu Abstimmungsmaschinen macht. Wer den Fortschritt des Totalitarismus in früheren Ländern gesehen hat, kann nur sagen: Es sind die gleichen Instrumente unter gleichen Bedingungen, nur mit anderen Namen, unterstützt durch die oftmals freiwillige Blindheit der freien Welt.

Die Präsidentschaftswahlen waren eine Formalität. Wer heute noch von Demokratie in Russland spricht, zeigt, dass er uninformiert oder bewusst blind ist.

Russische Wirtschaftsperspektiven

In russischen Kreisen, in denen man sich noch traut zu sprechen, wird immer wieder in der Perspektive der schweren politischen Niederlagen, die Präsident Putin zuerst in Georgien und später in der Ukraine erlitten hat, über die Stellung der Moskauer Politik in der Welt diskutiert. Putin hatte schon seinerzeit, als er im Jahr 2000 an die Macht kam, immer wieder erklärt, es sei sein höchstes Ziel, Russland wieder jene Stellung in der Welt zu geben, die es früher – und dabei wird Stalin nicht erwähnt – besessen hat. In seiner großen Rede in Minsk im Jahr 2000 erklärte er, ein wichtiger Faktor der Wiederherstellung der Stellung Moskaus nach den Rückschlägen der Sowjetunion sei der Aufbau echter Schlagkraft zu Land, in der Luft und auf den Meeren. In letzter Zeit wurde viel in dieser Richtung getan.

Allerdings ist heutzutage das Militär nicht mehr der einzige Weg zur Führung in der Welt. Das zeigen die Vereinigten Staaten. Putin scheint erkannt zu haben, dass auch die großen Perspektiven seines Landes in der Energiewirtschaft auf dem Weg zur Spitze sind.

Das erklärt nicht zuletzt den erbitterten Kampf Putins gegen den Oligarchen Michail Chodorkowskij. Es ging um den ersten Platz in Russland, aber auch in der Welt. Trotz seines gewaltigen Reichtums und seines persönlichen Mutes war Chodorkowskij der brutalen und bezüglich Recht und Moral ungehemmten Macht des Staates unterlegen. Zuerst wurden seiner Gesellschaft Jukos astronomische, rechtswidrige Steuerrückstände vorgeschrieben. Das war möglich, da die Justiz in Russland der Regierung blind gehorcht und von Recht wenig Ahnung hat. Dazu kommt, dass Moskau das Steuersystem derart in Händen hat, dass auch die größten Wirtschaftsunternehmen dem Staat, an Händen und Füßen gefesselt, ausgeliefert sind. So wurde auf Grund skurriler Anklagen, ohne haltbare Beweise, Chodorkowskij eingekerkert, seine Gesellschaft konfisziert und in die neue Großenergiegesellschaft Gazprom des russischen Staates eingegliedert. Dadurch wurde die russische Wirtschaft terrorisiert. Sie gehorcht nunmehr blindlings den Befehlen der Regierung der Silowiki. So gibt es fortan keine Opposition mehr, außer kleinen Randgruppen, die dem Westen noch immer eine Pseudo-Demokratie vormachen.

Das allerdings führt in eine Lage, die für Russland als Staat nicht ungefährlich ist. In der Energiepolitik gibt es eine Kurve der Entwicklung. Am Anfang stehen bedeutende Erfolge. Man glaubt an eine große Zukunft. Dabei wird aber vergessen, dass gerade hier Vertrauen, Technologie und Bildung entscheidend sind. Wissenschaft, Forschung und moderne Betriebsführung müssen Hand in Hand gehen. Entscheidend sind neben Vertrauen auch bestes Management.

Der Höhepunkt fordert ständige Modernisierung und massive Investitionen. So gesehen ist heute Russland noch im Aufstieg.

Dabei steigt in der Welt der Energiekonsum sprunghaft. Das ist eine Folge der nicht gebremsten Konsumwut der Vereinigten Staaten und der wachsenden Bedürfnisse von China und Indien, denen ausreichende eigene Energiequellen fehlen. Um diesen Forderungen zu entsprechen, braucht man allerdings eine weitere dynamische Entwicklung der Technologie, der Investitionen und der Forschung. Das ist in beiden Ländern noch nicht gegeben. Daher naht eine globale Krise.

Auf dem Gebiete der Erdölproduktion dürfte Russland etwa im Jahr 2008 den Höhepunkt mit etwa 10 Millionen Barrels täglich erreichen. Ohne eine technologische Erneuerung und milliardenschwere weitere Investitionen beginnt dann der Abstieg. Um in einer solchen Lage zu bestehen, braucht man Optimismus und Vertrauen. Beides kann man bei der derzeitigen politischen Lage in Russland nicht erwarten.

Chodorkowskij konnte in seiner Zeit Jukos schnell auf die Höhe bringen, da er die Fähigkeit hatte, überall in der Welt Talente zu finden, sie zu importieren und ihnen die Möglichkeit weiterer Arbeit zu geben. Das gilt heute für den bürokratischen Apparat der Silowiki nicht mehr. Auch hat die Kapitalflucht aus Russland bereits eingesetzt. Zwar kommen noch spekulative Gelder aus dem Ausland. Das langfristige, wirklich wertvolle Kapital beginnt sich aber auf Westafrika beziehungsweise den Nahen Osten zu reorientieren. Die Regierungen können wohl die Freizügigkeit des Kapitals behindern – einsperren, wie Menschen, kann man es aber nicht.

Die längere Perspektive der heutigen Putinschen Politik in Russland berechtigt zu keinem Optimismus. Natürlich gibt es einige kluge Berater an der Seite der Machthaber, die versuchen, sie von ihrem gefährlichen Weg abzuhalten. Was sich in letzter Zeit abgespielt hat, scheint zu zeigen, dass man im Kreml noch immer glaubt, man könne mit Gewalt, Drohung, Gefängnissen und Verboten regieren. Die Geschichte lehrt, dass dies nicht möglich sein wird. Mit Zwangsmaßnahmen kann man Fortschritt nicht erreichen. Werden diese eingesetzt, beginnt der Abstieg, und das zeichnet sich schon heute ab.

Wetterleuchten in Russland

Die Zeichen in Russland stehen, wenn noch nicht auf Sturm, so zumindest auf starke Turbulenzen. Putin hatte im Gespräch mit einem Europäer die Bemerkung fallen lassen, dass seine Struktur, also der FSB beziehungsweise die Silowiki, eine Niederlage bei führenden Persönlichkeiten nicht vertragen. Diese seien zum Erfolg verurteilt. An solche Worte sollte man sich erinnern, wenn man die derzeitige Entwicklung von Putins Regierung im Lichte der Nachrichten aus Russland beurteilt.

Die Ereignisse in Georgien haben die Unbesiegbarkeit Russlands in Frage gestellt. Der dortige Gauleiter der russischen Macht, Schewardnadse, früherer Außenminister in Moskau und brutaler KGB-Funktionär, wurde durch einen jungen Georgier, Micheil Saakaschwili, mit Hilfe der Bevölkerung gestürzt. Das wurde in Europa, wo man die Geographie seiner Nachbarn leider wenig kennt, nicht entsprechend gewürdigt.

Was in der Ukraine geschah, erinnerte an die georgischen Ereignisse. Die orangene Freiheitsbewegung, deren Zentrum auf dem Hauptplatz von Kiew lag, war in ihrer Art eine logische Fortsetzung. Unterstrichen wurde dies durch die

Anwesenheit von Saakaschwili zusammen mit Juschtschenko bei der Neujahrsversammlung in Kiew und den daran anschließenden gemeinsamen Kurzurlaub der beiden in den Karpaten. Man hatte in Russland, aber auch in Europa, den Präsidenten der Ukraine, Kutschma, für sattelfest gehalten. Daher der epochale Fehler Putins, dass er sich voll gegen den Kandidaten des Volkes eingesetzt hat.

Damals wurde zum ersten Mal im Lichte der parallelen Entwicklung in Georgien und in der Ukraine die Frage in Russland gestellt, was denn mit Putin los sei, weil er nebst den wirtschaftlichen Schwierigkeiten, die zu den Demonstrationen der Pensionisten geführt hatten, auch außenpolitisch ins Schleudern geraten war. Die amtlichen Beschwichtigungen haben die Menschen nicht mehr überzeugt.

Weniger zur Kenntnis genommen wurden im Westen zwei weitere Ereignisse. Das erste war eine Abstimmung in der Duma, dem russischen Parlament, wo zwar Putin mit großer Mehrheit das Vertrauen erhielt, wo sich aber zum ersten Mal Abgeordnete trauten, einen Misstrauensantrag zu unterschreiben, und dieser auch bei der Abstimmung mehr als hundert Stimmen erhielt. Das wäre einige Monate zuvor noch undenkbar gewesen.

Ende Februar 2005 verkündete der frühere Ministerpräsident Russlands, Michail Kasjanow, den Putin ungnädig entlassen hatte, nicht nur seine Rückkehr in die aktive Politik, sondern erklärte sich außerdem bereit, die Führung der liberalen Splitterparteien zu übernehmen.

Putin hatte bisher alles getan, um international und national den Eindruck zu erwecken, dass er auf lange Zeit an der Macht bleiben werde. Seine Propagandisten hatten mit Parallelen zu früheren Führungspersönlichkeiten den Eindruck erweckt, Putin sei auf Lebensdauer an der Spitze des Staates gesichert. Da Kasjanow einer der wenigen Politiker seiner Zeit war, der eine persönliche Gefolgschaft hatte, ist er von gewisser Bedeutung. Im Gedenken an das, was dem Ukrainer Juschtschenko geschah, darf man Kasjanow nur raten, sich nicht nur eine kugelsichere Weste zu bestellen, sondern nach dem Beispiel der Sultane nichts zu essen, ohne einen Vorkoster einzusetzen.

Aus all dem muss man schließen, dass sich erste Zeichen einer innenpolitischen Krise in Russland zeigen. Gewiss werden die Machthaber alles versuchen, diese zu unterdrücken. Aber ob es gelingen wird, ist eine andere Frage. In Russland beginnt sich eine Freiheitsbewegung gegen die totalitäre Entwicklung unter Putin und seinen Silowiki zu entwickeln.

Die so genannten GUS-Staaten, auf dem Papier unabhängig, aber in Wirklichkeit russische Satrapen, sind verunsichert. Das kann bis weit nach Sibirien reichen und könnte zu einer Staatskrise führen. Ob dann die Silowiki noch bereit sein werden, sich für Putin einzusetzen, ist fraglich.

Es ist heute noch zu früh zu sagen, wie diese Krise weitergehen wird. Eines aber kann man feststellen: Etwas, das noch vor einigen Monaten undenkbar erschien, ist durch die Erschütterungen am Rande des Großreiches plötzlich denkbar geworden. Dass in Russland ein Mensch wie Kasjanow, der eine der stärkeren Persönlichkeiten der russischen Politik war, aus der Versenkung aufscheint, um anzukündigen, dass er wieder in der Politik eine Rolle spielen will, ist sehr bedeutend.

Dazu kommt auch noch das Problem, wie es in Tschetschenien weitergehen soll. Gewiss, die angeblichen Staatsmänner, die heute nur zu oft in Westeuropa das Sagen haben, wollen glauben, was ihnen Moskau erzählt. In Wahrheit geht es in Tschetschenien um einen Freiheitskampf gegen den Terror der russischen Soldateska. Die Tschetschenen sind ein mutiges Volk. Unter schwersten Bedingungen kämpft es weiter, auch nach dem Tod seines demokratisch gewählten Präsidenten Maschadow. Das hat, auch trotz der Haltung mancher Politiker und Medienzaren, im Lichte der Gesamtentwicklung Bedeutung. Bester Ausdruck dafür war das letzte Urteil des Straßburger Menschenrechtsgerichtshofes gegen den russischen Terrorismus in Tschetschenien, das wohl die westliche Presse kaum erwähnte, dessen Eindruck aber sogar in Russland tief war.

Der neue Balkan im Kaukasus

Die Geschichte des 19. und 20. Jahrhunderts zeigt, dass viele Kriege auf dem Balkan ausgebrochen sind. Das hat dem Wort »Balkan« einen schlechten Klang gegeben, weil sich allzu wenige damit befasst haben, wieso solche Konflikte überhaupt entstehen konnten. Dabei kann man feststellen, dass der Beginn der politischen Problematik des Balkans weitgehend mit dem Zusammenbruch des türkischen Großreiches in Europa zusammenfiel. In den Konflikten haben sich einzelne kleine Staaten von der Türkei losgelöst, und äußere Mächte, vor allem Russland, haben dies jeweils genutzt, um ihr Einflussgebiet auf Kosten des Ottomanischen Reiches auszudehnen.

Da aber andererseits die westlichen Mächte, Deutschland und Österreich-Ungarn, eine Ausdehnung Russlands im Südosten Europas verhindern wollten, gab es Spannungen, deren Ausufern aber verhindert werden konnte. Wann immer die Russen die Türken besiegt hatten und vor Konstantinopel standen, wurden die Armeen Österreich-Ungarns in Siebenbürgen mobilisiert. Das zwang die Russen, sich zurückzuziehen. Zwischen den Gebirgen von Siebenbürgen und dem Schwarzen Meer liegt eine relativ schmale Ebene, die die Rückzugs- und Nachschublinie der Russen war. Das Erscheinen der österreichisch-ungarischen Truppen dort musste sie zwingen, sich zurückzuziehen. Das rettete das Ottomanische Reich. Daraus lernen wir: Kriege entstehen oft dort, wo ein Großreich zusammenbricht und andere Mächte sich um dessen Erbe streiten. Das gleiche Phänomen kann auch heute beobachtet werden.

Russland hatte besonders im 19. Jahrhundert sein Imperium im Kaukasus auf Kosten des osmanischen Reiches und unabhängiger Völker immer mehr ausgedehnt. Islamische Staaten, die sich mit der Türkei verbunden fühlten, wurden von den Armeen des Zaren überfallen und zu Kolonien Russlands gemacht. Dass dies dem Wunsch der anderen Mächte, nicht zuletzt Englands mit seinen Interessen im Nahen Osten nicht entsprach, war verständlich. Das galt aber auch für Länder, für die das Ottomanische Reich wegen der Lage im Mittelmeer lebenswichtig war. Die Völker des Kaukasus-Raumes lehnten den brutalen Imperialismus aus St. Petersburg ab.

Es war daher logisch, dass sie, als am Ende des Ersten Weltkrieges Russland durch den Bolschewismus und den Bürgerkrieg geschwächt war, die Wiederherstellung ihrer Eigenständigkeit suchten. Allerdings gelang es den Russen, nach Ende des Bürgerkrieges einen Großteil dieser Staaten wieder zu erobern. Damals war es der historische Fehler Englands, den Freiheitswillen der Völker dieses Raumes zu ignorieren. Die Türkei konnte ihrerseits nichts tun, da sie als besiegte Macht dazu nicht die Möglichkeit hatte. Das Einzige, was gelang, war, die Eroberungen der Griechen zu beenden und die Türkei in ihrer heutigen Form zu erhalten. So gelangten viele islamische Staaten nach mutigem Widerstand wieder unter die Herrschaft des Kreml. Der Kampf der Tschetschenen hat drei Jahrhunderte gedauert und kostete das Leben von 90 Prozent seiner Bevölkerung.

Daher war es auch verständlich, dass im Zweiten Weltkrieg, als die Deutschen bis zum Kaukasus vorgedrungen waren, die dortigen Völker sie als Befreier betrachteten, was Stalin durch Umsiedlung und durch Massenmord bestrafte.

Das hat allerdings nicht zu einer inneren Kapitulation der Unterdrückten geführt. Als die Sowjetunion 1991 zusammenbrach, war die große Mehrheit bestrebt, sich von der Fremdherrschaft zu befreien. Zwar gelang es Moskau, stellenweise die früheren Zustände nach harten Kämpfen wiederherzustellen, auf lange Frist gab es aber in der Regel keinen Erfolg. In letzter Zeit war diesbezüglich der Sturz des kommunistischen Regimes in der Mongolei bezeichnend für diese Entwicklung.

Russland gibt allerdings seine Pläne nicht auf. Teilweise gelang Moskau die Schaffung von Satellitenregimen, wie der neuen Regierung in Tschetschenien und Ossetien. Im christlichen Georgien setzte der große Zviad Gamsakhurdia, einer der führenden Intellektuellen der Region und Übersetzer der deutschen Klassik auf Georgisch, die Unabhängigkeit durch. Er wurde bald ermordet und durch Moskaus früheren Außenminister Schewardnadse ersetzt. Zwar wurde im Westen behauptet, dass es eine weit verbreitete Korruption gegeben habe. Wer die Lage aber etwas kennt, weiß, dass das nicht stimmt. Die Korruption ist erst mit Schewardnadse eingezogen. Seit dem Sturz des Diktators weiß man, dass dieser große Interessen und luxuriöse Wohnungen in Europa besitzt. Er genießt nun diese Reichtümer seit dem Freiheitskampf von Micheil Saakaschwili, der die Unabhängigkeit Georgiens von Russland wiederherstellte. Letzterer hat versprochen, auch jene Gebiete Georgiens, die inzwischen unter dem Regime von Schewardnadse an Russland verschenkt wurden, wieder an Georgien anzuschließen. Auch ist ein offenes Geheimnis, dass Saakaschwili ein wirklicher Freund des Westens ist.

Die Ereignisse in Beslan, die man in Moskau in einer beispielgebenden propagandistischen Lügenoffensive den

Tschetschenen in die Schuhe geschoben hat, sind ein Beweis der kritischen Lage, nachdem die ossetischen Kräfte, die von Russland organisiert werden, jämmerlich versagt haben.

Es gibt aber auch Spannungen in allen anderen Teilen des Kaukasus. Dort kann es mit den Völkern keine dauerhafte Lösung geben. Sie sind und werden nie Russen sein. Daher ist Russland heute für diese Völker eine große Gefahr. Bemerkenswert ist, dass inzwischen die Amerikaner ein Interesse an der Region gezeigt haben und aus Anlass des Konflikts in Afghanistan dort auch Militärbasen errichtet haben.

Was sich im 19. Jahrhundert in Europa auf dem Balkan abgespielt hat, wiederholt sich heute im Kaukasus. Man muss sich darüber im Klaren sein, dass der Kaukasus, mit dem man sich viel zu wenig beschäftigt, eine der Gefahrenzonen der Welt ist. Daher wäre geboten, dass von europäischer Seite alles unternommen wird, um im Kaukasus die imperialistischen Einflüsse einzudämmen und den Völkern ihre Selbstbestimmung zu sichern.

Kapitel VII

Der Ferne Osten

Russlands Kolonialreich

Eines der größten Probleme mit der russischen Politik, die im Westen niemals genügend verstanden wird, ist die Tatsache, dass der erste Russe den Ural zur Eroberung östlicher Gebiete überschritten hat, als die Franzosen bereits in Westafrika ein Kolonialgebiet aufzubauen begonnen hatten. Russland hat einen territorialen Imperialismus entwickelt, der sich sehr stark von den normalen Kolonialpolitiken der europäischen Länder unterschieden hat. Russland suchte vor allem militärische Eroberungen, und seine Ausdehnung des Territoriums war von Verbrechen und Unterdrückungsmaßnahmen begleitet. Europa ist über die Kolonialgeschichte Russlands schlecht informiert, und das erklärt die Fehler der europäischen Politik in ihren Beziehungen zu Russland und früher zur Sowjetunion.

Russland hat seit langem mit einem schweren Problem zu kämpfen: Sein Territorium ist mit Abstand das ausgedehnteste der Welt, hat aber gleichzeitig im Verhältnis dazu eine zahlenmäßig geringe Bevölkerung. Das hat Russland gezwungen, eine Pendelpolitik zu machen. Man konnte keine mit militärischer Kraft gestützte Politik in Europa verfolgen, wenn man sich nicht vorher in Asien abgesichert hatte. Umgekehrt war das Gleiche der Fall.

Russland hat darüber hinaus ständig sein Territorium ausgedehnt. Die letzten Eroberungen fallen in die Zeit der Sowjetunion. Noch im Jahr 1945 hat Stalin ein zumindest auf dem Papier zu China gehörendes Gebiet, nämlich Tanu Tuva, annektiert und in die Sowjetunion eingegliedert. Wahrscheinlich wusste der Machthaber damals nicht einmal, wie reich gerade dieses Land war, das im Allgemeinen noch als ein Elendsgebiet betrachtet wurde. Mittlerweile hat sich der Reichtum dieser Gegend erwiesen, doch dies führte gleichzeitig zu gewaltigen Spannungen zwischen den russischen Neusiedlern und der alten buddhistischen und islamischen Bevölkerung.

In Fernost gibt es eine Reihe von Territorien, die in Zukunft den Herren im Kreml noch viele Probleme schaffen werden. Da ist an erster Stelle das Ochotsk-Meer, an dem die äußerst östliche Gegend Russlands liegt. Das Problem dieses Meeres ist, dass es durch die Kurilen im Sinne der modernen Strategie beinahe ein Binnensee ist, denn die Wege hinaus hängen weitgehend von der Kontrolle über die einzelnen Inseln ab. Dabei ist am äußerst westlichen Ende des Ochotsk-Meeres der einzige wirklich eisfreie Hafen Russlands am Stillen Ozean, Wladiwostok, das die Hauptstadt der einzigen Oblast in Sibirien ist, in dem es eine echte russische Bevölkerung gibt. In allen anderen Gebieten gibt es entweder eine Mehrheit oder eine bedeutende Minderheit von Asiaten. Hier haben viele Einwohner das Problem, das seinerzeit Jelzin formuliert hat, als er sagte, er wisse nicht, ob er Europäer oder Asiate sei. Das gilt nicht für Wladiwostok, das eine ganz besondere Verbindung zu Russland hat. Es ist daher bezeichnend, dass vor wenigen Jahren der Gouverneur von Wladiwostok in einer Neujahrsrede die Bemerkung machte: »Wenn es westlich von Wladiwostok so weiter geht, wird bei Fortsetzung der derzeitigen Entwicklung in einigen Jahrzehnten unsere Stadt von Moskau abgeschnitten sein.« In Wladiwostok findet man sehr häufig bei den Einwohnern das Gefühl, sie seien ein russischer Vorposten. Sie sind daher patriotische Russen, aber gleichzeitig ziemlich nervös über ihre im Grunde recht gefährliche strategische Stellung.

Die südlichen Kurilen, jenseits von Wladiwostok, gehörten bis in die Zeit nach dem Diktat von Jalta immer unumstritten zu Japan und hatten eine rein japanische Bevölkerung. Wer die Gelegenheit hat, die nördlichste japanische Insel Hokkaido zu besuchen, kann an deren nördlichstem Eck vor sich die Inseln der südlichen Kurilen, Habomai, Shikotan, Etorofu und Kunashiri sehen. Die Einwohner dieser Inseln sind inzwischen auf Hokkaido angesiedelt worden. Japan auf der anderen Seite hat den Willen, die Kurilen wieder mit der Heimat zu vereinen, nicht aufgegeben.

Dabei verändert sich gerade um das Ochotsk-Meer herum die politische Situation fühlbar, insbesondere durch die Tätigkeit der chinesischen Tongs, also jener Organisation, die der Mafia in Europa entspricht, nur dass sie gewisse andere Charakteristiken hat. Laut Informationen von den wichtigeren Inseln der südlichen Kurilen haben sich die chinesischen Tongs dort bereits eingenistet. Sie überlassen zwar den Russen die militärische Seite, haben aber einen wachsenden Einfluss in der Verwaltung und in der Wirtschaft dieser Inseln, sodass sie nach aller Wahrscheinlichkeit irgendwann in der Zukunft die Frage der Zugehörigkeit der südlichen Kurilen stellen werden. Die Tongs haben entlang der Küste des Ochotsk-Meeres ihren Einfluss ausgedehnt, gleichzeitig haben sich weiter nördlich, also am Ende des Ochotsk-Meeres, die koreanischen Parallel-Organisationen zu den Tongs eingenistet, und die Russen haben heute nicht mehr die Möglichkeit, die Lage dort zu kontrollieren.

Das alles macht die Situation in Sibirien für Russland äußerst schwierig. Südlich von Sibirien ist der Amur-Fluss, ein langer Grenzfluss zwischen Russland und China, der heute nicht einmal durch die russische Armee zufriedenstellend kontrolliert werden kann. Die Grenze ist wohl nicht offiziell offen, es werden auch öfter illegale Grenzüberschreiter verhaftet, aber in der Regel lässt sie sich nicht genügend überwachen. In einer Rede sagte der Gouverneur von Wladiwostok, dass derzeit jeden Tag ungefähr 5000 Chinesen die Grenze überschreiten und in den großen, meist unbewohnten Gebieten Sibiriens verschwinden. Dass sie dort durch die asiatischen Stämme, die einen Großteil dieses Gebietes bevölkern, gerne aufgenommen werden, scheint zu stimmen. Es gibt demnach eine ständige Bewegung, die nicht zuletzt dadurch ermöglicht wird, dass die schlecht bezahlten russischen Grenzbeamten sehr bestechlich sind.

Sibirien ist einer der letzten großen Leerräume der Welt, während auf der anderen Seite südlich der Amur-Grenze die chinesische Bevölkerung immer zahlreicher wird, sodass man hier von einer wirklich starken menschlichen Flut sprechen kann. Dass dies auf die Dauer zu schweren Spannungen führen muss, ist offensichtlich. Die Flut kann nicht mehr eingedämmt werden.

Hier muss man sich die Lehren aus dem chinesisch-russischen Konflikt in den 1950er Jahren vor Augen halten. Im Westen wurde nicht klar erkannt, dass dieser Konflikt Europa sehr große Dienste geleistet hat. Er hat Moskau gezwungen, auf seine östliche Flanke zu achten und hat daher den Druck Russlands auf die okkupierten Länder, aber noch mehr auf die Staaten westlich davon, geschwächt. Man hat in Europa die Bedeutung dieser Ereignisse nicht erkannt. Das aber sollte auch die europäische Politik gegenüber China beeinflussen. Sie sollte dem Verständnis für die Bedeutung des Fernen Ostens wesentlich größeres Gewicht beimessen, als es derzeit der Fall ist.

Mit Recht hat ein erfahrener Diplomat seinem Minister den Rat mitgegeben: Will man erfolgreich nach Moskau reisen, mache man zuerst einen Besuch in Beijing.

Man kann die volle Bedeutung dieser Entwicklung sehen, wenn man die Gelegenheit hat – die übrigens nicht immer leicht zu bewerkstelligen ist –, sich die Lage südlich des Amur anzusehen. Dort kann man die Spannung genauso fühlen, wie man sie im äußersten Westen des großen russischen Reiches an den Grenzen der baltischen Staaten immer wieder erlebt.

Eine besondere Bedeutung in diesem Zusammenhang wird auch Korea zukommen. Allerdings ist die Spaltung Koreas in einen kommunistisch beherrschten Norden und einen demokratisch organisierten Süden von großer Bedeutung für die Zukunft.

Nordkorea hat zweifelsohne große Möglichkeiten, nachdem es von seiner schwer unterdrückten Bevölkerung ganz besondere Anstrengungen fordern kann, die insbesondere auf militärischem Gebiet eine gewisse Macht bedeuten. Es ist wahr, der Westen hat die Lage in Nordkorea allzu lange unterschätzt und nicht erkannt, welches Potential sich dort befindet. Das hat sich in jüngster Zeit etwas geändert, seit Nordkorea erklärte, es sei eine Atommacht geworden. Dass dies auch für Russland von Bedeutung ist, zeigt sich am klarsten in den Beziehungen zwischen Moskau und Pyöng Yang. Die Russen fürchten sich vor Nordkorea, weil sie nicht genau wissen, ob dieses Land nicht im Fall eines Konfliktes zwischen Russland und China die Seite der Chinesen ergreifen könnte, was insbesondere im Bezug auf die Lage im Ochotsk-Meer eine größere Bedrohung für Russland bedeuten würde. Andererseits aber sind die Beziehungen zwischen Nordkorea und Russland durch die gemeinsame Feindschaft gegen die Vereinigten Staaten bestimmt. Hier kann man feststellen, dass Washington selbst offensichtlich keine klare Linie bezüglich Nordkorea eingenommen hat. Dass die Amerikaner Verbündete von Südkorea sind, ist klar. Das entspricht der Tradition, der Einstellung der Koreaner und auch der Erinnerung an die gemeinsame Verteidigung gegen den Norden, während des Korea-Krieges. Der Mangel an einer klaren Politik hat zu der Schwäche der amerikanischen Stellung im koreanischen Raum geführt, da eine energische Politik durchaus hätte verhindern können, dass Nordkorea zu einer mehr oder weniger bedrohlichen Macht wird.

Hier sind auch Auswirkungen auf Japan zu fühlen. Zwar hat sich Japan in den letzten Jahren weit mehr geändert, als es bisher im Westen erkannt wurde. Die Japaner hatten unter dem Einfluss der amerikanischen Okkupation eine ganze Weile die harten Bedingungen auf wirtschaftlichem, wie auf politischem Gebiet von Seiten Washingtons angenommen und haben sich ernstlich angestrengt, den Wünschen des Bündnispartners nachzukommen. Dabei haben sie aber niemals ganz ihren Charakter verleugnet. Wer sich z. B. mit den Regeln der Bushido in Japan befasst, wird erkennen, wie sehr unter der äußeren Erscheinung einer stark verwestlichten Industrie die Gesellschaft Japans weiter ihre Grundcharakteristiken beibehalten hat. In letzter Zeit wurde das immer mehr fühlbar, und zwar meist in symbolischen Gesten, wie der Verehrung für die Helden des Weltkrieges, auch für jene, die seinerzeit wie General Tojo durch die Amerikaner hingerichtet wurden. Man kann hier nicht, wie so oft in Europa, eine Parallele zwischen Japan und Deutschland ziehen. In Deutschland gab es im Nationalsozialismus eine verbrecherische Partei. In Japan gab es das nicht. Das Militär in Japan hat sich weit mehr an die Regeln des Roten Kreuzes gehalten als manche westlichen Mächte, die USA eingeschlossen. Natürlich waren sie manchmal brutal, aber es war längst nicht das, was man propagandistisch daraus gemacht hat. Die japanische Armee hat sich meist an die internationalen Vorschriften gehalten, was dazu geführt hat, dass sogar eine der wesentlichsten Persönlichkeiten des Roten

Kreuzes nach dem Krieg die Äußerung gemacht hat, dass die Japaner weniger Verstöße gegen die Bestimmungen des Roten Kreuzes begangen haben als viele andere Mächte, die in diesem Krieg eine Rolle gespielt haben. Die Hinrichtung von Menschen wie General Tojo haben die Japaner mit der großen Disziplin, die sie in entscheidenden Zeiten haben, nicht weiter laut kritisiert, es hat sie aber zutiefst getroffen. Diese Gefühle sind heute noch nicht verschwunden. Wenn man speziell die neuere politische Entwicklung der japanischen Regierung sieht, muss man feststellen, dass diese durch die traumatischen Erfahrungen, wie die Hinrichtung japanischer Soldaten durch die Amerikaner oder die Ausschreitungen der amerikanischen Armee auf den nördlichen Kurilen noch immer zutiefst betroffen ist. Gewiss, die Japaner sind heute die zuverlässigsten Alliierten, die die Vereinigten Staaten haben. Sie werden dies auch weiter bleiben.

Ein kleiner, aber entscheidender Beweis dafür, dass die Beziehungen zwischen Japan und Europa ebenfalls traditionell gut sind, ist die Tatsache, dass jene Person, die die europäische Einigung tatsächlich in Bewegung gebracht hat, der Gründer der Paneuropa-Union Richard von Coudenhove-Kalergi, nicht nur eine japanische Mutter, Mitsuko Aojama, hatte, sondern auch in seiner inneren Einstellung den Japanern sehr nahe gestanden ist. Europa kann auf diese Weise den Japanern für vieles dankbar sein.

Die Rolle, die die Japaner anlässlich der ungarischen Ereignisse rund um das Paneuropa-Picknick in Sopron gespielt haben, sollte nicht vergessen werden. Bei dem Monument in Sopron zum Gedenken an den Befreiungsschlag vom 19. August 1989 haben eine Anzahl japanischer Gemeinden einen japanischen Garten gestiftet. Auch gibt es heute noch eine große Anzahl von japanischen Touristen, die jedes Jahr diesen Ort besuchen, weil das japanische Fernsehen damals über dieses für die Wende gegenüber der Sowjetunion entscheidende Ereignis den mit Abstand besten Film gedreht hat. Es ist nicht zu übersehen, dass in Japan gerade in jüngerer Zeit eine neue Generation in der Führung des Landes wieder eine starke Rückkehr zu der alten Tradition, die für Europa sehr günstig war, fördert. Es wird wieder eine traditionell eingestellte Politik geführt, man setzt sich über die Kritik von beruflichen Schöngeistern hinweg und hat damit für Japan, wie für Europa, eine neue Situation geschaffen, die äußerst ermutigend ist.

Die Spratley Inseln

Kaum bekannt sind die Spratley Inseln. Sie liegen im Südchinesischen Meer und bestehen aus einer großen Anzahl von kleinen Inseln, mehr als hundert, von denen allerdings einige knapp unter der Wasseroberfläche liegen. Sie sind daher nur bei Ebbe begehbar. Sie bestehen aus einer großen Anzahl von Felsen zwischen den Philippinen und Vietnam. Ihre territorialen Gewässer sind rund 410 000 Quadratkilometer groß. Nach den gegenwärtigen Regeln für die territorialen Gewässer haben die Spratleys praktisch die Möglichkeit, das Südchinesische Meer abzuschließen.

Dies ist umso bedeutender als dieses Meer im Schnitt der letzten Jahre etwa zu 25 Prozent des weltweiten Handels zur See benutzt wurde und dass 70 Prozent von Japans Energie an diesen Inseln vorbeigehen. Nach den Prinzipien des gegenwärtigen Seerechtes mit den 200 Meilen Binnengewässern in der Souveränität der Küstenstaaten könnten die Spratley Inseln die gesamte Seeschiffahrt, die für Japan lebenswichtig ist, kontrollieren und sperren. Das wäre von Bedeutung, wenn entweder China oder Vietnam in einen größeren Konflikt verwickelt würden.

In vergangenen Jahrhunderten waren die Spratleys praktisch kaum benutzt, außer von chinesischen Fischern, die schon seit vielen Jahrhunderten dort gefischt haben. Damals hatten diese Inseln den Namen Nanscha-Inseln. Wirtschaftlich haben die Spratley-Inseln zwei Bedeutungen nebst der bereits erwähnten Kontrolle. In den Spratleys sind sehr reiche Fischereigründe, die durch Chinesen und Vietnamesen ausgebeutet werden. Langfristig viel bedeutender ist, dass es auf den Spratleys noch nicht angebohrte Reserven von Erdöl und Erdgas gibt. Wie groß diese genau sind, konnte bisher nicht festgestellt werden, da die internationale Spannung in diesem Gebiet so groß war, dass sich nur wenige Gesellschaften getraut haben, tatsächlich dorthin Schiffe zur Erforschung des Erdöls zu schicken. Das gilt nicht zuletzt seit den Konflikten zwischen den Philippinen und Vietnam, beziehungsweise China in den neunziger Jahren des vergangenen Jahrhunderts.

Schon während der internationalen Diskussion, speziell in der Zeit zwischen 1955 und 1999, war bemerkt worden, dass einige der Schiffe, die in der Gegend Untersuchungen gemacht hatten, tatsächlich Schiffe von Erdölgesellschaften, vor allem Chinas, aber auch der Philippinen – also praktisch der Vereinigten Staaten – waren. Das wäre ein Bruch der internationalen Vereinbarungen über dieses Gebiet gewesen, und hat auch zu ernsten Zwischenfällen geführt, die aber dann auf Grund beidseitiger Verständigung stillschweigend beendet wurden. In der Frage der Souveränität über die Spratley Inseln betrachten sich beide Teile Chinas, also Beijing und Taiwan, als Erben des alten chinesischen Reiches und formulieren daher ihre Forderungen dementsprechend.

Drei Staaten, nämlich China-Beijing, Taiwan und Vietnam behaupten, ein Recht auf alle Inseln der Spratleys zu haben, da sie die Souveränität über das gesamte südchinesische Meer als ihre eigene betrachten. Sie berufen sich teilweise auf die

Besetzung gewisser Gebiete, nachdem heute trotz der sehr unwirtlichen Situation auf diesen Inseln bereits etwas über 50 von den Inseln oder Felsen ganz oder zeitweise besetzt sind.

Im Zusammenhang mit der Transportfrage und der Perspektive zukünftiger wirtschaftlicher Erschließung sei bemerkt, dass es auf den Spratley Inseln drei Flugplätze gibt. Davon ist einer halbwegs intakt, hat eine Startbahn von 914 Metern, die gut zementiert ist und nun auf 1523 Meter ausgedehnt werden soll.

Nebst den drei Mächten, die eine Gesamtkontrolle der Spratleys für sich fordern, gibt es noch eine Anzahl von anderen Staaten, die ebenfalls Forderungen angemeldet haben. Das ist an erster Stelle Vietnam, das etwa 100 der Inseln fordert, gelegentlich aber auch schon darüber hinaus geht, zweitens die Philippinen, die ebenfalls etwa 100 Inseln fordern, dann die Staaten, die geringere Forderungen stellen, wie Malaysia, welches etwa 80 Inseln sein Eigentum nennt, wobei davon die wichtigste Insel Layang Layang ist, die auch bereits für spezialisierten Tauch-Tourismus erschlossen worden ist.

Bereits 1981 hat die UNESCO China beauftragt, Meeresforschungen auf den Spratley Inseln durchzuführen. Das ist von China als eine Anerkennung der eigenen Souveränität über die gesamten Spratleys interpretiert worden. China hat dies vorsichtigerweise bis heute noch nicht auf dem Niveau der UNO bekannt gegeben, es liegt aber offensichtlich im Hintergrund seiner Planungen. Beijing hat derzeit acht Inseln, die bereits dauerhaft besetzt sind und auf denen man Gebäude feststellen kann. Die Chinesen legen Gewicht darauf, dass es sich diesbezüglich nur um Häuser für Fischer handelt. Fotografien, die von diesen Inseln gemacht worden sind, scheinen dies aber nicht zu rechtfertigen, denn offensichtlich sind hier schon verschiedene technische Installationen aufgebaut worden.

Taiwan hat einen großen Vorteil auf den Spratleys. Chiang-Kai-check hatte seinerzeit nach der Kapitulation der Japaner, die Insel Itu Aba besetzt, die heute die größte und wahrscheinlich zukunftsträchtigste Insel ist. Die Chinesen haben darüber hinaus die sogenannten Mischief Shoals besetzt. Diese sind großteils sehr getarnt, sodass wohl die Nachrichtendienste genau wissen, um was es hier geht, es aber für andere Beobachter schwer ist, Genaueres festzustellen. Nebst diesen wichtigen Punkten sei auch auf die Inseln Scarborough Shoals hingewiesen, bei denen in der Zeit zwischen 1999 und 2001 Kämpfe zwischen China und den Philippinen stattgefunden haben. In deren Verlauf haben die Chinesen zwei philippinische Schiffe versenkt. Das hat dazu geführt, dass die Philippinen sich praktisch aus dieser Zone zurückziehen mussten, während die Chinesen ihre Positionen ausgebaut haben, genauso wie auf den Mischief Shoals.

Auch Brunei hat bereits beschränkte Forderungen angemeldet. Brunei hat eigentlich nur eine einzige Insel gefordert, nämlich den Louisa Reef, wobei Brunei sie nicht dauerhaft besiedelt hat, wo aber von Zeit zu Zeit Schiffe aus Brunei einlaufen, um das Interesse an dieser Insel zu bekunden. Es sei auch noch erwähnt, dass auf einigen Inseln Guano gefunden wird. Betrachtet man die Situation in der strategischen Perspektive, so gibt es folgende bedeutende Punkte auf den Spratleys: Mischief Shoals, die derzeit bei China sind, Scarborough Shoals, die sich ebenfalls bei China befinden und natürlich Itu Aba, die größte Insel, bei der seinerzeit bereits die Japaner eine Unterseebasis geschaffen hatten und die heute zu Taiwan gehört. Allerdings ist wahrscheinlich, dass, wenn es jemals zu einem Konflikt zwischen Taiwan und China kommen sollte, diese Insel nicht zu halten wäre, weil sie von den nicht weit entfernten chinesischen Stellungen angegriffen werden kann. Andererseits aber kann man feststellen, dass, wenn die Zusammenarbeit zwischen

Taiwan und China weiter geht, diese Insel für die chinesische Position wahrscheinlich strategisch mit Abstand die größte Bedeutung haben könnte.

Ein weiteres Problem ist die vollkommen ungeklärte juristische Situation. Hier kann jederzeit ein Konflikt beginnen, ähnlich der Auseinandersetzung zwischen den Chinesen und den Philippinos. Allerdings bemerkt man auch Spannungen zwischen Rotchina und Vietnam, denn Vietnam ist jener Staat, der, nebst China, am meisten Interesse an den Spratley Inseln zeigt. Darüber hinaus spielen auch russische Interessen herein, die wohl heute nicht direkt fühlbar sind, die aber, wie es sich bei den früheren Spannungen gezeigt hat, die Interessen Vietnams gegenüber denen von China fördern.

All das weist darauf hin, dass die Spratley Inseln weltweit eines der großen kommerziell interessanten Gebiete sind und dass sie gleichzeitig wegen der Lage im Südchinesischen Meer zu den explosivsten Punkten der Welt zählen. Hier könnte es ebenso zu einem Konflikt zwischen Taiwan und China wie zwischen Vietnam und China kommen, während auf der anderen Seite die russischen, die japanischen und amerikanischen Interessen aufeinander stoßen. Dabei darf man nicht vergessen, dass das vielleicht gewaltige Erdöl- und Erdgaspotential einmal eine große Rolle spielen wird. Dass heute China am meisten Chancen hat, ist klar. Sie sind aber keineswegs so groß, dass man sie als sicher und erfolgreich bezeichnen könnte. Darum ist heute bei den führenden Regierungen ein wachsendes Interesse an den Spratleys festzustellen. Die Nachrichtendienste der Vereinigten Staaten, aber auch Chinas und Russlands, beurteilen, dass unter den Orten, an denen ein größerer internationaler Konflikt ausbrechen könnte, die Spratley Inseln eine nicht zu unterschätzende Bedeutung hätten.

Hong Kong

Reist man heute durch den Fernen Osten, so kann man feststellen, dass psychologisch die Situation von einem Staat zum anderen sehr verschieden ist. In Singapur findet man, obwohl die Gesamtbeurteilung der Lage nicht übermäßig ermutigend ist, eine Entschlossenheit, die Probleme zu meistern und für die Stadt wieder jene Stellung zu erreichen, die sie traditionell gehabt hat. Man unterschätzt die Schwierigkeiten nicht, ist aber auch überzeugt, dass nach den günstigen Zeichen der jüngsten Vergangenheit der Aufstieg bereits begonnen hat.

Trotz der Kriegsgefahr und auch unleugbaren wirtschaftlichen Schwierigkeiten besteht auch wirtschaftlich, zumindest in der Geschäftswelt, ein vernünftiger Optimismus in Taiwan. Man ist eher besorgt über einen möglichen Konflikt, der sich ausdehnen könnte, aber zugleich entschlossen, jede direkte Herausforderung zu meiden, nachdem man eine relativ starke militärische Kraft in günstiger strategischer Lage auf der Insel hat. Wirtschaftlich auf der anderen Seite verbessert sich die Situation, obwohl sie noch nicht die Höhe der vergangenen Jahre erreicht hat.

In Shanghai ist der Optimismus genauso stark wie früher. Man sieht zwar, dass Schwierigkeiten nahen, aber andererseits sind die Wirtschaftskreise sehr positiv gestimmt über die Möglichkeiten ihrer Stadt, aber auch des Landes, und die Aussicht, dass die kommenden Jahre eine wesentliche Besserung bringen werden.

Im Gegensatz zu diesen drei Orten und der Atmosphäre, die man in ihren Massenmedien und auch bei Wirtschaftreibenden findet, ist die Situation in Hong Kong anders. Dort findet man heute einen tiefen Pessimismus, große

Sorgen bezüglich der Zukunft und die Angst, dass auch auf lange Sicht die Aussichten der Stadt nicht gerade rosig sind. Das ist weit mehr eine psychologische Entwicklung als eine objektive Beurteilung der Wirtschaftslage. Natürlich hat es bisher vier Jahre Deflation gegeben, und das hat für die Wirtschaft große Probleme geschaffen. Es gibt auch alarmierende Zeichen über zukünftige Entwicklungen, aber gerade psychologisch ist die Lage hier wesentlich schlechter als an anderen Orten. Es gibt wenig Zeichen des Willens, die Schwierigkeiten zu meistern, und die Rede des seither nach Beijing versetzten Tung Chee Hwa zu Beginn des Jahres 2004 war wenig ermutigend für die Wirtschaft, obwohl dieser alles getan hat, um in seine Worte ein gewisses Maß an Optimismus einfließen zu lassen. Wenn man allerdings den vollen Text seiner Neujahrsrede liest, hat man das Gefühl, dass dies hauptsächlich ein Versuch des Zweckoptimismus war.

Natürlich ist die Lage nicht so gut wie sie sein sollte. Was aber beeindruckend ist, ist, dass eine Gemeinschaft, die von Natur aus optimistisch hätte sein sollen und es auch in den schwierigsten Zeiten gewesen ist, zum ersten Mal wirklich entmutigt ist und auch nicht mehr bereit ist, die praktischen Zeichen, die eine Wende andeuten, zur Kenntnis zu nehmen.

Es gibt klare Hinweise darauf, dass irgendetwas mit der Wirtschaft der Stadt gar nicht in Ordnung ist. In der Vergangenheit war eine der größten Quellen des Reichtums der Stadt ihr Grundbesitz und der große Wert des Bodens. In den zurückliegenden Jahren hat sich dies grundlegend geändert. Die Löhne sinken in der ganzen Wirtschaft in der Stadt, die Bürokratie, ebenso wie die Zahl der Bankrotterklärungen, die ziemlich bedrohlich wird, nehmen zu, wie auch die Arbeitslosigkeit, die jetzt in einer Gegend auftritt, die noch vor kurzer Zeit daran nicht gewöhnt war.

Es ist bezeichnend, dass viele multinationale Unternehmen, die in Hong Kong im Laufe der letzten Jahrzehnte angesiedelt waren und die sehr viel zu der Wirtschaftsentwicklung der Stadt beigetragen haben, auf einmal ihre Einstellung verändern. Es gibt praktisch kaum neue Investitionen. Noch beunruhigender ist die Tatsache, dass große Gesellschaften aus den Vereinigten Staaten, aber auch aus anderen Ländern, die bisher ihre Basis in Hong Kong hatten, sich nunmehr immer mehr auf das chinesische Festland, ganz besonders aber nach Shanghai, oder an andere Orte des Fernen Ostens begeben.

Es ist die Rivalität mit Shanghai, die eine Wirkung hat. Hier fühlt man, dass ein Konkurrent aufsteigt, der allerdings, verglichen mit Hong Kong, jetzt noch schwächer in seinem wirtschaftlichen Potential ist, der aber schrittweise diese Stadt einholt und dies schneller, als man es erwarten konnte. Eines der beunruhigenden Zeichen war die Entscheidung von General Electric, praktisch alle Arbeitsplätze von Hong Kong nach Shanghai zu verlegen. Das allerdings betrifft auch den Handel mit Indien, ist also eine Entscheidung, die wesentlich über das hinaus geht, was man aus politischen Gründen erwarten konnte.

Finanziell bleibt Hong Kong relativ stark. Es hat wenig Schulden, und der Hong Kong Dollar ist noch immer an den US-Dollar angeschlossen. Während der finanziellen Krise im Fernen Osten hat es einige Sorgen bezüglich der Anbindung des Hong Kong Dollars an den US-Dollar gegeben. Aber wie der Sekretär für die Finanzen der Stadt, Anthony Leung, gesagt hat, gibt es auch einen großen Vorteil damit, weil dies zumindest unter den derzeitigen Bedingungen den Politikern nicht erlaubt, Einfluss auf den Geldwert zu nehmen. Dieser kann daher nicht im Interesse der lokalen oder der fernöstlichen Autoritäten manipuliert werden. China hat nichts getan, um diese Situation zu verändern. Man kann annehmen, dass das zumindest auf einige Zeit weiter so bleiben wird. Man darf ferner nicht vergessen, dass es noch gewaltige Reserven in den Kassen der Regierung gibt, sodass keine unmittelbare Gefahr besteht. Nimmt man aber die pessimistischen Äußerungen verschiedener Bankiers, dass es auch hier entgegen der Zeichen, die immerhin noch ermutigend sein sollten, eine gewisse Depression und eine moralische Krise gibt, die man auf vielen Gebieten bemerkt, muss man im Urteil vorsichtig sein.

Ein bezeichnendes Element der Krise von Hong Kong ist auch der Verfall der Werte der Gebäude und Grundstücke. Bankiers schätzen, dass der Fall dieser Werte jetzt schon 60 Prozent erreicht hat, und es ist bemerkenswert, dass es heute auf vielen Gebieten wesentlich besser ist, Liegenschaften zu erwerben, als sie zu mieten. Auf dem Immobilien- und Grundstücksmarkt gibt es Angebote, die vor fünf Jahren noch undenkbar waren. Darüber hinaus gibt es einen noch langsamen, aber immer schneller werdenden Fluss von Menschen, die Hong Kong verlassen.

Bedeutend ist auch – und das wurde bisher weder durch Tung Chee Hwa noch durch seine Nachfolger diskutiert –, dass der Aufstieg von Orten wie Singapur und Taiwan auf einer breiten Schulung und Erziehung beruht, die wesentlich besser ist als in Hong Kong. Daher finden potentielle Investoren auf dem Markt gut ausgebildete Personen, die man einsetzen kann, während dies in Hong Kong nicht der Fall ist. Viele junge Leute verlassen die Stadt, um nach Shanghai oder andere Orte in China zu gehen, weil sie der Ansicht sind, dass sie dort eine bessere Sicherung ihrer Zukunft finden werden, als wenn sie zu Hause blieben.

In Wirklichkeit liegt das Problem in der Erkenntnis vieler Personen in Hong Kong, dass seit dem Transfer von der britischen Herrschaft zu China – trotz der großen Anstrengungen Tung Chee Hwas – der Raum der persönlichen Freiheit immer mehr eingeengt wird. Es gibt, das muss zugegeben werden, noch keinen sichtbaren Druck auf die öffentliche Meinung und ihren Ausdruck in der Presse. Man wird aber feststellen können, dass alle Zeitungen und die Rundfunk- beziehungsweise Fernsehstationen derzeit wesentlich vorsichtiger sind, als noch vor wenigen Jahren. Das ist übrigens auch für die Wirtschaft festzustellen, weil diese sogar in privaten Konversationen, die man mit den Wirtschaftstreibenden führen kann, wesentlich vorsichtiger ist, als es in früheren Zeiten der Fall war. Man spürt eine schrittweise Änderung der Atmosphäre, die weniger auf wirtschaftliche Gründe zurückzuführen ist als auf eine politische Krise.

Interessant ist auch, dass die demokratischen Kräfte, die noch vor einem Jahr sehr energisch waren, sich jetzt sehr stark zurückhalten. Sie kämpfen bestimmt nicht mehr so, wie sie es in der Vergangenheit getan haben, und trauen sich sogar nicht einmal, private Konversationen zu führen, wie es früher der Fall war. Die Demokraten haben außerdem eine ganze Anzahl von Verlusten, was dazu führt, dass die demokratische Opposition, die zahlenmäßig wesentlich stärker war als die Kräfte um Tung Chee Hwa, nun langsam diese erste Position verliert. Obwohl Wahlen derzeit noch nicht wahrscheinlich sind, wird man trotzdem das Gefühl nicht los, dass die jüngsten Wahlen das Ende dessen waren, was unter dem alten System durchgeführt wurde und dass sehr bald ein neues System geschaffen wird, nach außen hin zwar mit den gleichen Formen wie seinerzeit, aber in wachsender Abhängigkeit von den Beziehungen zu Beijing.

Von diesem Gesichtspunkt her ist die kommende Gesetzgebung sehr bezeichnend. Alle Gerüchte, die man über die neuen Gesetze zu verschiedenen politischen Fragen hört, zeigen, dass es eine schrittweise Drosselung der politischen Freiheit geben wird und die Übertragung der Polizeimacht weg von den unabhängigen Stellen an andere, die, obwohl auch sie offiziell nicht von China abhängen, gerne bereit sein werden, die Ratschläge aus Beijing zur Kenntnis zu nehmen. Man kann die Erosion der Freiheit nicht mehr länger übersehen.

Es gibt auch eine wachsende Kritik an der Regierung, die, näher betrachtet, in den Wirtschaftsfragen recht tüchtig ist. Doch die Mitglieder der Regierung sind über ihre Zukunft nicht mehr so sicher, wie sie es noch vor kurzer Zeit waren. Sie beginnen immer mehr zu fühlen, dass der Einfluss von Beijing wachsen wird und dass schließlich die, die aus innerer Überzeugung den Gedanken eines Landes mit zwei politischen Systemen getragen haben, keine große Zukunft mehr haben. Allerdings wird das Leben in Hong Kong immer noch besser sein als in China, und insbesondere für die Ausländer auch wesentlich billiger als bisher.

Um die schlechte Entwicklung der Wirtschaft zu kontrollieren, plant die Regierung, die Steuern zu erhöhen, und das noch dazu zu einer Zeit, in der die allgemeine Wirtschaftslage es eher notwendig machen würde, genau das Gegenteil zu tun. Die Regierung reduziert auch ständig die Verwaltung, wobei man feststellen kann, dass vor allem jene, die seinerzeit als Verteidiger des demokratischen Systems bekannt waren oder zumindest Skepsis gegenüber den besonderen Bindungen zwischen Hong Kong und China gezeigt hatten, nunmehr schrittweise friedlich von jenen Stellen, in denen sie einen Einfluss ausüben konnten, ausgeschaltet werden.

Während sich die Beziehungen zwischen Taiwan und Kontinentalchina, obwohl sie noch immer gespannt sind, trotzdem verbessern, besteht offensichtlich ein wachsendes Gefühl, dass für Kontinentalchina Hong Kong einen Teil seiner früheren Bedeutung verloren hat. Es hat längst nicht mehr jenen Einfluss auf das Denken in Taiwan, wie in der Vergangenheit. Taiwan ist heute bezüglich seiner eigenen Zukunft wesentlich sicherer. Es hat daher auch eine größere innere Unabhängigkeit. Beijing scheint immer mehr anzunehmen, dass Hong Kong ihm nicht ausreichend helfen wird, seinen Einfluss auf Taiwan auszudehnen. Aus diesem Grund spielt das politische Argument, das in Beijing immer wieder genannt wurde, nämlich, dass die gute Behandlung von Hong Kong für die langfristige Politik in den Beziehungen zu Taiwan notwendig sei, nicht mehr die gleiche Rolle wie früher. Eine allgemein zunehmende Akzeptanz der taiwanesischen Realität ist fühlbar, die zur Folge hat, dass die Behandlung von Hong Kong ganz anders sein wird, als sie es in der Vergangenheit war. Wegen des psychologischen Effekts auf die Handelspartner von China wird es dennoch keinen grundsätzlichen Schritt geben, der den langsamen Verfall der besonderen Situation der Stadt zeigen würde.

In einem Punkt darf man optimistisch sein. Hong Kong wird aller Wahrscheinlichkeit nach vom Beitritt des chinesischen Festlandes zur Welthandelsorganisation Vorteile haben. Das ist insbesondere auf die Tatsache zurückzuführen, dass in der WTO das System von Hong Kong, vor allem mit seiner Wirkung auf die umgebenden chinesischen Gebiete, notwendig sein wird, um die Möglichkeiten, die in Hong Kong bestehen, weiter zu nutzen. In dieser Situation ist die Zukunft Hong Kongs, trotz der Welle des Pessimismus, zumindest wirtschaftlich nicht so schlecht.

Ein besonderes Zeichen dieser Entwicklung von Hong Kong war die von China veranlasste Demission des bisherigen Regierungschefs Tung Chee Hwa. Man hat diesen oftmals sehr kritisiert, muss aber anerkennen, dass er in einer sehr schwierigen Situation eigentlich viel getan hat, um in Hong Kong soweit irgend möglich die demokratischen Freiheiten zu erhalten. Dass dies auf die Dauer nicht möglich wäre, war von Anfang an vorauszusehen. Der bekannte chinesische Reeder, der wohl kräftig für eine Wiederherstellung der chinesischen Einheit, allerdings unter demokratischen Vorzeichen, gearbeitet hat, wurde nunmehr zu einer höheren, allerdings nur ziemlich ehrbaren und nicht sehr mächtigen Stellung nach Beijing berufen. So wurde es für Beijing möglich, eine neue Führung nach Hong Kong zu bringen, die nicht, wie Tung Chee Hwa es immer getan hatte, alles versucht, um der Stadt möglichst viel Freiheit zu erhalten. Zwar dürfte es auch fortan nicht um ein Ende der relativen Freiheit gehen, wohl aber muss man sich darüber im Klaren sein, dass über kurz oder lang Hong Kong in China aufgehen wird und seine Sonderstellung verlieren dürfte. Die Politik von Beijing wird vor allem zwei Städte fördern, nämlich Kanton und Shanghai, sodass sich das Gewicht des wirtschaftlichen Lebens langsam in diese zwei Städte verschieben wird. Für Hong Kong wirklich gefährlich ist eine wachsende Anzahl westlicher Investitionen und Handelsniederlassungen, die sich in den beiden erstgenannten Städten – weit weg von Hong Kong – ansiedeln. Vom wirtschaftlichen Gesichtspunkt ist das durchaus verständlich, aber für Hong Kong eine sehr schmerzliche Entwicklung. Das gleiche dürfte sich übrigens auch in Macao abspielen, obwohl gerade in der Zukunft die Werte der Tradition und der religiösen Funktionen Portugals weiter fühlbar sein werden. Wenn, wie man annehmen darf, in China langsam wieder die religiöse Freiheit einkehrt – schon allein um das Wirken der Sekten zu verhindern –, dann dürften hier in Macao die in China noch zahlenmäßig wachsenden katholischen Gemeinschaften eine wichtige Rolle spielen.

Kapitel VIII
USA

Partner USA

Nach dem offiziellen Ende des Irak-Krieges zeichnet sich keineswegs ab, dass die internationale Krise auch nur halbwegs vorbei ist, ganz im Gegenteil. Man muss sich der Tatsache entsinnen, dass es mit dem Ende des Dritten Weltkrieges, also des Kalten Krieges, noch keineswegs einen dauernden Frieden gegeben hat. Das ist übrigens das größte Problem für die derzeitigen Weltmächte, an erster Stelle für die Vereinigten Staaten.

Seit Beginn des 20. Jahrhunderts sind wir in einer echten Kriegsperiode. Der Friede, den der Wiener Kongress zu Beginn des 19. Jahrhunderts geschenkt hatte, hat Europa eine gewaltige Entwicklung gebracht. Dennoch haben die führenden Persönlichkeiten die Prinzipien der Ruheperiode, die man genossen hat, nicht mehr klar erkannt. Man vergaß, dass der Wiener Kongress noch stark unter dem Einfluss der christlichen Friedensidee stand, die auch bei den Kriegen der früheren Jahrhunderte eine Rolle gespielt hat.

Die erste größere Wende kam mit dem amerikanischen Bürgerkrieg. Hier wurde aus ideologischen Gründen, die der Vorwand für die Durchsetzung wirtschaftlicher Interessen waren, zum ersten Mal eindeutig gesagt, dass ein Krieg zwischen absolut Gutem und absolut Bösem stattfinde, und dass Letzteres nach dem Sieg vernichtet werden müsse. Der Ausdruck dieser Einstellung waren der Begriff der »bedingungslosen Kapitulation« und die Strafen, die dann über die

Südstaaten verhängt wurden. Das hat eine tiefe Spaltung in die Vereinigten Staaten gebracht, die noch bis in die Tage des zweiten Weltkrieges fühlbar war.

Seit Beginn des 20. Jahrhunderts hat die steigende Mobilität der Menschen und der Wirtschaft zur Folge, dass in den Vereinigten Staaten eine gewaltige Vermischung der Bevölkerung stattgefunden hat. Insbesondere aus klimatischen Gründen wurden viele große Industrien weitgehend in die Südstaaten verlegt. Auch begann jener Zug der Pensionisten in das wärmere Klima, der heute z. B. die Zusammensetzung der Bevölkerung Floridas bestimmt. Ähnliches gilt für Alabama aufgrund der Industrie, und für Texas infolge des Erdöls. Auch Kalifornien ist ein Land von größter Anziehungskraft, wo insbesondere das gute Klima die Verlagerung der modernsten Technologie zur Westküste gebracht hat. Wer die Gegend des Silicon-Valley besucht, das heute das Zentrum des Fortschrittes in Amerika ist, wird auf den Straßen sehr oft die Sprachen Zentraleuropas hören. Über Kaliforniens Hollywood schrieb Friedrich Torberg einst »Purkersdorf unter Palmen ...«, während ein französischer Diplomat Los Angeles als »l'Autriche-Hongrie en délire« bezeichnete.

Eine besondere Charakteristik der Entwicklung der USA ist der Aufstieg der spanischen Sprache. Das liegt an der wachsenden Zuwanderung von Einwohnern aus den kinderreichen, spanischsprachigen Ländern südlich der Vereinigten Staaten, wofür es zwei Gründe gibt: In Mexiko ist es die Frage der sozialen Besserstellung der verarmten Teile der Bevölkerung, die durch die lange Herrschaft einer privilegierten Schicht, nämlich der politischen Führung der Institutionellen Revolutionären Partei, entstanden ist. Diese wirtschaftlich-politische Gemeinschaft ist durch 70 Jahre an der Macht gewesen, hat diese ziemlich rücksichtslos ausgenützt, einen gewaltigen politischen Apparat aufgebaut und stets die Präsidenten, beziehungsweise die führenden Persönlichkeiten der verschiedenen Teilstaaten von Mexiko, gestellt. Der Aufstieg der Industrie durch das Erdöl, aber auch der Einfluss der Vereinigten Staaten, hatten allerdings zur Folge, dass es schrittweise doch zu einer Art demokratischer Entwicklung gekommen ist, deren Ausdruck die letzte Präsidentenwahl in Mexiko war, in der zum ersten Mal eine andere Partei als die regierende PRI an die Macht kam. Bezeichnend für diesen Machtwechsel ist, dass der neue Präsident, Vicente Fox, früher der Leiter von Coca Cola in Mexiko war. Allerdings kann das Pendel noch zurückschlagen, wie das Schlagwort »Que vuelven los ladrones« (»Die Räuber sollen zurückkommen«) an vielen Mauern anzukündigen scheint.

Ein mächtiger Zuwanderungs-Schub war auch die Flucht eines guten Teiles der Bevölkerung aus Kuba nach der Machtergreifung durch Fidel Castro. Diese war ein Sieg des Kommunismus, insbesondere durch die Schaffung einer tüchtigen Armee, die damals unter Schutz eines kommunistisch orientierten Präsidenten Jacobo Arbenz in Guatemala als die Legion del Caribe aufgebaut worden war. Der Gedanke war durch den intelligenten früheren zweiten Sekretär der sowjetischen Botschaft in Washington, Konstantin Umanskij, entwickelt worden. Kurz nach seiner Ernennung zum russischen Botschafter in Mexiko kam er bei einem Autounglück ums Leben. Sein Konzept wurde aber weitergeführt unter Ausnützung dessen, dass es eine ziemlich breite, aufgrund wirtschaftlicher Nachteile unzufriedene Intelligenzschicht im Süden gab. Dazu kam, dass nach dem spanischen Bürgerkrieg eine Anzahl von Offizieren und Sachverständigen der rotspanischen Armee nach Südamerika ausgewandert war und dort unter der Führung von General Alberto Bayo bereit war, eine neue militärische Einheit zu bilden. So entstand jenes Zentrum in Pozo

Blanco in Guatemala, von dem aus Persönlichkeiten wie Fidel und Raul Castro sowie Ernesto »Che« Guevara hervorgegangen sind. Sie haben einen erfolgreichen Putsch und Bürgerkrieg in Kuba organisiert, als dessen Folge Fidel Castro an die Macht kam und dort ein hartes kommunistisches Regime schuf. Bezeichnenderweise glaubten die Vereinigten Staaten, ganz besonders aber die Presse an der Ostküste der USA, dass Castro und seine Mannschaft eine demokratische Erneuerung bringen würden. Stattdessen entstand ein totalitäres Unterdrückungssystem, das insbesondere in den fünfziger und sechziger Jahren zu einer Massenemigration aus Kuba führte, die eine neue Bevölkerungszusammensetzung in den US-Südstaaten, wie Florida, durch Spanisch sprechende Menschen zur Folge hatte.

Heute steigt die spanische kinderreiche Flut nördlich des Rio Grande ständig weiter. Einer der Hauptgründe für die wachsende Bedeutung des Spanischen in den USA ist die weit höhere Geburtenrate der Hispanos gegenüber der weißen und auch der schwarzen Bevölkerung. Wenn die USA heute ein viel niedrigeres Durchschnittsalter haben als die Europäer, so verdanken sie das ihrer spanischsprachigen Bevölkerung.

Bereits heute gibt es in fünf Staaten der USA eine spanischsprechende Mehrheit. Die Vereinigten Staaten, die noch zu Beginn des Zweiten Weltkrieges stark durch die Gruppe regiert wurden, die man die WASP nannte, nämlich die weiß-amerikanische und protestantische Schicht der Ostküste (»White-anglo-saxon-protestant«), haben ihren vorherrschenden Einfluss an vielen Orten eingebüßt. Viele, die dieser früheren regierenden Gruppe angehört haben, haben ihre Karriere in anderen Teilen der Vereinigten Staaten neu begonnen. So ist Präsident Bush, der einer alten und prominenten Familie aus New England entstammt, durch Texas an die Macht gekommen und hat bezeichnenderweise, als er die Aufstellung als Kandidat der Republikanischen Partei erreicht hatte, zum ersten Mal seine Antrittsrede nicht nur auf Englisch, sondern auch auf Spanisch gehalten. Seither hat sich im politischen Leben Amerikas die spanische Gruppe, die Hispanos, immer stärker ausgedehnt. In Los Angeles amtiert ein Hispano als Bürgermeister, während in Kalifornien ein Österreicher, Arnold Schwarzenegger, zum Gouverneur gewählt wurde. Die Stelle eines Gouverneurs von Kalifornien wird in der amerikanischen Politik zu den bedeutendsten Posten überhaupt gezählt.

Diese Neuordnung in der Bevölkerung der Vereinigten Staaten gibt den USA ernstlich die Chance, in der internationalen Politik eine Rolle zu spielen, wie es schon das persönliche Prestige von Schwarzenegger zeigt. Man darf aber auch nicht vergessen, dass ein so bedeutender Mann wie Professor Henry Kissinger, der bis heute Englisch mit einem starken deutschen Akzent spricht, einer der wichtigsten politischen Vordenker der USA ist.

Bisher war es eine der großen Schwächen der amerikanischen Politik, zu glauben, ihr Land sei das allerbeste und die ganze Menschheit müsse bestrebt sein, den Amerikanern gleich zu werden. Das hat zu vielen unnötigen Spannungen geführt, weil zahlreiche Bürger der Vereinigten Staaten nicht glauben wollten, dass es Menschen gibt, die ein anderes politisches und gesellschaftliches Leben wünschen als dasjenige der Vereinigten Staaten. Dies kam aus den messianischen Gedanken der Pilgrim-Fathers, die der Ansicht waren, dass sich schließlich die Welt zu ihren Konzepten bekehren würde. Mit ihrem harten und engen Denken hatten sie außerdem das Gefühl, dass, wer nicht wünsche, das Konzept der Vereinigten Staaten zu übernehmen, ein schlechter Mensch sei.

Viele der Probleme, die die Vereinigten Staaten mit Südamerika haben, sind auf diese Einstellung zurückzuführen.

Allerdings ist es von großem Vorteil, dass Präsident Bush und seine neue Mannschaft mehr als früher Schwarze, Juden, aber auch Hispanos in die Regierung aufgenommen und damit weit sichtbar eine nicht-rassistische Orientierung eingeleitet haben. Das zeigt, das die Lehre vom »melting pot«, dem Schmelztiegel, auch in den USA überholt ist. Auch das persönliche Prestige von Gouverneur Arnold Schwarzenegger hat stark gewirkt. Das ist für die Vereinigten Staaten ein ganz großer Schritt im Sinne einer bedeutenden Rolle in der Welt, denn die alte Ideologie der Pilgrim-Fathers hat zum amerikanischen Isolationismus geführt, also zu der Idee, das eigene Paradies abzusperren und sich von der bösen Welt abzuwenden. Das ist heute weitgehend verschwunden, und dies wird zu weiteren Schritten der Neuorientierung der amerikanischen Politik führen.

Gerade Europäer sollten die Entwicklung in den Vereinigten Staaten als das erkennen, was sie wirklich ist, und auf dieser Grundlage die Beziehungen Europas zu den Vereinigten Staaten auf eine neue Ebene stellen. Allerdings ist das nur möglich, wenn die Europäer bereit sind, ihren Minderwertigkeitskomplex gegenüber Washington abzulegen. Nur ein Europa, das tatsächlich seine Sicherheit selbst garantiert, das einheitlich auftritt und das auch technologisch und wissenschaftlich auf eigenen Füßen steht, wird die Fähigkeit haben, jene gesunden Beziehungen zu den Partnern jenseits des Atlantischen Ozeans zu finden, die für den Frieden der Welt von entscheidender Bedeutung sind.

Amerikas Dilemma

Nach den Operationen im Gefolge des Al Qaida-Attentates auf New York am 11. September 2001 und der scharfen Reaktion der Vereinigten Staaten im Kampf gegen den Terrorismus, der sich aber vielleicht allzu sehr in der Bombardierung eines schwachen und durch Kriege geschwächten Landes wie Afghanistan gezeigt hat, stellt sich nunmehr die Frage, wie es im Gefolge der amerikanischen Aktion weltpolitisch und für die Vereinigten Staaten innenpolitisch weiter gehen soll. Weitreichende Entscheidungen müssen gefällt werden.

Die Stellung der Vereinigten Staaten in der Welt hat sich grundlegend geändert. Bis zum 11. September hatten die USA in internationalen Konflikten das einzigartige Privileg, den Feind zu bombardieren, ohne selbst ein größeres Risiko einzugehen. Noch im Zweiten Weltkrieg und in den darauf folgenden lokalen Kriegen hatten zwar die Vereinigten Staaten die Mittel, um ihre Gegner zu treffen, selbst aber konnten sie in ihrem Lande mehr oder weniger in Frieden leben. Mit dem Schlag gegen New York und Washington ist Amerika nunmehr an die erste Front der internationalen Konflikte gerückt. Es gibt keinen sicheren Ort mehr in der Welt. Das Risiko jeder Aktion, die militärischen Charakter hat, ist fast unbeschränkt geworden. Dabei ist klar, dass es sich hier nur um Vorläufer des zukünftigen Schreckens handeln kann. Die Verwendung von Flugzeugen zur Zerstörung großer Gebäude hat noch nicht die Auswirkung einer Atombombe in Terroristenhand erreicht. Und die Anthrax-Aktion hat gezeigt, was bei chemischen und bakteriologischen Kriegen in Zukunft zu befürchten ist. Die USA müssen sich daher für den Fall eines Konfliktes, der aus ihrer Stellung als weltweiter »Polizist« entsteht, überlegen, wie sie diesen neuen Gefahren begegnen können.

Es hat in der Geschichte seit Beginn einer Politik globaler Dimension stets eine Macht gegeben, die für eine Weile weltbeherrschend schien, dann aber abtreten musste. Spanien war ein Reich, in dem die Sonne nicht unterging, bis die große Armada durch einen Sturm vor den Küsten Englands versenkt wurde. Frankreich, das an seine Stelle trat, musste nach Waterloo feststellen, dass es nicht mehr jene beherrschende Weltmacht war, die es in den Zeiten Napoleons zu sein glaubte. England hat eine Weile seine »pax britannica« so gut wie überall garantiert, bis es den Zweiten Weltkrieg wohl noch als Großmacht begann, aber bereits mit Ende des Konfliktes diese Stellung an die Vereinigten Staaten und für kurze Zeit an die Sowjetunion übergeben musste.

Bemerkenswert ist in diesem Zusammenhang, dass das politische Primat auch stets einer entscheidenden Wirtschaftsmacht zufiel. Noch im 19. Jahrhundert war England an der ersten Stelle. Als aber Amerika die politische Führung übernahm, musste London auch die erste Wirtschaftsposition unverzüglich dem Neuankömmling übergeben, wobei es sich außerdem noch eine Regierung leistete, die mit ihren Maßnahmen, wie dem Beveridge-Plan und den zahlreichen Nationalisierungen, den Abstieg des Landes beschleunigte. So entstand die Vorherrschaft der Vereinigten Staaten oder das, was heute viele die Globalisierung der Wirtschaft nennen.

Diese Bezeichnung ist nicht falsch, da wir heute in der Wirtschaft nur mehr weltweit denken können und der alte Begriff der Autarkie überholt ist. Man kann nur dann bestehen, wenn man dem anderen genauso lebenswichtig ist, wie er uns. Das wird auch in absehbarer Zeit bestimmend sein. Demonstrationen und Manifeste können daran überhaupt nichts ändern.

Wenn es den Engländern gelang, lange Zeit die »pax britannica« zu garantieren, war das vor allem auf die große Flotte zurückzuführen. In den Kämpfen außerhalb Englands wurden nicht so oft englische Soldaten eingesetzt – außer in den Offiziersrängen –, sondern Hilfsvölker, die, äußerst kriegerisch eingestellt, freiwillig als Söldner der Weltmacht dienten. Das war vor allem der Fall bei den

Gurkhas aus Nepal, die bis zuletzt diese Aufgabe erfüllten, die praktisch erst mit der Übergabe von Hong Kong an China beendet wurde. So konnten die Engländer das erreichen, was eines der Elemente einer Weltmacht ist: Sie konnten die eigene Bevölkerung als Wirtschaftstreibende zu Hause behalten und gleichzeitig mit Hilfe ihrer Gurkhas in der Welt die militärisch-politische Ordnung garantieren.

Hier stellt sich für Amerika eine Schicksalsfrage. Schon in der Zeit des Vietnam-Krieges hatte sich erwiesen, dass es nicht möglich ist, einen Krieg zu gewinnen, indem man die produktivsten Arbeiter an die Front schickt und sie damit der heimischen Wirtschaft entzieht. Die große amerikanische Armee, die in den Sümpfen Asiens und noch dazu gegen einen Kleinstaat kämpfte, war eine fatale Last auf den Schultern der Heimat. Das ist heute wieder eine der Gefahren, die man im Auge behalten sollte. Die Amerikaner sind nicht dazu gemacht, einen Krieg in Iran oder Afghanistan zu führen, wie es auch die amerikanische Niederlage in Somalia bewiesen hat.

Dazu kommt, dass eines der Geheimnisse des modernen Krieges die Propaganda ist, speziell dann, wenn er Volksmassen betrifft. Das war schon in den Zeiten der mittelalterlichen Kriege gegen die Moslems der Fall, die uns das verzerrte Islam-Bild hinterlassen haben, das bis in unsere Tage im politischen Denken sehr geschadet hat. Viele europäische Zeitungen und Fernsehsender zeigen uns dieses verzerrte Bild der islamischen Bevölkerung. Das birgt die große Gefahr in sich, dass man im Konflikt einen Krieg der Kulturen sieht.

Auch zeigt sich, dass die Waffe der Propaganda, die noch im Vietnam-Krieg zu der Niederlage der USA in den Redaktionsstuben von New York und in den Straßen von San Francisco geführt hat, heute nicht mehr das ist, was sie früher war. Im Golfkrieg wirkte der weltweite Satelliten-

Fernsehkanal CNN. Bei den Ereignissen seit dem 11. September hat es diese gleiche Waffe auch anderswo gegeben, beispielsweise den Fernsehsender al-Jazira in Katar. Dieser hat wirkungsvoll die Gegenseite in der islamischen Welt gezeigt. CNN ist damit für die führende Macht nicht mehr kriegsentscheidend, es ist nur mehr eine von mehreren Info-Weltmächten.

Die Vereinigten Staaten, deren Macht und Einfluss für Europa von entscheidender Wichtigkeit sind, müssen ihre weltweite Strategie neu überlegen. Man kann nicht mehr den Krieg von morgen mit den Waffen von heute gewinnen. Hier sind wieder einmal die Israelis Vordenker. Sie haben nach jedem ihrer Feldzüge Generäle, die Schlachten gewonnen hatten, pensioniert, weil ein Heerführer, der Erfolg hatte, versucht ist, den nächsten Krieg nach dem siegreichen Konzept des vorherigen zu beginnen. Das hat die Tragödie Frankreichs im Jahre 1940 gezeigt, als die Verantwortlichen nicht auf General de Gaulle gehört haben, sondern auf jene, die, wie General Gamelin wohl im Ersten Weltkrieg Hervorragendes geleistet hatten, aber im Zweiten Weltkrieg dort anfingen, wo sie 1918 aufgehört hatten. Ähnlich wie Israel geht der englische Nachrichtendienst seit Beginn der Regentschaft von Königin Elisabeth vor. Nach jedem erfolgreichen Krieg erhält der Chef des Nachrichtendienstes wohl von der Krone ein prachtvolles Geschenk, wird aber aus dem Dienst entlassen.

Wenn daher die Vereinigten Staaten jetzt im Lichte der Ereignisse seit dem 11. September 2001 keine neuen Ideen entwickeln und neue Menschen berufen, wird das für das Land und seine Verbündeten keine guten Folgen haben.

Unvernünftige Kritik

In den vergangenen Jahrzehnten war es nur zu oft ein Sport gewisser Massenmedien gegen die Vereinigten Staaten zu schimpfen. Was immer in Washington gedacht oder entworfen wurde, wurde als dumm und falsch bezeichnet. War es aber erfolgreich, gab es ein allgemeines Schweigen.

Wenn man dies gerade zu Zeiten feststellen kann, da Europa die Hilfe der Vereinigten Staaten für seine äußere Sicherheit braucht, stellt sich die Frage nach dem Grund dieser Amerika-Feindlichkeit.

Europa ist eine wirtschaftliche Großmacht, vielleicht sogar größer als die Vereinigten Staaten, aber politisch noch immer schwach. Dabei haben sicher die Zerstörungen durch Kriege eine Rolle gespielt, aber vielleicht noch mehr die Aufspaltung in viele kleine Staaten. Man war in Fragen der äußeren Sicherheit auf den Schutz Washingtons angewiesen. Trotzdem erlagen die Europäer häufig der Versuchung, nur die Wirtschaft zu entwickeln und die Sicherheit der Schutzmacht zu überlassen. Das war bequem, schuf aber auch ein schlechtes Gewissen. Das Leben auf Kosten der Freunde in Übersee entsprach nicht der Würde unseres Erdteiles. Dabei wusste Europa, dass wir stark genug wären, unsere Sicherheit selbst zu garantieren. Das offizielle Europa war aber nicht bereit, die Annehmlichkeiten des Friedenslebens zu beschränken, um die eigene Sicherheit zu wahren.

Zugegeben, Washington greift oft daneben, aber man sollte sich daran erinnern, dass nur Tote nicht sündigen können. Wer handelt, wird immer Fehler begehen. Dass die Vereinigten Staaten in ihrer leider sehr ungenügenden Kenntnis der weltpolitischen Realitäten vieles falsch machen, sei nicht geleugnet. Auf der anderen Seite aber sollte man sich doch die positiven Seiten vor Augen halten.

Als die Krise des Irak begann, haben sich jene Staaten, die gemeinsame Grenzen mit Russland haben, einstimmig für die Freundschaft mit Amerika ausgesprochen. Die antiamerikanische Kritik kam an allererster Stelle aus Berlin, da sich Deutschlands Führungsgarnitur in einer innenpolitisch bedrängten Lage ausgerechnet hatte, der Regierungspartei am leichtesten durch Kritik am Freund jenseits der Meere eine billige Popularität für die nahenden Wahlen zu schaffen. In Amerika hat es große Unzufriedenheit ausgelöst, dass die scharfen Angriffe aus Deutschland gegen die USA bei Wahlversammlungen geäußert wurden, noch dazu durch den Kanzler. Dass dies besonders taktlos war und an frühere Fehlleistungen aus Berlin erinnerte, hat das Gefühl noch verstärkt. Hier haben die Franzosen, die den Amerikanern aus den gleichen Gründen wie die Deutschen ebenfalls kritisch begegneten, viel geschickter manövriert, was auch dazu geführt hat, dass die Beendigung der Spannungen zwischen Paris und dem Weißen Haus wesentlich schneller und leichter gelungen ist, als zwischen Berlin und Washington.

Aus der Geschichte weiß man allerdings, dass das Spiel mit der Kritik an Amerika nicht ungefährlich ist. Die Vereinigten Staaten sind zwar im Allgemeinen gegenüber Stimmen aus dem Ausland verständnisvoll. Auf die Dauer aber reißt die Geduld.

Wer die Weltpolitik kennt, weiß, dass Europa noch für eine ganze Weile die Freundschaft der Vereinigten Staaten brauchen wird. Ja, es wäre ideal, wenn es gelänge, gegenseitige Beziehungen zu schaffen, die wirklich Dauer hätten. Man sollte verstehen, dass auch der wirtschaftliche Fortschritt Europas im Wesentlichen davon abhängt, ob es gelingt, eine Atmosphäre des Friedens und der Sicherheit zu schaffen. Diese ist die Vorbedingung einer gesunden Entwicklung. Die keifende Kritik an den Vereinigten Staaten ist in Wirklichkeit nur zu oft ein unkluges Eigentor.

Man sollte sich erinnern, wie es bei der Präsidentenwahl 2000 in den USA zugegangen ist. Hätten europäische Massenmedien das Recht gehabt, den Präsidenten der Vereinigten Staaten zu bestimmen, wäre nicht George Bush, sondern Al Gore gewählt worden.

Man wusste, dass Gore kein starker Präsident sein würde, während man bei Bush zu fürchten hatte, dass er gelegentlich große Energie an den Tag legen kann, wie es seine Arbeit als Gouverneur von Texas gezeigt hatte. Man hat, nachdem man ständig prophezeit hatte, dass Gore siegen würde, alles getan, um den Erfolg von Bush zu leugnen und diesen als eine unbedeutende Figur darzustellen. Die Medien wollten nicht zugeben, dass sie wieder einmal ihr Geld auf das falsche Pferd gesetzt hatten.

Heute wiederum sind nur zu viele der Großen unserer Medien der Meinung, wenn etwas nicht so geht, wie sie es vorhergesagt hatten, seien die Ereignisse und nicht ihr Fehlurteil schuld. Man sollte zur Kenntnis nehmen, dass Europa alles Interesse daran hat, ein gutes Verhältnis zu den Vereinigten Staaten zu schaffen. Durch Mäkeln und Nörgeln am Präsidenten des Partnerstaates kann man das nicht erreichen. Mit anderen Worten: Die ewige Kritik an Bush schadet uns mehr als ihm.

Krieg der Kulturen?

Mit der Verschärfung der Krise im Nahen Osten und der Erkenntnis, dass auch ein militärischer Sieg im Irak keineswegs ein Ende der Spannungen herbei geführt hat, erscheint in so genannten Fachzeitschriften die These, dass es sich um einen »Krieg der Kulturen« handle. Das ist, wenn man die Artikel liest, in vielen Fällen durch jene alte Idee der Schlacht von Armageddon herbeigeführt, also einer Art neuer Völkerschlacht zwischen Gut und Böse. Man sagt es nicht ganz klar, aber im Hintergrund schwingt das Gefühl mit, dass die islamischen Völker das Schlechte repräsentieren, während die USA und ihre Verbündeten die gute Seite sind.

Wahr ist, dass die Vereinigten Staaten keineswegs jene Macht der Finsternis sind, von der gewisse linke Ideologen bei uns nur zu gerne sprechen. Die Amerikaner sind von Natur aus gute und hilfsbereite Menschen. Sie haben allerdings allzu lange auf der Weltinsel gelebt, um nicht eine gewisse innere Distanz zu den Realitäten des restlichen Teils der Menschen zu entwickeln. Sie denken, dass das, was ihnen nahe steht, gut sei – während alles, was dem widerspricht, schlecht sei. Doch in der Geschichte gibt es weder Schwarz noch Weiß. Es gibt nur verschiedene Schattierungen von Grau. Das aber wird nur zu häufig in den Vereinigten Staaten vergessen. Deshalb gibt es in den Beziehungen über den Atlantik Spannungen, die vor allem durch Missverständnisse geschaffen werden.

Die Geschichte lehrt, dass jedes große Reich, also auch das amerikanische Imperium, durch eine Idee geschaffen wurde. Das war der Fall für die »pax romana« genauso wie für den Traum des Propheten Mohammed oder auch für den »orbis europaeus christianus«, also die europäisch-christliche Gemeinschaft von Karl V. Ohne eine Idee sind die Staaten, die allzu groß wurden, zusammengefallen wie ein Körper ohne Seele.

Auch die USA wurden durch ein Ideal geboren, das man oft in Europa übersieht. Das Gebiet der Vereinigten Staaten war lange Zeit nur eine Kette von englischen Handelskontoren an der atlantischen Küste des Kontinentes. Dieser Raum war geistig an England gebunden, hatte keine eigene

Politik und ist daher ein rein kommerzielles Unternehmen geblieben. Das hat sich erst grundlegend geändert, als die Pilgrim-Fathers, also die Puritaner, an der Küste von Massachusetts landeten und dorthin ihre Träume brachten. Die Lehre der Puritaner fußte fast ausschließlich auf dem Alten Testament und den Lehren von Jean Calvin. Sie hatten eine besondere Ideologie, die sich übrigens auch heute noch in der biblischen Orientierung der amerikanischen Politik finden lässt. So hat man im 18. und 19. Jahrhundert den »American Way of Life« betrachtet, der sich, von den Staaten Neuenglands ausgehend, auf dem Kontinent, im Kampfe gegen Spanier und Franzosen beziehungsweise die Ureinwohner, die Indianer, entwickelt hat.

Wegen seinem Vorgehen gegen Letztere wird Amerika oftmals kritisiert, weil furchtbare Maßnahmen ergriffen wurden, die in gewissen Teilen der USA auch heute noch Nachwirkungen haben. Bezeichnend ist, dass die Indianerkriege vielfach durch das Vorgehen der Israeliten gegen verschiedene Völkerschaften, wie die Jebussiter und Amalekiter, erklärt wurden. Man braucht hier nur gewisse geschichtliche Texte aus der Heiligen Schrift zu lesen, um zu erkennen, was damals die Auffassung war, die man dann auf die Eroberung der indianischen Gebiete und die Ausrottung der Rothäute im Norden Amerikas übertragen hat.

Interessant ist hierbei zu bemerken, dass die sogenannte »Schwarze Legende« gegen die Spanier auch den Gedanken eines Kulturkampfes schuf. Im nördlichen Teil des amerikanischen Kontinentes galt das Wort »Nur ein toter Indianer ist ein guter Indianer«. Im südlichen Teil demgegenüber gab es Menschen, wie Bartolomeo de las Casas und andere, die harte Kämpfe gegen gewisse Conquistadoren durchzuführen hatten, von denen einige sich abscheulicher Verbrechen schuldig machten. Es gab aber stets einen Widerstand von religiöser Seite gegen diese Vorgangsweise, nicht zuletzt in den Tagen von Philipp II. Man hat dabei nur zu oft in der modernen Geschichtsschreibung nicht zur Kenntnis genommen, welche sozialen Gesetze der Sohn Karls V. und sein Nachfolger erlassen haben. Für die Indianer gab es den Achtstundentag, das Verbot der Kinderarbeit und gesicherten Urlaub. Wenn dieser oftmals nicht durchgeführt wurde, ist das vor allem darauf zurückzuführen, dass die Verbindungen zwischen der alten und der neuen Welt langsam und unsicher waren, sodass die Kontrolle der Herrscher Spaniens jenseits der Meere nur schlecht funktionierte. Aber hier gab es zumindest einen Willen, den man im Norden des amerikanischen Kontinentes nicht finden konnte. Dort ist aus der Tradition der Puritaner, die auch heute noch in den führenden Schichten der Vereinigten Staaten und in gewissen ideologischen Äußerungen ihrer Schulen ihren Niederschlag findet, eines der Elemente der Politik der USA entstanden. Man sollte hier jetzt nicht, wie es allzu viele in Europa tun, auf die Amerikaner Steine werfen. Auch wir haben Fehler, die wahrscheinlich genauso groß sind wie diejenigen unserer Nachbarn jenseits des Meeres. Europa hat aber derzeit nicht die gleichen Mittel zur Verfügung wie die USA, deren Fehler zwangsläufig weltweite Folgen haben.

Das gilt auch für den Begriff des »Krieges der Kulturen« und die Politik von Großmächten. Es erklärt die Verhaltensweise gewisser Völker, wobei die Spanier, die in der westlichen Welt und gegenüber den islamischen Ländern eine große Rolle spielten, von der Religion beeinflusst waren. Sie waren weniger kommerziell als missionarisch orientiert. Dazu kommt, dass zwischen der islamischen Welt und dem Europa, das großteils durch spanische Gedanken beeinflusst wurde, während England weitgehend durch amerikanische Ideen bestimmt war, alte materielle Kontakte bestanden. Man soll nicht vergessen, welche fruchtbare Zusammenarbeit der drei Religionen es im Kalifat von Córdoba gegeben hat, alles Traditionen, die sich auch heute noch in der spanischen Kultur niederschlagen. Mit anderen Worten: In Europa ist der Gedanke des Kulturkampfes absolut nicht der gleiche wie bei den Amerikanern. Das sollte nicht zur Verurteilung der Amerikaner, wohl aber zum Verständnis ihrer Politik führen und gleichzeitig zu jener Haltung von Seiten der Europäer, die langfristig dem internationalen Frieden dienen kann. Wichtig ist nicht so sehr der Unterschied zwischen den Völkern als deren innere Einstellung und geschichtliche Motivierung. Dass es hier die Amerikaner schwerer haben als die Europäer, ist nicht erstaunlich. Das sollte ein Argument sein, warum sich Europa schnell einigen muss, um auch in den internationalen Beziehungen jenes größere Gewicht zu haben, dessen Fehlen heute die geschichtliche Entwicklung gefährlich belastet.

Kapitel IX

Realitätsbezogene Kontinente und Mini-Staaten

Neue Kontinente

Es ist eine alte Erfahrung der Politik, dass eines der wichtigsten Elemente richtiger Planung die genaue Kenntnis von Geschichte und Geographie ist. Beide sind gleichermaßen wichtig, denn die Vergangenheit zeigt uns, was war. Im Allgemeinen ändern sich viele Dinge weit weniger als man glaubt. Dabei ist der Mensch eines der am wenigsten wandelbaren Elemente der Schöpfung. Geographie wiederum bestimmt weitgehend die Bewegungen und Überlegungen der Menschen, sogar im Atomzeitalter.

In unseren Tagen haben sich Grenzen, die von den Großmächten in den Jahren 1918/19 in den Pariser Vorortverträgen und 1945 in Jalta gezogen wurden, weitgehend verändert. Am Ende des Zweiten Weltkrieges hatten wir ungefähr 80 Staaten in der Welt. Heute sind es bereits über 190, zumindest in den Karteien und Ämtern der UNO.

Die staatlichen Grenzen lassen sich verschieben, aber die Realitäten der Geographie bleiben. Letztere sollten daher bei allen politischen Entscheidungen ernstlich miteinbezogen werden. Wenn man allerdings gewisse Entscheidungen angeblicher Staatsmänner vor Augen hat, kann man dem Eindruck nicht entgehen, dass sie nur selten einen Blick auf die Karte werfen. Deshalb besteht oft die große Gefahr, dass man zu Fehlurteilen kommt, weil man gewisse wesentliche Punkte außer Acht lässt.

Das gilt nicht zuletzt für den Begriff der »Kontinente«. Das heutige Verständnis der Kontinente wurde in der Zeit des Fußpfades und des Segelschiffes entwickelt und hat sich seither kaum geändert. Dass dies zu falschen Urteilen führen kann, ist klar.

Da ist zum Beispiel die Tatsache, dass wir noch immer von Afrika oder dem »Schwarzen Kontinent« sprechen, obwohl dies der Wahrheit nicht entspricht. Es ist ein Fehler als nördliche Grenze Afrikas das Mittelmeer zu benennen, weil es auf diesem Kontinent eine weit bedeutendere Trennungslinie gibt, ein Binnenmeer aus Sand und ohne Wasser, die Sahara. Schwarzafrika, das sich kulturell, aber auch politisch südlich der Sahara entwickelt hat, darf man nicht in denselben Topf werfen mit den Staaten der Mittelmeerküsten, Marokko, Algerien, Tunesien, Libyen und Ägypten, die historisch und kulturell zur Gemeinschaft der Anrainer des Mittelmeeres gehören. Die Geschichte zeigt, dass dieses Meer weit häufiger eine Drehscheibe Europas war als eine Grenze. Das haben politische Denker vergangener Zeiten, wie etwa Isabella die Katholische nach dem Fall von Granada ausgedrückt, als sie von dem Zusammenhang zwischen Europa und den nach heutiger realitätsferner Sprache als zu »Nordafrika« gehörigen Völkern sprach.

Nicht weniger typisch ist in der neuen Welt der Begriff »Amerika«, wobei man Nord- und Südamerika verbindet, obwohl dies historisch, kulturell, aber auch geographisch zwei verschiedene Erdteile sind. Interessant ist, dass man heute wohl im Norden des amerikanischen Kontinentes eine Gemeinschaft, die NAFTA, geschaffen hat, während im südlichen Teil die Bestrebung besteht, den sogenannten MERCOSUR als Gemeinschaft der Südamerikanischen Staaten auszubauen. Es ist wahr, dass die NAFTA-Staaten, vor allem deren Führungsmacht, die USA, versucht sind, den Kontinent zusammenzulegen, weil für Washington Südamerika wirtschaftlich mehr als Kolonie, denn als gleichberechtigter Partner, angesehen wird.

Schließlich ist der größte Erdteil Asien, ein rein künstlich-theoretischer begrifflicher Zusammenschluss. Allein schon die Tatsache, dass Indien, Korea, aber auch Palästina zu Asien gehören, zeigt, dass es sich hier weder um eine historische noch um eine kulturelle Gemeinschaft handelt. Es bestehen ganz unterschiedliche Interessen und verschiedene Orientierungen. Der Begriff Asien bezeichnet also keineswegs eine Realität.

Trotzdem wird immer wieder von Kontinenten gesprochen, die im praktischen Leben tatsächlich nicht bestehen. Daher wäre es politisch geboten, die geographische Aufteilung der Welt neu zu überlegen, mit dem Ziel, eine zumindest gedanklich vertretbare Neuordnung zu schaffen. Dies müsste dann weiter in der Planung auch des Geographieunterrichtes seinen Ausdruck finden. Will man eine sachbezogene Lösung herbeiführen, wäre es notwendig, eine Arbeitsgemeinschaft von Geographen, Nationalökonomen und politischen Historikern zu schaffen, um eine den Tatsachen entsprechende Ordnung und Benennung der Kontinente vorzuschlagen. Dies würde erlauben, dass auch die Politiker mit einer neuen Karte arbeiten und damit die Fähigkeit erhielten, die Überlegungen der Geographie in die praktischen Handlungen der Planer einzubringen. Das wäre schon bei den größeren Ereignissen des vergangenen Jahrhunderts notwendig gewesen. Jetzt ist es an der Zeit, sich ernstlich mit diesem Problem zu befassen, in der Erkenntnis, dass eine realistische Geographie für alle Völker, aber ganz besonders für deren verantwortliche Leiter, nützlich wäre.

Indien

Die Entwicklung in Indien auf wirtschaftlichem und daher auch auf politischem Gebiet wird immer dynamischer, wie es die massive Zuwanderung indischer Wissenschaftler in gewisse europäische Länder zeigt. Wer die Gelegenheit hat, Indien zu besuchen, wird zutiefst beeindruckt sein, was sich in diesem früher so verschlafenen Land abspielt. Daher die Frage, welches die wesentlichsten Gründe dieser Entwicklung sind, die bisher im Westen viel zu wenig beachtet wurden. Indien wird in Kürze das bevölkerungsreichste Land sein, weil China aufgrund seiner Ein-Kind-Politik zurückbleibt und einer massiven Überalterung – sowie einem fatalen Überhang an Männern – entgegengeht. In Indien dagegen gibt es viele Kinder. Dabei nimmt das politische Gewicht von Indien ständig zu. Dazu kommt die Möglichkeit eines Friedens zwischen Indien und Pakistan.

Allzu wenig wurde im Westen die lokale Entwicklung in Indien und in Pakistan beobachtet. Die aristokratischen Führer Indiens und in einem gewissen Maße Pakistans, also die Maharadschas unter den Hindus und die Nawabs bei der muslimischen Bevölkerung, die seinerzeit unter dem Regime von Pandit Nehru ausgegrenzt waren, scheinen derzeit auf einer breiten Ebene die politische Macht zurückzugewinnen. Das ist wahrscheinlich erst der Beginn einer Entwicklung. In zahlreichen Gemeinden des Subkontinentes, aber auch in den Teilstaaten Indiens sind mehrere Hundert Mitglieder der Maharadscha- bzw. Nawab-Familien in die Politik eingestiegen und dort relativ schnell auf demokratischem Weg in bedeutende Stellungen aufgestiegen. Diese Familien verstehen sich untereinander relativ gut und obwohl sie in den verschiedenen Parteien des Subkontinentes wirken, von rechts bis links, haben sie trotzdem auch Querverbindungen zueinander, die ihre Aktion stärken. Das gilt übrigens für die Länderparlamente und die Bundesregierung. Von diesen adeligen Familien befinden sich etwa zwanzig Mitglieder bereits in Neu Delhi in wichtigen Positionen, teils auf dem Weg über die Verwaltung, teils über demokratische Wahlen.

Auch in der Wirtschaft ist dies nicht mehr zu übersehen. Der Hintergrund dieser Entwicklung ist, dass viele adelige Familien in Indien ihre jungen Leute zur Erziehung an die besten Schulen Englands schicken. Sie sind dort vielfach recht beliebt und schaffen sich bedeutende gesellschaftliche Kontakte mit den Führungsschichten Englands. Da die meisten indischen Fürstenfamilien passionierte Reiter und Jäger sind, gibt es dadurch noch eine zusätzliche Verbindung nach England, die nicht zu unterschätzen ist. Meist kommen diese jungen Leute zurück nach Indien und gehen entweder in die Politik oder in die Wirtschaft und erreichen dort durch die Ausbildung, die sie in England genossen haben, relativ schnell höhere Stellungen.

Seinerzeit hatte Pandit Nehru versucht, die Macht des Adels zu brechen, indem er ihnen ihre großen Landgüter weggenommen hat. Heute darf eine Person in Indien nur noch hundert Hektar besitzen. Dabei wurde nicht ins Auge gefasst, dass in Indien das Sammeln von Edelsteinen und Edelmetallen eine Tradition ist und dass daher die Familien in ihrer großen Mehrheit, trotz des Verlustes ihrer Landgüter, weiterhin ein bedeutendes Vermögen haben. Sie haben dieses Vermögen großteils in Wirtschaftsunternehmen investiert, wodurch sie auch in Handel und Industrie eine große Bedeutung erhielten.

Ein gewaltiger Vorteil für diese Familien, die in die Wirtschaft gehen oder in der Politik eine Rolle spielen, sind die internationalen Kontakte, die sie weiter pflegen. Sie sprechen meist mehrere Sprachen und fallen überall durch ihre gute Erziehung auf.

Hier ist ein sehr interessanter Unterschied zwischen jungen Indern, die nach Amerika gehen und die nicht aus den Adelsfamilien stammen, und den Adeligen, die ihre Erziehung in Europa genießen. Die Inder, die in Amerika studieren, assimilieren relativ schnell den amerikanischen Stil, der bei den Asiaten nicht gut ankommt. Ihnen werden schlechte Manieren vorgeworfen, sodass in Indien und auch in Pakistan diese von Amerika heimgekommenen, technisch zweifellos gut ausgebildeten Menschen nur geringe Chancen haben, hoch zu kommen. Sie erreichen zwar in gewissen Organisationen gut bezahlte Posten, aber in den Betrieben sind sie meist nicht sehr beliebt. Während die jungen Inder aus der Aristokratie in Europa erzogen werden und daher viele Sprachen lernen, sind diejenigen, die nach Amerika gehen, ein- oder höchstens zweisprachig, sodass sie in den Betrieben, die mit Außenhandel zu tun haben – und das ist ein bedeutender Teil –, nicht so aufgenommen werden wie diejenigen, die vielsprachig sind.

Die jungen Pakistani aus den adeligen Familien, also aus den Nawab-Familien, gehen großteils auch nach England, lernen aber dort oftmals das militärische Handwerk und spielen daher nach ihrer Rückkehr eine bedeutende Rolle in der pakistanischen Armee. Allerdings gibt es auch viele Pakistani, die in die Wirtschaft gehen, unter genau den gleichen Bedingungen wie die jungen Inder.

Sehr interessant ist auch die politische Orientierung dieser neuen Schicht, die überall nach größerem Einfluss strebt. Sie sind nicht mehr, wie die vorhergehende Generation, durch die Konflikte zwischen Indien und Pakistan geprägt. Sie fühlen sich wenigstens in der Mehrheit als Teil des Subkontinentes und sind daher bestrebt, für den Frieden zwischen Indien und Pakistan zu arbeiten. In Konversationen mit führenden Politikern Indiens wird die Gefahr eines Konfliktes in Kaschmir nicht mehr sehr hoch eingeschätzt. Möglicherweise besteht die Hoffnung einer Einigung über den Kaschmir, wenn auch vielleicht nicht in ganz naher Zukunft, solange die Alten noch an den Schalthebeln der Macht sitzen. Das würde die Beziehungen zwischen Indien und Pakistan grundlegend verändern. Es gäbe eine echte Freundschaft im Gegensatz zu den früheren Zeiten. Bei dieser Aussöhnung spielen die Nawab-Familien, die in Indien geblieben sind, und die eine Weile große Schwierigkeiten hatten, sich aber durch ihren Arbeitseifer und durch ihr Wissen durchgesetzt haben, eine wichtige Rolle.

Das derzeitige Staatsoberhaupt von Pakistan, General Pervez Musharraf, hat sich bereits stark in diese Richtung orientiert und kann daher möglicherweise eine größere Rolle in der Zukunft spielen. Das erklärt die Tatsache, dass die Armee, die sehr stark pakistanisch-patriotisch ist, sich in der kritischen Zeit mit Musharraf solidarisierte. Da dieser offensichtlich einen Frieden mit Indien will und außerdem sehr viele Freundschaften in Indien genießt, ist das auch ein Baustein für eine Friedensordnung auf dem Subkontinent.

All das ist heute noch im Frühstadium der Entwicklung. Es hat aber Gewicht und könnte auf die Außenpolitik Indiens und Pakistans nicht nur in den gegenseitigen Beziehungen, sondern auch in der Einstellung gegenüber Europa eine starke Auswirkung haben. Die junge Generation, besonders auch in der Politik, bejaht nicht mehr die pro-russische Orientierung der früheren Zeit. Sie denkt immer mehr in der Richtung einer intimen Beziehung zu Europa und einer mäßigen Freundschaft mit den Vereinigten Staaten. Das gilt vor allem für Pakistan, das zwar im Kampf gegen den islamischen Extremismus die Vereinigten Staaten unterstützt, aber über diese Politik nicht unbedingt glücklich ist.

Gewiss wird sich diese Entwicklung in der Politik wie in der Wirtschaft erst schrittweise über die Jahre auswirken. Sie ist aber ebenso vom politischen wie vom wirtschaftlichen Gesichtspunkt her für Europa von größter Wichtigkeit und wird, falls Europa politisch handlungsunfähig wird, möglicherweise dazu führen, dass sich das Gleichgewicht der Macht in der Welt langsam verändern kann.

Pakistan

In den Massenmedien Europas dauert die systematische Verurteilung Pakistans an, während die unleugbaren Fortschritte in diesem Land fast gänzlich verschwiegen werden. Pakistan wird vorgeworfen, atomare Waffen entwickelt zu haben. Das stimmt. Darüber darf man aber nicht vergessen, dass es Indien war, das mit der nuklearen Aufrüstung begonnen hat. Da Indien zu jenen Staaten gehört, die sich im Allgemeinen internationaler Popularität erfreuen, wurde niemals viel Aufsehen über die Rüstungsprogramme von Delhi gemacht. Als allerdings Pakistan, das durch Indien direkt bedroht sein könnte, ebenfalls Nuklearwaffen entwickelt hat, wurde publizistisch scharf geschossen.

Dabei muss man sich darüber im Klaren sein, wie sich die Spannung zwischen den beiden großen Staaten des Subkontinentes über das Problem von Kaschmir entwickelt hat. Als die englische Herrschaft im Subkontinent beendet wurde, hatte Lord Mountbatten, damals britischer Vizekönig, gewisse Grundsätze für die Verteilung der Gebiete zwischen Pakistan und Indien aufgestellt. Teilweise sollte der Wille der Bevölkerung, teilweise aber auch die Beschlüsse der Herrscher, also der Maharadschas, in der Entscheidung berücksichtigt werden. In Kaschmir ist die Bevölkerung überwiegend islamisch, aber der Maharadscha, eine schwache und korrupte Figur, war ein Hindu. Im Süden, in Haiderabad, war die Lage umgekehrt. Über eine Hindu-Bevölkerung herrschte ein muslimischer Nawab, der Nizam. England hat dort zwei Maße und Gewichte angewandt: Haiderabad sollte nach der Zahl der Bevölkerung zu Indien gehen; Kaschmir wurde auf Grund des Willens des Herrschers Indien zugesprochen. Diese Ungerechtigkeit und die brutale Unterdrückung der muslimischen Bevölkerung in Kaschmir wurden einfach übersehen. Vor allem war das darauf zurückzuführen, dass der Inder Pandit Nehru, der Liebling aller politischen Kräfte der Linken, forderte, Kaschmir müsse zu Indien kommen, denn dort sei er auf die Welt gekommen. Die Kaschmiri-Bevölkerung hat sich immer gegen diesen Beschluss gewehrt. Die so genannte Weltmeinung demgegenüber stand auf der Seite Indiens und hat bewusst die Tatsachen verschwiegen.

In dem großen Konflikt zwischen Freiheit und Kommunismus stand Indien fast immer auf der Seite Russlands. Das war der Fall in den internationalen Konferenzen, aber auch im Krieg um Afghanistan. Damals hat Pakistan im Einvernehmen mit den Vereinigten Staaten die afghanischen Freiheitskämpfer gegen Russland unterstützt, was bei Indien nicht der Fall war.

In der Beurteilung der politischen Kräfte durch den Westen übersieht man auf dem indischen Subkontinent den totalitär-diktatorischen Charakter der Kommunisten, verdächtigt aber jede religiöse islamische Bewegung sofort des Totalitarismus. Das gilt speziell für die Haltung der amerikanischen Massenmedien.

Wirtschaftlich hat sich Pakistan, obwohl es weniger Hilfe von außen erhalten hat, wesentlich stärker entwickelt als sein Nachbar. Zuletzt stieg das Wirtschaftswachstum auf 5,1 Prozent. Die Landwirtschaft hat sich ziemlich erholt mit einer

Produktionssteigerung von vier Prozent im Jahr. Auch die Exporte Pakistans haben in jüngster Zeit zugenommen. Mit anderen Worten: Die pakistanische Wirtschaft ist keineswegs ungesund, obwohl man immer wieder in den Massenmedien zu lesen bekommt, dass sie nicht funktioniere. Natürlich gibt es in Pakistan Fälle von Korruption, aber nur diese nimmt man zur Kenntnis, nicht jedoch die Zustände in Indien.

Viele Medien unterstreichen, dass heute die führende Persönlichkeit Pakistans ein General ist, Pervez Musharraf. Man darf aber nicht vergessen, dass unter General Musharraf die Entwicklung zur örtlichen Demokratie weiter gegangen ist. Gewiss, Pakistan ist nicht die Schweiz, nur darf man fragen, ob denn wirklich das heutige russische System unter Wladimir Putin so demokratisch ist, dass man ihm ein solches Wertesiegel geben kann. In Pakistan funktioniert heute die Rechtsordnung im Allgemeinen zufriedenstellend. Es gibt im großen Land Ausschreitungen, aber die Regierung tut alles, um diese zu verhindern, beziehungsweise zu bestrafen.

Schließlich sollte man nicht vergessen, dass dieses Land mit seinen 140 Millionen Muslimen sich in der Krise der jüngeren Zeit für die westliche Seite eingesetzt hat. Das war für General Musharraf sehr schwierig, aber er hat es getan, weil er für die internationale Ordnung eintritt und den Terrorismus nicht fördert.

Das alles sollte man sich vor Augen halten, wenn man über Pakistan im Westen zu Gerichte sitzt.

Die ganz Kleinen

In der Europäischen Union gibt es eine ständige Diskussion, die aber kaum je in eine breitere Öffentlichkeit dringt. Es geht um die Frage, ob die ganz kleinen Staaten, die nach Ansicht mancher Bürokraten ein Relikt der Geschichte sind, überhaupt noch ein Recht auf eine Rolle und auf eine Existenz haben. Dabei ist festzustellen, dass die Bürokratie, oftmals im Gegensatz zur Politik, im Stillen immer die Großen gegenüber den Kleinen unterstützt. Es passt einfach in das Beamtenhirn nicht hinein, dass es heute noch kleine Staaten gibt, die aber die vollen Rechte eines souveränen Staates beanspruchen. Dabei hat die Bürokratie in der Regel wenig Respekt für geschichtliche Rechte, die oftmals durch Jahrhunderte erhalten worden sind. Es zeigt sich immer wieder, wie sehr sich in diesen kleinen Staaten ein Eigenleben und insbesondere ein Stolz auf die eigene Geschichte entwickelt hat. In Europa haben wir deren drei ganz kleine, nämlich San Marino, Andorra und Monaco, während es einige Staaten gibt, die wohl noch als Kleinstaaten zählen, die aber nicht ganz in das Schema der Winzlinge hineinpassen, nämlich Liechtenstein und Malta. Was diese Letzteren betrifft, ist es ein glücklicher Umstand, dass Malta bereits Vollmitglied der Europäischen Union ist. Liechtenstein auf der anderen Seite hat mit großen Schwierigkeiten zu kämpfen, da die wirtschaftliche und finanzielle Rolle des Kleinstaates wohl, wie man an Ort und Stelle feststellen kann, tatsächlich vielen fortschrittlichen Betrieben eine Heimat gegeben hat, dies aber nicht in das Weltbild des Beamtentums passt.

Gegen diese ganz kleinen Staaten wird eine scharfe Propaganda geführt, indem man ihnen den Vorwurf macht, sie seien Steueroasen. Auf diesen Angriff hat der Fürst von Liechtenstein einmal geantwortet, dass es Oasen nur in Wüsten gebe. Das hat damals seine Kritiker zum Stillschweigen gebracht. Es ist nicht zu leugnen, dass viele Europäer gerne in diesen Kleinstaaten leben möchten. Man kann z. B. bezüglich Liechtenstein feststellen, dass es noch vor dem Zweiten Weltkrieg wohl schwierig war, die Staatsbürgerschaft zu erhalten, diese aber durch die Gemeinderäte gegeben wurde. Heute ist es fast unmöglich, Bürger von Liechtenstein zu werden, so stark ist der Andrang. Das beweist, dass viele Menschen die friedliche Atmosphäre, die Schönheit und die Ruhe in den Mini-Staaten schätzen.

Monaco ist eine uralte Monarchie des Hauses Grimaldi, die seinerzeit in den Kriegen, speziell zwischen Bourbon und Habsburg, eine nicht unbedeutende Rolle gespielt hat. In diesem Sinn ist das Archiv des Hauses Grimaldi von großem Interesse, speziell für die Zeit der Kriege zwischen Karl V. und den Franzosen. Damals gab es für den Kaiser das Problem, dass zwischen Spanien und den italienischen Gebieten der Habsburger keine Verbindung zu Land bestand. Man musste daher den Seeweg wählen. Das hat jedes der Schiffe, die aus dem Hafen in Katalonien nach Italien ausliefen, immer dem Risiko nicht nur von Seiten der damals noch zahlreichen Seeräuber ausgesetzt, sondern auch den Franzosen die Möglichkeit gegeben, die habsburgischen Schiffe aufzubringen. Damals konnte man die Distanz zwischen Spanien und Italien in der Regel nicht in einem Tag zurücklegen. Hier war es der Hafen des Hauses Grimaldi, also Monaco, der für den Schiffsverkehr von entscheidender Bedeutung war. Damals gab es noch keine Landverbindung entlang dem Meeresufer, die erst im 19. Jahrhundert geschaffen wurde, sodass die Verbindung von Spanien zum Hafen von Monaco führen musste, wo man dann die notwendigen Produkte laden konnte, um nach Italien weiterzufahren. Monaco war damit fast eine Art Insel, denn die Berge hinter der Stadt waren hoch und hatten tiefe Abgründe bis zum Rand des Meeres. Daher war damals strategisch Monaco eine der wichtigsten Stellungen, die fast uneinnehmbar war.

Für Monaco war es nicht immer leicht, seine wahre Natur zu zeigen, nicht zuletzt, weil nur zu oft die Pariser Bürokratie bestrebt war, das kleine Land von der Landkarte zu streichen. Es wurde schwerem Druck ausgesetzt und gezwungen, so manches seiner Rechte aufzugeben. Das geschah in den Jahren nach 1940, da Monaco versuchte, Flüchtlingen Asyl vor der hitlerischen Unterdrückung zu gewähren, was leider nur in den seltensten Fällen gelang.

Das gab Paris den Vorwand, gegen manche Elemente der monegassischen Souveränität vorzugehen. Wenn dies weitgehend nicht gelang, war das auf General de Gaulles Verständnis für das Wesen Europas und auf die Geschicklichkeit von Ministerpräsident Victor Wittasse, einem Franzosen und Helden der Widerstandsbewegung, zurückzuführen. Auch wurde die Freiheit Monacos durch die glückliche Ehe des Chefs des Hauses Grimaldi mit der weltberühmten Schauspielerin Grace Kelly, die durch ihr beispielgebendes christliches Leben und ihren unermüdlichen Einsatz in ihrer Aufgabe als Gemahlin des Staatsoberhauptes mit Recht allgemeine Hochachtung errang. Nach deren tragischem Tod haben ihr Gemahl sowie ihre Tochter Caroline und ihr Sohn Albert ihr Werk, insbesondere das internationale Kinderhilfswerk AMADE, erfolgreich fortgesetzt.

San Marino wiederum hatte keinen Zugang zum Meer, war eine kleine Bauernrepublik auf einem hohen Berg, nicht weit von Rimini, mit einer traditionellen demokratischen Verfassung, die stark an die Urverfassungen der Schweiz erinnerte. Was die Führung von San Marino charakterisierte, war eine ziemlich klare politische Orientierung. Sie waren wohl nicht neutral, aber restlos unabhängig, indem sie sich auf ihr eigenes Gebiet beschränkten. Noch in den napoleonischen Kriegen hatte Napoleon San Marino ein Gebiet angeboten, das ihm den Zutritt zum Meer gestattet hätte. Der Rat hat das damals klugerweise abgelehnt, was zur Folge hatte, dass San Marino selbstverständlich das Recht hatte, am Wiener Kongress teilzunehmen. Es ist auch bezeichnend, dass im Zweiten Weltkrieg San Marino, das auf allen Seiten von italienischen Gebieten umgeben war, eine gewisse Unabhängigkeit gegenüber der faschistischen Macht bewahren konnte.

Andorra schließlich, an der Grenze zwischen Spanien und Frankreich, ist noch immer ein typisches Relikt des Mittelalters. Es hat zwei Prinzen, nämlich den Bischof von Seo de Urgel auf der spanischen Seite und das Staatsoberhaupt Frankreichs in der Nachfolge der Grafen von Foix auf der anderen. Es hat, wie alle ganz kleinen Staaten, auch wirtschaftlich eine ziemliche innere Unabhängigkeit, wobei Andorra von den ganz Kleinen der relativ größte Staat ist. Er hat noch immer uralte Gesetze, gegen die sich die Bevölkerung jetzt ziemlich stark wehrt. Auch hier, wie bei den anderen beiden Kleinstaaten, ist der Andrang der Ausländer, die in Andorra die Staatsbürgerschaft erreichen wollen, groß. Das geht in der Regel nicht. Wenn man Andorra betrachtet, ist es interessant, festzustellen, dass die Gründung des Herzogtums auf Karl den Großen zurück geht und es das einzige Land ist, in dem Katalanisch die amtliche Sprache ist.

Jeder der drei Kleinstaaten hat sich sehr gut entwickelt, sichert seinen Bürgern im Allgemeinen ein reichlich gutes Leben und leistet außerdem – hier insbesondere Monaco und San Marino – viel auf wissenschaftlichem Gebiet. Es wird übrigens von Andorra angenommen, dass sehr bald etwas Ähnliches geschehen wird. Wenn man daher als Prinzip hat, dass der Staat für die Bevölkerung geschaffen ist und nicht die Bevölkerung für den Staat, muss man sagen, dass diese drei kleinen Staaten nicht nur durch ihre Entwicklung, sondern auch durch den Standard, den sie ihrer eigenen Bevölkerung geben, dem Begriff eines legitimen Landes entsprechen. Auch ist ihre lange historische Dauer der beste Beweis, dass es sich hier um natürliche Einheiten handelt, die man nicht auf dem Altar einer unverständigen Bürokratie opfern darf.

Trotzdem ist heute festzustellen, dass der bürokratische Druck auf die drei ganz kleinen Staaten, aber auch auf Liechtenstein und Malta weitergeht, weil sie durch ihre reine Existenz der gleichmacherischen These der Bürokratie widersprechen, kleine Staaten seien nicht lebensfähig.

Es muss im Interesse Europas liegen, diese Kleinstaaten zu erhalten. Wohl ist es möglich, sie wirtschaftlich zu ruinieren, aber, was ihre geistige Seite betrifft und was die politischen Erfolge im praktischen Leben der Bürger bedeuten, so würde das Verschwinden dieser kleinen Einheiten einen wirklichen Verlust für Europa bedeuten.

Es ist durchaus denkbar, dass es den kleinen Staaten gelingen kann, ein Abkommen zu erhalten, damit sie gemeinsam gegenüber den Autoritäten der Europäischen Union auftreten und sich einen Status erkämpfen können, der ihr Überleben garantiert. Natürlich bestehen auch in den Kleinststaaten dagegen Widerstände, aber auf der anderen Seite würde eine solche Lösung ihnen das Recht geben, an den Entscheidungen in der Europäischen Union teilzunehmen, daher ihre legitimen Interessen besser zu vertreten, als es bisher der Fall war und außerdem für Europa jene kleinen Oasen zu erhalten, die auch für die Zukunft als Zentrum des Wissens und der Kultur von Bedeutung sein werden. Europa hat kein Interesse daran, in unserer Zeit die sinnvollen Verschiedenheiten abzuschaffen. Europas Erfolg war immer seine Vielfalt, denn diese ist das Fundament der europäischen Kultur. Um wieder den Vergleich mit der Musik zu machen: Ein Musikstück, das nur mit einem Instrument gespielt wird, ist langweilig. Der Reichtum der Musik beruht auf der Vielfalt der Instrumente. In der Politik ist es nicht anders. Die Kleinen und die ganz Kleinen müssen erhalten bleiben. Sie sind etwas Schönes, etwas Historisches, das gleichzeitig für die Bürger dieser Kleinstaaten gut ist.

Man sollte sich in diesem Zusammenhang an das Beispiel der kleinen Fürstentümer im Heiligen Römischen Reich Deutscher Nation erinnern. Wenn man heute in die großen, zentralisierten Staaten reist, wird man finden, dass die Orte Gedenktafeln haben über die großen Menschen, die hier geboren sind. In Frankreich wird man immer finden: der und jener »… geboren in diesem Ort – gestorben in Paris«. Die großen Hauptstädte der zentralisierten Staaten verurteilen die außen liegenden Gebiete zu einer Unterentwicklung. Sieht man sich dagegen Deutschland an, wird man erkennen, dass auf dem kulturellen Gebiet die verschiedenen kleinen Fürstentümer Gewaltiges geleistet haben. Ob Weimar oder Meiningen, oder die verschiedenen Fürstentümer am Rhein – überall ist dort heute ein wesentlich dynamischeres kulturelles Leben als in den großen Städten, die wohl alles an sich ziehen können, aber selbst als Produzenten geistiger Werte nicht immer jene Rolle spielen, die die Kleinen am besten erfüllen können. Nachdem für Europa die kulturelle Entwicklung weiterhin wesentlich ist, wäre es daher für den Erdteil durchaus gegeben, die Kleinstaaten zu erhalten und ihnen auch wirtschaftlich die Möglichkeit zu sichern, dass sie sich weiter aus eigener Kraft entwickeln können. Dies würde für die Mini-Staaten die Möglichkeit mit sich bringen, sich anders als die benachbarten Gebiete zu entwickeln und damit gleichzeitig das Fundament für ein gesundes kulturelles Leben darzustellen.

Kapitel X
Afrika

Die Grenze: Sahara

Es war ein steter Irrtum, dass man in Afrika die Existenz der Nationen nicht zur Kenntnis genommen hat. Dabei ist es eine Tatsache, dass es nicht nur kulturell sehr verschiedene Gebiete in Afrika gibt, sondern dass sie sich auch geographisch bestimmen lassen.

Kulturell gibt es große Unterschiede, wobei man unter den Schwarzen die Äthiopier als etwas Eigenes betrachten muss, während auf der anderen Seite Eritrea und Somalia mit der schwarzen Bevölkerung relativ wenig zu tun haben, nicht zuletzt was die politische Orientierung betrifft. Am allerwichtigsten ist aber, dass es in Afrika ein ganzes Gebiet gibt, den Maghreb, der mediterranen Charakter trägt. Außerdem ist nicht zu übersehen, dass dort auch eine starke römische Tradition besteht, wie sie in den Gebäuden oder Ruinen in Libyen, Algerien, Marokko und Tunesien zu finden ist. Dazu kommt, dass nebst dem hellenischen und römischen Einfluss, der sich heute in Ruinen ausdrückt, es eine große arabische Tradition gab, wobei sich diese auch nicht so weit durchgesetzt hat, wie man im Allgemeinen annimmt. In Marokko, aber noch mehr in Algerien und Libyen, besteht ein großer Unterschied zwischen der arabischen Bevölkerung und den Berbern.

Für Europa ist noch wichtiger, dass der ganze Maghreb, also die Küsten zum Mittelmeer, eine ausgesprochen mediterrane Tradition und Kultur hat. Es gibt in diesen Ländern weit mehr Kontakte nach Europa als nach Süden in die Länder, wo die Schwarzen leben.

Hier ist eine echte Grenze durch die große Wüste der Sahara geschaffen worden, die viel schwieriger zu überschreiten ist als viele Meere. Südlich der Sahara sind die Schwarzen, nördlich der Sahara sind es Berber und Araber, die sich aber weitgehend als mediterrane Völker betrachten. Dazwischen gibt es die Stämme, die in der Wüste leben, wie beispielsweise die Tuareg. Sie sind aber keine staatsbildenden Völker, sie sind heute noch Nomaden und daher weder der einen noch der anderen Seite zuzurechnen.

Man hat seinerzeit Marokko kritisiert, weil es geäußert hatte, es würde gerne in irgendeiner Form der Europäischen Union beitreten. Wenn das auch heute nicht in Frage kommt, muss man trotzdem feststellen, dass das Mittelmeer mehr eine Verbindung als eine Grenze ist und dass daher früher oder später eine Beziehung geschaffen werden muss, die sich wirtschaftlich rechtfertigt, abgesehen davon, dass die Meere in Zukunft noch mehr verbindend wirken werden. Sieht man sich die Krisen in unserem Transportwesen unter dem Wirtschaftsaspekt an, muss man annehmen, dass ein Gutteil des Gütertransportes in Zukunft auf den Wasserwegen erfolgen wird, dass daher die Schifffahrt weit mehr Bedeutung erlangen wird, als dies heute der Fall ist.

Dazu kommt, dass insbesondere von Algerien nach Frankreich eine große Volksbewegung stattgefunden hat. Man schätzt die Zahl der Algerier in Frankreich heute auf ungefähr fünf Millionen Menschen. Das wird in Zukunft große Probleme bringen. Allerdings sind die Algerier noch leichter zu integrieren als die schwarzen Stämme, weil sie kulturell den Europäern näher stehen als die Völker weiter südlich. Die Vorschläge, vor allem von Nicolas Sarkozy, der islamischen Religion in Frankreich eine Rechtstellung zu geben, die ungefähr der anderer größerer Religionen entspricht, werden sich über kurz oder lang durchsetzen. Die Franzosen werden gezwungen sein, eine Politik der Integration einzuleiten, denn eine weitere Spannung mit dem Islam in Frankreich würde ein unerträgliches Risiko bedeuten. Andererseits hat sich die Integration auf gewissen Gebieten, wie dem gemäßigten Islam, vielfach bewährt. Es gibt viele Moslems in der französischen Armee, die sich heute als muslimische Franzosen fühlen. Das gleiche Problem stellt sich auch in anderen Ländern, etwa in Spanien.

Schon heute ist in Frankreich die zweitgrößte Religionsgemeinschaft nach dem Katholizismus der Islam. Es hat sich in Frankreich, wie früher in Bosnien, gezeigt, dass es durchaus möglich ist, eine Form des gemäßigten, man könnte beinahe sagen europäischen Islam zu entwickeln, sodass sich schrittweise die Koexistenz zwischen der europäischen Bevölkerung und den Neueinwanderern aus dem Maghreb durchsetzen wird.

Afrikas Problem

Wenn die Großmächtigen der Welt sich einem Problem gegenüber sehen, das sie schwerlich lösen können und für das sie keine Antwort finden, erklären sie sich bereit, eine Konferenz den Fragen Afrikas zu widmen. Paris und London zeigen ein dauerndes Interesse an dem als »schwarz« bezeichneten Kontinent, weil man dann gegenüber der öffentlichen Meinung, die nicht wirklich gut informiert ist, irgendetwas sagen kann, was die Menschen nicht überfordert.

Afrika ist für die meisten von uns ein Thema, das sehr ferne liegt und daher gerne bei den Konferenzen auf die Tagesordnung gesetzt wird. Es ist außerdem ein Teil unserer Erde, in dem man die eigene Verantwortung abschütteln kann, über den es wenig Informationen gibt, der aber ein

Gebiet für jene Idealisten ist, die gerne dank ihrer Fernstenliebe generöse Lösungen vorschlagen, die meist andere bezahlen müssen und die man im Allgemeinen nur selten in Frage stellt.

Es ist wahr, Afrika ist für Europäer ein peinliches Thema. Diejenigen Staaten Europas, die heute am meisten und am lautesten sprechen – vor allem Frankreich, England und Belgien –, haben in Afrika eine schwere Verantwortung getragen und ihr häufig nicht entsprochen. Natürlich kann man mit Recht antworten, dass gewisse kleinere Probleme gelöst worden sind. Sonst aber hat man stets mit Themen zu kämpfen, für die man die Verantwortung nicht gerne übernehmen möchte. Das sind die Schattenseiten des Kolonialismus und der Sklaverei. Zwar liegen diese Dinge bereits weit in der Vergangenheit, aber die Staaten, die die Sklaverei am spätesten aufgehoben haben, wie die Vereinigten Staaten und Russland, reagieren gerade hier schärfstens.

Die Sklaverei war eines der Geschäfte der Engländer und der Holländer, die wohl in ihrem eigenen Land keine Sklaven mehr hatten, aber am Sklavenhandel Gewaltiges verdient haben, was man das »schwarze Gold« genannt hat. Der größte Konsument der Sklaverei waren zuerst die Vereinigten Staaten von Amerika, dann aber auch gewisse arabische Länder. Dabei ist bezeichnend, dass in der Literatur dieser Länder die Aufhebung der Sklaverei eine große Rolle spielt.

Am wenigsten hört man bei jenen davon, die ihre koloniale Politik auf religiösen Prinzipien aufgebaut haben, wie die Spanier, die Portugiesen und bis zu einem gewissen Grad die Franzosen. Infolge des religiösen Prinzips, dass der Mensch ein Ebenbild Gottes auf Erden ist, sind sie schon früh gegen den Sklavenhandel aufgetreten. Das hilft ihnen allerdings in der internationalen Publizistik wenig. Wer weiß heute in Europa oder in der ganzen weißen Welt von den Sozialgesetzen von Kaiser Karl V. und König Philipp II.? Wer weiß, was die Portugiesen für die Integration der schwarzen Bevölkerung getan haben? Diesbezüglich gibt es gewisse Fakten, die so gut wie niemand kennt, der nicht persönlich an Ort und Stelle war.

So war z. B. der Autor dieses Buches an einem Abend am Rand des Dembuch Waldes im nördlichen Angola in einem der Dörfer nicht weit von der Grenze des Kongo. Zufällig war es ein großer Festtag des Stammes. Am Abend wurde auf dem Hügel neben dem Dorf gefeiert, mit Musik und Tanz und einem schönen Feuer in der Mitte, das umso überflüssiger war, als über der Gegend eine glühende Hitze lag. Die Schwarzen tanzten in einem großen Kreis um das Feuer und in der Mitte stand ein würdiger alter Herr mit einem künstlerisch geschnitzten Stock, der den Tanz dirigierte. Auf einmal brach dieser aus dem Kreis heraus, lief auf den Autor zu, umarmte ihn und bezeichnete ihn als »lieber Vetter«. Er war ein wirklich eindrucksvoller Greis, aber ein »Vetter« war er ganz bestimmt nicht. Erst später erfuhr ich, dass der Alte erfahren hatte, dass meine Großmutter aus dem Hause Bragança in Portugal stammte. Die Schwarzen aber erinnerten sich der Tatsache, dass, als die Portugiesen Angola übernahmen, eine der ersten Bestimmungen des Königs von Portugal war, dass alle Stammeshäuptlinge und Stammeswürdenträger Vettern des Königs von Portugal seien und als solche auch behandelt werden sollten. Er hatte durch einen der Portugiesen erfahren, dass ich als Enkel auch in diese portugiesische Vorschrift gehörte. Diese Maßnahme war seinerzeit im 16. Jahrhundert ergriffen worden. Die Schwarzen weit draußen am Land wussten davon und schätzten dies. Kein Wunder daher, dass sie sich als Portugiesen fühlten und selbstverständlich auch als solche handelten. Sie gaben nicht nur der portugiesischen Armee tapfere Soldaten, sondern der Verwaltung fähige Beamte. In den Wirtshäusern und anderen gemeinschaftlichen Gebäuden existierte keine soziale

Apartheid, ganz im Gegensatz zu dem, was auf belgischem Gebiet oder in Südafrika der Fall war. Man saß ganz selbstverständlich neben einem Schwarzen, man verkehrte mit dem Schwarzen genau wie mit jedem anderen Portugiesen, und daher war auch die Integration in diesen Gebieten ganz anders als dort, wo das System der Apartheid existierte.

Wenn es in Afrika zu ernstlichen Schwierigkeiten gekommen ist, so nicht bei den Portugiesen. Dort wurde der Kampf von außen importiert und nahm niemals jene erbitterte Form an, die andere Länder bei der Dekolonisation erleben mussten, wie etwa Kongo, Sansibar oder Kenia.

Der Grundfehler, der zu den Schwierigkeiten in vielen Ländern führte, war die Tatsache, dass viele Europäer bei ihrer Ankunft die Schwarzen nicht nach ihrer Nationalität beurteilten, sondern samt und sonders in den gleichen Topf warfen. Sie wussten gar nichts von den Unterschieden, die innerhalb der schwarzen Gesellschaft bestehen. Ergebnis waren nicht nur die oftmals absurden Grenzen, die nach rein wirtschaftlichen Überlegungen gezogen wurden, die Bildung von Staaten, die ausschließlich wegen kommerzieller Interessen geschaffen wurden, wie etwa Togo, Dahomey oder Sierra Leone, und schließlich Grenzen, die direkt durch Stammesgebiete schnitten. Dass das zu Spannungen und zu Feindseligkeiten führen musste, war klar. Allerdings wussten die Menschen in der früheren Zeit, schon wegen mangelnder Sprachkenntnisse nicht, dass Schwarzer nicht Schwarzer, wie Weißer nicht Weißer ist, sondern dass es unter den Schwarzen wie unter den Weißen unterschiedliche Nationalitäten und kulturelle Traditionen gibt. In Ruanda z. B. hat man den Unterschied zwischen Hutus und Tutsis nicht gekannt, die wohl jeweils in einem Staat eine gewisse Mehrheit hatten, auf der anderen Seite aber traditionell einander feindlich gesinnt waren. Das musste zu Zusammenstößen führen.

So war es ganz selbstverständlich, dass bei der Botschaft eines europäischen Staates in einem der damals noch kolonialen Gebiete, deren Regierung aber bereits diplomatische Beziehungen aufnehmen konnte, es das Prinzip gab, dass man Personal in der Botschaft nur von einem Stamm nehmen sollte. Ein junger Diplomat erzählte mir, er habe am Anfang selbstverständlich irgend jemand genommen. Wenn einer einem feindlichen Stamm angehörte, legte das gesamte Personal der Botschaft die Arbeit nieder und streikte so lange, bis der Stein des Anstoßes entlassen wurde.

Diese Irrtümer auf menschlicher Ebene haben viel zu den Spannungen in Afrika beigetragen. Der größte Fehler aber war leider die Dekolonisation selbst, als nämlich die künstlichen Staaten, die durch die Unkenntnis der Stammeseigenschaften, die unseren Nationalitäten entsprechen, geschaffen worden waren, als solche in die Freiheit entlassen wurden. Das hat zu vielen überflüssigen Problemen geführt. Man hatte damals die einzigartige Gelegenheit, Fehler der letzten zwei bis drei Jahrhunderte durch die Maßnahme der Dekolonisation gutzumachen. Diese wurde leider versäumt.

Dass die internationalen Organisationen dies nicht verstanden haben und in allzu vielen Fällen eine falsche Politik verfolgten, zeigt sich klar in der Tätigkeit der verschiedenen Dienste, insbesondere der UNO, die in der Regel die meisten Fehler der Kolonialzeit wiederholen, weil sie vor allem aus Berufspolitikern der Entwicklungsländer zusammengesetzt sind.

Hungerbekämpfung durch Konferenzen

Es vergeht fast kein Monat ohne Nachrichten über internationale Konferenzen, die durch die UNO in den verschiedensten Teilen der Welt organisiert werden. Alle möglichen

Themen werden behandelt. Im Allgemeinen ist das Ergebnis recht mager. Es werden Reden gehalten, die man morgen vergisst. Es gibt Krisen, die meist wie das Hornberger Schießen enden. Viele Kongressteilnehmer haben die wunderbare Gelegenheit, Welttourismus auf Kosten der Steuerzahler zu machen.

Bei diesen Konferenzen gibt es Teilnehmer zu Tausenden; dazu kommt eine Vorkonferenz, bei der einige hundert angebliche Sachverständige, in Wirklichkeit Politiker und Funktionäre, das Thema der Plenartage, vor allem aber die Schlussresolution, vorbereiten. Schon die Struktur zeigt, dass es sich hier um Versuche handelt, die nur ausnahmsweise Erfolg haben können.

Dazu kommt, dass bei diesen Konferenzen nicht sachliche Probleme behandelt werden – außer in kleinen Zirkeln von Sachverständigen, die sich gelegentlich im Allgemeinen Lärm noch finden können. Dafür aber gibt man Politikern, vor allem aus Übersee, die Gelegenheit, Reden zu halten, bei denen die Sachkenntnisse äußerst gering sind.

Die Kosten dieser Unternehmen stehen nie zur Diskussion. Allein die Zahl der Konferenzteilnehmer und die langen Reisen, die diese zurücklegen, sind bemerkenswert. Die Ausgaben werden großteils auf verschiedene Haushaltsposten verteilt, sodass alles für den Bürger unübersichtlich wird. Man staunt, wieviel Geld angeblich für Entwicklungshilfe ausgegeben wird, wenige aber fragen sich, ob das nicht vor allem die Folge der neuen UNO-Konferenztechnik ist, bei der jeder Staat mit zahlreichen Delegierten teilnehmen will, welche das Ereignis vor allem als touristisches Vergnügen betrachten.

Man hat, oft mit Recht, die Ausgaben früherer Machthaber kritisiert. Da werden immer Schlösser wie Versailles genannt. Dabei vergisst man, dass hier die Ausgaben auch etwas für die kommenden Generationen gelassen haben.

Was unsere derzeitigen Konferenzen charakterisiert, ist, dass nichts übrig bleibt. So hat seinerzeit der afrikanische Diktator Ahmed Sékou Touré für eine einzige interafrikanische Konferenz in Guinea über 50 Paläste bauen lassen. Das hat dann das Geld der internationalen Organisation aufgefressen. Dazu kamen die Luxusautomobile, die für jede Delegation in mehrfacher Auflage bestellt worden waren.

Dabei könnten Konferenzen zu echten Themen und mit wirklichen Sachverständigen durchaus sinnvoll sein. Das gilt aber nicht für Konferenzen, wie die Anti-Rassismus-Konferenz in Südafrika oder aber jene zahlreichen Umwelt- und Hungerkonferenzen, die wir in letzter Zeit erlebt haben. Jeder weiß, dass bei einer Tagung, bei der die Zahl der Anwesenden in Tausenden gezählt wird, nichts herauskommen kann.

Am ernstesten geht es heute um den Hunger, der in der Welt nicht ab-, sondern zugenommen hat. Die Schuld wird immer den industrialisierten Staaten des Westens zugeschoben. Was immer sie tun mögen, sie werden verantwortlich gemacht, während die anderen Länder, wie auch Russland oder China, Unschuldslämmer sind.

Der Hunger in Afrika ist unleugbar. Allerdings traut man sich nicht, die heutige Lage mit jener, als es noch europäische Regime gegeben hat, zu vergleichen. Man will einfach nicht zugeben, dass der Hunger in der Welt zu einem großen Teil auf Korruption, Stammeskrieg, Wuchern der Bürokratie, Verfall des Rechts und des politischen Ethos und auf allgemeines Chaos zurückzuführen ist.

Ein typisches Beispiel dafür ist das, was sich in Zimbabwe, früher Rhodesien, abspielte. Vor nicht allzu langer Zeit war dieses Land einer der besten Lebensmittelproduzenten Afrikas und hat viele seiner Nachbarn ernährt. Seitdem Diktator Mugabe sein Gewaltregime errichtet hat, ist die Produktivität Zimbabwes katastrophal zurück gegangen. Die

Weißen werden vertrieben, und diejenigen, die mit ihnen zusammen den Aufbau erreicht haben, werden verdächtigt und verfolgt. Angebliche Kriegsveteranen werden mit Boden beschenkt, den sie nicht bearbeiten wollen und können. Eine Hungersnot steht vor der Tür. Mugabe kann noch so viele Scheußlichkeiten tun, die Kritik wird dann immer auf andere Gebiete verwiesen, insbesondere auf die so genannte Apartheid, die in Südafrika beendet sei. Allerdings besteht sie in Wirklichkeit weiter, nur unter anderen Vorzeichen, wie insbesondere in der Form des Stammes-Nepotismus der Machthaber.

Ein bezeichnender Fall ist auch Angola, das früher einer der bedeutendsten Agrarexporteure Afrikas war. Mit dem Ende der portugiesischen Herrschaft ist es zu einem der Armenhäuser der Welt geworden, denn die Regierung in Luanda führt einen Bürgerkrieg, der in Wirklichkeit weitgehend ein Stammeskrieg ist und der praktisch alle Gebiete, die seinerzeit reichlich Güter produziert haben, verwüstet hat.

Für all das gibt es viele weitere Beispiele. Davon aber ist bei den Konferenzen für die Hungerbekämpfung so gut wie niemals die Rede. Man darf das Thema im Rahmen der weltweit herrschenden »political correctness« nicht ansprechen. Die Forschung wird großteils eingeengt. Nur jene Reden dringen in die Massenmedien, die die Europäer für schuldig erklären. Die wirklichen Gründe aber werden verschwiegen. Daher werden am Schluss Resolutionen gefasst, in denen die Buhmänner verurteilt und Ziele gesetzt werden, die in dem gegenwärtigen Chaos unerreichbar sind – worauf man nach einer schönen Weltreise fröhlich nach Hause fährt.

Es wird einfach nicht zugegeben, dass es heute noch die Möglichkeit gäbe, die Bevölkerung zufriedenstellend zu ernähren, wenn es nur nicht jene Korruption und Rechtlosigkeit geben würde, die gerade in den reichsten Entwicklungsländern die Wirtschaft zuerst bremsen und dann in den Verfall führen.

Auch wird niemals gesagt, dass eine der Vorbedingungen jeglichen Fortschrittes die Rechtssicherheit ist. Seitdem diese in vielen Ländern der Welt zurückgeht, ist auch der Hunger vorprogrammiert. Bei den Konferenzen aber, die die UNO organisiert, fehlt es allzu sehr an Objektivität und an echtem Willen, die Lage der Bevölkerung zu verbessern.

Der Maghreb

Wer heute die Gegend nördlich der Sahara besucht, wird bald erkennen, dass die hier lebenden Völker eine mehr oder weniger gemeinsame Geschichte haben. Die Ruinen beweisen, dass die gemeinsame Geschichte eine Realität ist, die tief in den Traditionen und in der Einstellung der Bevölkerung ruht.

Es wurde immer wieder in der europäischen Presse, auch in den einschlägigen Publikationen, mit Erstaunen festgestellt, dass Marokko unter König Hassan den Antrag gestellt hat, in der Europäischen Union, wenn nicht Mitglied, so zumindest assoziiert zu werden. Man hat vielfach die Frage gestellt, wie das denkbar sei, weil allzu wenige Leute wissen, dass z. B. das zentrale Monument von Sevilla in Spanien, die Giralda, genau gleich ist, wie weiter südlich die Coutoubia in Rabat. In Libyen gibt es prachtvolle Monumente aus der römischen Geschichte, während die Tunesier schon vor sehr langer Zeit zwar Seeräuber waren, aber sich danach unglaublich in die europäische Mentalität und Orientierung integriert haben.

Die Staaten des Maghreb sind eben nicht Afrika, sondern stehen den europäischen Staaten nahe. Natürlich gibt es in den Staaten des Maghreb eine andere Religion, als zumindest mehrheitlich in Europa, aber allzu weit ist man dabei voneinander nicht entfernt.

Marokko ist schon heute Europa nahe und könnte ein Brückenbauer werden. Dort ist bis heute der Einfluss des ersten Franzosen, der dort eine gewaltige Rolle gespielt hat, des Lothringers Marschall Lyautéy, zu fühlen. Dieser hat die Marokkaner immer geachtet, ihre Religion niemals beleidigt, sondern immer hochgehalten, wenn auch er selbst ganz offen sein Christentum praktizierte. Wer heute die Gelegenheit hat, Marokko zu besuchen, weiß, wie sehr die Erinnerung an Marschall Lyautéy, an seine Ritterlichkeit und seine innere Verbindung zum Leben der Bevölkerung geschätzt und bewundert wird. Kleinkarierte Politiker Frankreichs haben vor und ganz besonders in der ersten Phase nach dem Zweiten Weltkrieg in Marokko furchtbare Fehler begangen, insbesondere indem sie den von der ganzen Bevölkerung verehrten König Mohammed entthronten und einen anderen Prinzen seiner Familie zum König machten, während sie den legitimen Herrscher in einem schwarzafrikanischen Gebiet internierten. Glücklicherweise machte General de Gaulle, dessen Fahne das Kreuz von Lothringen zierte, all die Fehler gut, die seine Vorgänger auf dem Gewissen hatten, indem er den König zurückberief, die miesen Politiker entmachtete und den Marokkanern jene Achtung zeigte, die bei den Arabern von Bedeutung ist. Im Laufe des Ersten Weltkrieges hatte der Kampf zwischen dem Berberfürsten Moha Ou Hammou und den Franzosen, der in fast mittelalterlicher Ritterlichkeit geführt wurde und Moha Ou Hammou bis heute zu einer der großen Gestalten des Atlas gemacht hat, am Schluss zur Einigung zwischen Frankreich und Marokko beigetragen. Hier traf zu, was General de Gaulle »la paix des braves« nannte, »der Friede der Tapferen«. Man hat sich gegenseitig geachtet und ist somit zu einer Lösung gekommen, in der das Ende der französischen Herrschaft in harmonischer Weise möglich war.

Auf der anderen Seite ist Algerien, in dem es leider keinen Marschall Lyautéy gab, während kleine, versauerte Bürokraten die Bevölkerung schon darum nicht integrieren konnten, weil sie unbedingt aus islamischen Völkern laizistische französische Beamte machen wollten. Ergebnis war, dass die hundertjährige Herrschaft Frankreichs in Algerien in der tragischsten Weise eines erbitterten und grausamen Krieges enden musste. Die großen Schwierigkeiten, die Algerien heute zu erleiden hat, sind auf dieses Unverständnis der französischen Regierungen zurückzuführen, wenn auch andererseits durch die gemeinsame Sprache eine Brücke gebaut wurde, die für die Zukunft von Bedeutung sein kann. Das gilt vor allem für die nahezu fünf Millionen Algerier, die heute in Frankreich leben, dort aber eher ein Sprengstoff als etwas anderes sind. Ihre Integration durch die Anerkennung der islamischen Religion als eine Religion Frankreichs nebst dem mehrheitlichen Katholizismus, wäre der einzige Weg, um Frieden zu finden. Mit anderen Worten: Der Konflikt zwischen Frankreich und Algerien, der immer noch auf beiden Seiten sehr tief sitzt, ist keineswegs unüberbrückbar. Ist man in Frankreich bereit, die klugen Vorschläge, die jetzt auf dem Tisch liegen, anzunehmen, kann es durchaus sein, dass zwischen Frankreich und Algerien schrittweise eine Gemeinschaft geschaffen wird, die beiden Staaten zugute kommen kann. Die Frage ist allerdings, ob man in den führenden Kreisen Frankreichs versteht, dass dies ohne einen neuen Status der Religionen anstelle des gleichmacherischen Laizismus der gegenwärtigen Rechtsordnung von 1905 nicht möglich ist.

Was Tunesien betrifft, sind die gegenseitigen Beziehungen besser geworden. Die Tunesier und Franzosen haben eine innere Ordnung geschaffen, dank der langen Erhaltung der tunesischen Herrschaft bis in den Zweiten Weltkrieg hinein, die Tunesien heute nicht nur sehr nahe an Frankreich gebunden hat, sondern außerdem eine eigene tunesische Kultur geschaffen hat, die auch in Zukunft bestehen kann.

Im Maghreb gibt es daher heute die Möglichkeit, dank der historischen Verdienste zweier großer Männer, de Gaulle in moderner Zeit und Lyautéy in der Zeit des Ersten Weltkrieges, eine echte und fruchtbare maghrebinisch-europäische Zusammenarbeit herbeizuführen.

Das portugiesische Afrika

Die Portugiesen sind – wie bereits erwähnt – in ihren Beziehungen zur Bevölkerung ihrer Kolonien ganz anders aufgetreten als etwa die Engländer oder die Holländer. Für die Portugiesen standen nicht, wie bei den Engländern, imperialistische und kommerzielle Gedanken im Vordergrund, sondern die missionarische Aufgabe der Ausdehnung des Christentums in neue Gebiete. Natürlich gab es auch da Fehler, die übrigens fast unmöglich zu vermeiden gewesen wären. Es hat aber immer, speziell auf religiösem Gebiet, Verbindungen gegeben, die zwangsläufig zu einer weit humaneren Beziehung zwischen den Völkern geführt haben als kommerzielle oder gar imperialistische Kolonisierungen.

Man hat den portugiesischen Gebieten vorgeworfen, dass sie wirtschaftlich nicht so gut entwickelt waren, wie etwa der belgische Kongo oder Südafrika. Die Portugiesen haben aber sehr viel geleistet, um eine menschliche Atmosphäre zu schaffen. Wer in früheren Zeiten zum Beispiel von Angola nach Südafrika gereist ist, hat sofort den atmosphärischen Unterschied erkannt. In Angola war alles freundschaftlich entspannt, in Südafrika war es geradezu unangenehm. Anders war es im einstigen Deutsch-Südwestafrika, dem heutigen Namibia, in dem es zwar zu sehr argen Konflikten gekommen ist, wo aber am Schluss die Verständigung zwischen Deutschen und Schwarzen, dank der klugen Politik zur Beendigung der Kolonialzeit auf einem Gebiet mit zwölf verschiedenen Nationalitäten gelang. Hier war entscheidend, dass sich glücklicherweise Schwarze und Weiße, Sam Nuyoma auf der einen und Dirk Mudge auf der anderen Seite, in der »Turnhallenkonferenz« trafen, und dass aus Deutschland heimatvertriebene Sudetendeutsche den Teilnehmern der Konferenz die Unterlagen des Mährischen Ausgleiches zur Verfügung gestellt haben. Wenn man heute die Nationalitätenpolitik Südwestafrikas, also Namibias, verfolgt, wird man in der Verfassung dieses Landes Elemente des Mährischen Ausgleichs finden. Das hatte zur Folge, dass die Feindschaft zwischen den Nationalitäten abgebaut werden konnte, was dort besonders schwierig war. Bevor Namibia unabhängig wurde, gab es in den Städten ausgezeichnete, aus der deutschen Zeit stammende Schulen. Allerdings musste man in Windhoeks Schulen im Schulhof Stacheldrähte zwischen zwei Teilen ziehen, damit sich die Herero- und die Owambo-Kinder nicht prügelten. Das ist heute nicht mehr der Fall.

Am besten war Portugal mit seinen Besitzungen Angola und Cabinda. Man hat den Portugiesen lange Zeit vorgeworfen, dass die wirtschaftliche Entwicklung hinter den anderen afrikanischen Gebieten zurückgeblieben ist. Darüber kann man diskutieren, aber man muss auch feststellen, dass die Entwicklung von Südafrika auf den Rohstoffreichtum zurückzuführen war. In Angola war die Landwirtschaft weitaus am wichtigsten und am einflussreichsten. Dort hat es sehr schöne landwirtschaftliche Betriebe gegeben, insbesondere auf dem Gebiete der Kaffeeproduktion, in der Angola durch lange Zeit den vierten Platz in der Welt eingenommen hat. Allerdings ist es infolge der furchtbaren Bürgerkriege nach Ende der portugiesischen Herrschaft so weit gekommen, dass die Regierung in Luanda Kaffee in der Schweiz kaufen musste, um diesen wenigstens in den Spitälern verwenden zu können.

Die Situation hat sich mit der Entdeckung von Erdöl nicht nur in Nigeria, sondern auch in den Gebieten von Angola und Cabinda, geändert. Diese gewaltigen Reserven kamen in dem Augenblick zum Vorschein, in dem die Vereinigten Staaten ernstlich zu studieren begannen, was sie tun können, falls ihnen im Laufe der politischen Entwicklung der freie Zutritt zu den Erdölquellen des Nahen Ostens verwehrt würde. Es wurden Probebohrungen unternommen, die Angola zu einem der wichtigsten Erdölgebiete gemacht hat, vielleicht sogar zum ersten Produzenten der Welt. Das hat die Vereinigten Staaten veranlasst – aus rein politisch-wirtschaftlichen Gründen –, nicht nur eine mächtige Flottenbasis an der Küste von Afrika auf den Inseln São Tomé und Principe zu schaffen, sondern auch das Zentrum ihrer wirtschaftlichen Arbeit auf dem Gebiete des Erdöls langsam nach Afrika zu verschieben. Heute ist das US-Flottenkommando des Atlantischen Ozeans vom Norden auf den Süden übertragen worden, nämlich auf São Tomé und Principe.

Neues in Afrika

Eine der wichtigsten Fragen in unserer derzeitigen wirtschaftlichen Entwicklung ist die der Kontrolle der Energie.

Die amerikanische Außenpolitik ist weitgehend durch die Notwendigkeit bestimmt, sich Erdölquellen zu sichern, da die bisher verfügbaren Reserven nicht mehr genügen. Man hat bis vor relativ kurzer Zeit angenommen, dass die Bedürfnisse durch den Nahen Osten auf viele Jahre gesichert seien. Wie die jüngsten Ereignisse gezeigt haben, ist dies keineswegs der Fall. Auch hat der Widerstand der Kämpfer aus dem Tikrit bewiesen, wie gefährlich für eine militärische Großmacht mit demokratischen Institutionen die fanatische Bereitschaft von Guerillakriegern ist. Der Terrorist braucht sich um die öffentliche Meinung nicht zu kümmern; der demokratische Großstaat aber, wie das Beispiel des Vietnam-Krieges zeigte, muss stets mit seiner öffentlichen Meinung rechnen.

Die Vereinigten Staaten, die eine Mannschaft haben, die weltweit zu denken gelernt hat und sich außerdem ernstlich mit Zukunftsproblemen befasst, haben schon seit längerer Zeit erkannt, dass die Erdölfelder in den nahöstlichen Staaten direkt bedroht sind und man sich fortan nicht mehr auf sie verlassen kann.

Das hat Washington veranlasst, seit einigen Jahren eine Umorientierung der amerikanischen Erdölpolitik einzuleiten. Das begann mit der Schaffung der amerikanischen Flottenbasen entlang des südlichen Afrika, in São Tomé und Principe. Die gewaltigen Erdölvorkommen dieser Region werden auf viele Jahre den Vereinigten Staaten ausreichende Reserven garantieren. Für sie ist heute Südwest-Afrika wesentlich sicherer als die Länder des Nahen Ostens. Die Folge ist eine schrittweise Umstellung der Prioritäten der Amerikaner. Die Abkühlung der Beziehungen zwischen Saudi Arabien und den USA ist dafür ein Beweis. Gleichzeitig erkennt man, wo der Ersatz für die Hilfsquellen des Nahen Ostens gesucht und gefunden wird. Es handelt sich hier um die ölreichen Gebiete im südwestlichen Afrika, in Angola mit Cabinda, Gabon und Kongo-Brazzaville und weiter nördlich Nigeria. Diese Staaten haben ihre Schwierigkeiten gehabt, doch scheinen sie sie großteils mit amerikanischer Hilfe überwunden zu haben. So erlaubt die wirtschaftliche

Struktur dieser Staaten den großen amerikanischen Erdölgesellschaften, nunmehr an die Arbeit zu gehen.

Ein Problem war, vor allem in Gabon und Kongo-Brazzaville, der französische Einfluss. In Angola und Cabinda ist die derzeitige örtliche Regierung durch den lang andauernden Bürgerkrieg so geschwächt, dass sie nicht die Fähigkeit entwickelt, eine eigene Politik zu verfolgen.

Diese Situation bestimmt die Beziehungen zwischen Frankreich und den Vereinigten Staaten. Man hat von Spannungen zwischen diesen beiden Ländern gesprochen, darüber aber die langfristige Entwicklung übersehen. Gewiss, Frankreich hat sich im Irak-Krieg gegen Washington gestellt. Wenn man allerdings die diplomatischen Manöver verfolgt, kann man sehen, dass es Paris gelungen ist, sich den USA wieder diskret zu nähern. Insbesondere in Gabon und in Kongo-Brazzaville besteht heute eine enge Zusammenarbeit zwischen den beiden Mächten.

Dank der militärischen Präsenz der Vereinigten Staaten gelang es, zwar nicht auf dem Festland, aber auf den vorgelagerten Inseln eine Politik zu entwickeln, die es erlaubt, eine tatsächliche euro-amerikanische Zusammenarbeit zu schaffen. Damit befinden sich die Vereinigten Staaten in wachsendem Ausmaß in einer Situation, die es ihnen ermöglicht, sich schrittweise und eher diskret aus dem Nahen Osten zurückzuziehen. Natürlich spielen die Beziehungen zwischen den Vereinigten Staaten und Israel noch immer eine gewaltige Rolle. Es ist aber möglich, gerade in der Zusammenarbeit mit den Franzosen, eine Zwei-Geleise-Politik zu führen, die erlaubt, mit den Staaten in Afrika gut auszukommen und gleichzeitig die Beziehungen zu Israel nicht zu gefährden.

Wir sehen hier eine neue Basis praktischer euro-amerikanischer Zusammenarbeit. Das gibt die Möglichkeit, weit von den eventuell gefährlichen Punkten eine Reserve aufzubauen, die erlaubt, eine Weltpolitik zu verfolgen, ohne dass diese direkt durch potentielle Gegner bedroht werden kann.

Gabon

Seit der Jahrtausendwende hat sich die politische Atmosphäre in Gabon ziemlich verändert. Präsident Omar Bongo, der siebzigjährige Politiker, der sein Land bereits seit 39 Jahren regiert, war einer der erfolgreichsten Herrscher Afrikas. Gabon ist einer jener wenigen Staaten, in denen es keinen Bürgerkrieg gegeben hat, wo auch eine Art Demokratie weiter besteht, die wohl sehr beschränkt ist, aber bestimmt nicht so grausam und totalitär wie in vielen anderen Ländern. Das präsidentielle Regime, in dem die Oppositionsführer von Zeit zu Zeit aus dem Land verwiesen, aber nicht ermordet werden, ist der Beginn des Fortschrittes. Sie haben die Chance, in die Heimat zurückzukehren, wenn sie ihren Frieden mit der Regierung geschlossen haben. Gabon war auch wirtschaftlich relativ glücklich, da es nur eine Bevölkerung von 1 200 000 Menschen hat, dabei eine Ölproduktion von 370 000 Barrel pro Tag und außerdem noch vielversprechende Aussichten im Off-Shore-Gebiet.

In der Vergangenheit war Präsident Bongo einer der besten Verbündeten Frankreichs. In Wirklichkeit waren die französischen Ölgesellschaften im Land vorherrschend. Das Gleiche galt auch für viele französische wirtschaftliche Interessen. Erst jüngst hat sich diese Freundschaft abgekühlt, woraufhin eine Wirtschaftsliberalisierung eintrat, die anderen Unternehmen erlaubte, in einem Gebiet zu investieren, das früher faktisch ein französisches Territorium war. Das hat schrittweise das Verhältnis in den Ölgebieten verändert, obwohl auch heute noch die französische ELF die bedeutendste Ölgesellschaft ist. Sie ist aber nicht mehr die ausschließlich herrschende Kraft, und mehrere Gesellschaften weniger mächtiger Länder haben auch zumindest einige Konzessionen erhalten.

Das französische Interesse an Gabon ist in den letzten zehn Jahren zurückgegangen. Es hat kritische Gespräche zwischen der französischen Präsidentschaft und Omar Bongo gegeben und die Lage hat sich grundlegend gewandelt. Das ist die Folge der wachsenden amerikanischen Präsenz in Gabon. Natürlich sind in der Perspektive Amerikas die wichtigsten Staaten in Afrika noch immer Nigeria und Angola, aber man kann auch feststellen, dass Washington ein wachsendes Interesse an Gabon zeigt.

Auf dem politischen Gebiet arbeiten die Franzosen und die Amerikaner zusammen. Der Rückgang der sozialistischen Macht in Frankreich und das Mandat von Präsident Chirac waren diesbezüglich sehr hilfreich, obwohl auf der persönlichen Ebene die Beziehungen zwischen Chirac und Bongo nicht die besten sind. Andererseits sind in der praktischen Arbeit die Beziehungen noch ziemlich eng, und es ist auch festzustellen, dass sich die Zusammenarbeit zwischen Frankreich und den Amerikanern nach dem Irak-Krieg verbessert hat.

Ein Beweis dafür ist der Wechsel in der politischen Struktur. Obwohl auch heute noch die Partei Bongos nicht nur die Kontrolle der Präsidentschaft innehat und eine nicht zu unterschätzende Mehrheit in der Regierung, gibt es kein Monopol mehr, nachdem Ende Januar 2002 sich die bedeutendsten Kräfte der Opposition entschlossen haben, in die Regierung einzutreten und eine große nationale Koalition zu bilden, die stark am wachsenden Einfluss der Vereinigten Staaten orientiert ist. Im Parlament führt Ministerpräsident Jean-François Ntoutoume-Emane noch immer das Kabinett und Parlament, aber in der Regierung ist nunmehr auch die einstige Opposition vertreten.

Der Führer der Opposition ist der Bürgermeister der Hauptstadt Libreville, ein katholischer Priester, Paul M'ba Abessole, der 65 Jahre alt ist. Er ist ein Mitglied der Kongregation vom Heiligen Geist, ein Sprachenprofessor und war in der Vergangenheit einer der großen Widersacher von Präsident Bongo. Deshalb war er zwischen 1976 und 1989 in Paris exiliert, wurde aber danach nicht nur in das Land zurückgelassen, sondern hat auch freie Rechte für die politische Betätigung der Oppositionspartei, deren Führer er ist, des »Rassemblement National des Bûcherons«. Diese Oppositionspartei ist eine Koalition einer Anzahl kleinerer Parteien und vertritt als Programm die Liberalisierung und die Demokratisierung des Landes. Obwohl Hochwürden M'ba Abessole sehr pro-französisch ist, ist er trotzdem offen für Gespräche mit den Vereinigten Staaten.

Die größte Partei der Koalition ist die Sozialdemokratische Partei, geführt durch Pierre Claver Maganga Moussavu, der derzeit Staatsminister ist, beauftragt mit Landwirtschaft und der Entwicklung des ländlichen Raums. In einer Regierung von 39 Mitgliedern ist das »Rassemblement National des Bûcherons« im Kabinett durch drei Mitglieder vertreten, während die Sozialdemokraten eines haben. Es konnte auch festgestellt werden, dass sich seit dem Frühjahr 2002 die Beziehungen zwischen den politischen Parteien wesentlich verbessert haben und dass daher auf allen Seiten eine große Bereitschaft für Zusammenarbeit besteht, ganz besonders in der neuen Phase der Politik von Gabon, die durch die wachsende Präsenz der Vereinigten Staaten im Lande bestimmt wird.

Die wirklichen Oppositionskräfte sind sehr klein, während sich ein innerer Friede zwischen den verschiedenen politischen Parteien ausbreitet. Das ist teilweise darauf zurückzuführen, dass sich die Zeit von Omar Bongo ihrem Ende nähert. Obwohl er auch heute noch der von allen anerkannte Präsident ist, beginnen die Menschen darüber zu spekulieren, wer sein Nachfolger sein kann. Das wird wohl erst aktuell werden, wenn die Neuorientierung von Gabon zu Gunsten einer Koalition mit den Vereinigten Staaten abgeschlossen ist. Von den Personen, die heute in Gabon zählen, steht Hochwürden M'ba Abessole Frankreich und Präsident Chirac am nächsten, was auch darauf zurückzuführen ist, dass der Geistliche ein Verwandter des verstorbenen Präsidenten M'ba ist, der seinerzeit die herrschende Kraft in der französisch-afrikanischen Zusammenarbeit war. Mit dem Wandel der Regierung in Paris besteht nun eine viel größere Möglichkeit für eine Zusammenarbeit zwischen den Vereinigten Staaten und Frankreich bezüglich der Politik in Gabon. Das kann dazu führen, dass, falls aus irgendeinem Grund Omar Bongo nicht mehr da wäre, sein logischer Nachfolger Hochwürden Paul M'ba Abessole sein würde, noch dazu dank seiner mächtigen Stellung als Bürgermeister von Libreville.

Was die nähere Zukunft betrifft, kann man sagen, dass heute Gabon eines der stabilsten Länder in Afrika ist und dass die wirtschaftlichen Perspektiven eher ermutigend erscheinen. Es hat einige Kritik gegen diese Politik durch Elemente in den Vereinigten Staaten und in Großbritannien gegeben, die behaupteten, dass es in Gabon viel Korruption gebe. Es ist wahr, der Präsident hat große materielle Interessen, und es gibt eine gewisse politische Korruption. Hält man sich aber die allgemeine Lage in Afrika vor Augen, kann man sagen, dass die Korruption in Gabon wesentlich geringer ist als in den meisten anderen afrikanischen Staaten und dass Präsident Bongo, der von Zeit zu Zeit unerwartete Entscheidungen gefällt hat, derzeit wesentlich überlegter und ruhiger geworden ist. Das ist übrigens auch die Auffassung der französischen Vertretung an Ort und Stelle.

São Tomé und Principe

Die kleinen Inseln São Tomé und Principe mit einer Bevölkerung von 150 000 Menschen haben sich durch den Transfer amerikanischer Marinekräfte und -ämter auf diese zwei Inseln im Lichte der Erdölentwicklung in Westafrika wesentlich gewandelt. Sie werden einen starken Impuls für eine Erneuerung durch den Beginn der Erdölbohrungen in den Gewässern um die beiden Inseln bekommen. Die gegenwärtigen Studien, die schon sehr weit gediehen sind, haben gezeigt, dass es für die derzeit noch arme Region ein bedeutendes Erdöleinkommen geben wird. Dieses wird übrigens, nach erfolgreichen Verhandlungen zwischen São Tomé und Principe und den Gebieten der nigerianischen Interessen geteilt. Die meisten Territorien sind bereits zugesprochen worden, sodass verschiedene Erdölgesellschaften nunmehr mit ihrer Forschung und Entwicklung beginnen, wobei bereits in vielen Gebieten die Forschung jenen Punkt erreicht hat, an dem man die zu erwartenden Erträge abschätzen kann.

Diese Inseln sind friedliebend, da die Bevölkerung gemäßigt ist. Wilde Unruhen der Vergangenheit, die den afrikanischen Interessen so sehr geschadet haben, brauchen im Fall der beiden Inseln nicht erwartet zu werden. Dort hat es zwar im Jahr 2001 einen Militärputsch gegeben, aber ohne Blutvergießen, und die ganze Operation endete nicht mit der Machtergreifung der Rebellen, sondern in einer Versöhnung der verschiedenen politischen Kräfte auf den Inseln unter internationalem, hauptsächlich amerikanischem Einfluss. Die Rebellen haben ihre militärischen Ämter behalten und die Politiker sind mehr oder weniger alle in ihren Funktionen geblieben, bis eine allgemeine Verständigung zwischen den drei Parteien der Insel erreicht wurde, die zur

Hoffnung auf ein stabiles Gleichgewicht berechtigt. Nachdem sie alle in den Grundfragen der Wirtschaft, der Kultur, und der politischen Orientierung einer Meinung sind, gibt es auch keine tief gehenden Differenzen zwischen den Parteien. Sie sind mehr oder weniger die Gefolgschaft einer Persönlichkeit, und auch zwischen diesen Gruppen besteht eine gegenseitige Penetration, was dazu geführt hat, dass sogar in der Zeit des militärischen Putsches jeder Mensch versucht hat, so weit als irgend möglich alles zu verhindern, um dem anderen nicht Leid anzutun.

Der Präsident von São Tomé und Principe wurde 2001 gewählt. Fradique de Menezes ist 63 Jahre alt und ist ein Geschäftsmann. Er ist der Führer der Partei »Movimento Democratico Força da Mudança/Partido da Convergença Democratica«, die heute im Parlament die stärkste Partei ist, zumindest, was die Wählerstimmen betrifft, die aber in der Zahl der Mandate gleichzieht mit dem »Movimento de Libertação de São Tomé e Principe/Partido Social Democrata«, die nach Ende der portugiesieschen Herrschaft auf den Inseln regiert hatte und dann fünf Jahre später den Spitzenplatz für die erstgenannte Partei räumen musste. Es gibt kaum einen Unterschied in den Programmen der beiden Parteien. Erstere hat heute, seit der Verständigung nach dem Militärputsch, die Stelle des Ministerpräsidenten, die von einer Dame, Maria do Carmo Silveira, eingenommen wird, die heute mehr oder weniger die Nummer eins ihrer Partei ist. Sie taktiert geschickt und ist eine Dame von großer Mäßigung, sehr hilfreich bei der Schaffung von Kompromissen, die zur Zusammenarbeit zwischen beiden Parteien führen. Schließlich gibt es eine kleine Partei, geführt durch den früheren Präsidenten, Miguel Trovoada, der ursprünglich aus dem »Movimento de Libertação de São Tomé e Principe/ Partido Social Democrata« stammt. Die Ué-Kedadji ist mit Abstand die kleinste Partei mit sehr starkem Einfluss ihres

Vorsitzenden. Sie hat aber auch keine grundlegenden Differenzen mit den anderen Parteien, sodass, was immer für Änderungen der Mehrheit entstehen könnten, zwischen den drei parlamentarischen Parteien die allgemeine Richtung des kleinen Landes kaum beeinflusst würde.

Das Abkommen zwischen den drei Parteien und die Perspektive von Öl haben noch zu einem anderen Schritt geführt, der wirtschaftlich wichtig sein kann, nämlich zu der Schaffung des Postens eines Beraters des Präsidenten in Erdölfragen. Dieser Posten ist derzeit in der Hand von Patrice Trovoada, einem Sachverständigen in Ölfragen, ganz besonders aber einem Verwandten des Präsidenten der Ué-Kedadji. Die Tatsache, dass diese Partei die sehr bedeutende Position als Ratgeber in Ölfragen hat, ist ein eher ermutigendes Zeichen für die Zukunft.

Man darf daher hoffen, dass es mit der Entwicklung, die stattgefunden hat, bis jetzt in São Tomé und Principe keinen wilden Ölboom geben wird, wie er in so manchen anderen Ländern stattgefunden hat. Die Lösung ist aber auch wichtig im Lichte der Verständigung zwischen den Ölgesellschaften, sodass São Tomé und Principe über den Konflikten stehen werden, die in Westafrika ausbrechen können. Man kann aber hoffen, dass mit der relativ gemäßigten Entwicklung der Öleinkünfte die natürlichen nationalen Strukturen des Gebietes nicht zerstört werden. Dies könnte den Lebensstandard der Bevölkerung verbessern, während sich in anderen Ländern der Ölboom manchmal recht fatal ausgewirkt hat.

Cabinda-Angola

Seit langer Zeit gibt es Gerüchte die andeuten, dass in Cabinda bald größere Ereignisse stattfinden werden. Man spricht von lokalen Aufständen und einem Abfall der Bevölkerung von Cabinda von Angola. Sachverständige an Ort und Stelle glauben, dass eine Volksrevolution am Orte selbst nicht gelingen kann, weil es derzeit ungefähr 10 000 angolanische Soldaten in Cabinda gibt, deren einzige Aufgabe es ist, die Bevölkerung zu kontrollieren und leider oft zu unterdrücken. Diese Truppen sind nicht sehr zuverlässig, und es könnte auch äußere Kräfte geben, die in Cabinda eingreifen würden, um die separatistische Bewegung zu unterstützen. In Cabinda wollen sich, auch nach der Einschätzung ortskundiger Personen, ungefähr 80 Prozent der Bevölkerung von Angola trennen. Es hat schon in der Vergangenheit eine starke Unabhängigkeitsbewegung gegeben, aber ihr charismatischer Führer Ranqe-Franke ist gestorben, und seither hat sich die Freiheitsbewegung langsam desintegriert. Jetzt soll ein neuer Führer im Kommen sein, aber, da dieser aus der zahlreichen Emigration stammen soll, ist es fraglich, ob sich die Freiheitsbewegung von Cabinda gerade aus diesen Kreisen entwickeln kann. Sehr viel wird davon abhängen, ob gewisse Mächte in der Gegend diese Unabhängigkeitsbewegung unterstützen werden oder nicht.

Soweit man feststellen kann, versuchen die Vereinigten Staaten sich aus dieser Entwicklung herauszuhalten. Die USA sind die vorherrschende Macht in der ganzen Region, teilweise durch die Ölgesellschaften, teilweise durch die Flotte, die sich an den Küsten Afrikas befindet. Es ist auch festzustellen, dass die Chevron-Texaco Gesellschaft von der Regierung von Cabinda ein amerikanisch kontrolliertes Gebiet erhalten hat, das mit Sicherheitsmauern umgeben ist. Innerhalb dieses Gebietes befindet sich alles, was den Amerikanern Sicherheit geben kann. Im Notfall könnte die amerikanische Flotte in einer sehr kurzen Zeit Kräfte ans Land bringen, die nicht nur die Sicherheit der Amerikaner garantieren, sondern auch dazu beitragen könnten, die Ordnung in Cabinda wiederherzustellen, wobei die Frage nur ist, was die angolanischen Truppen in einem solchen Fall tun würden. Es gibt, wie bereits erwähnt, 10 000 angolanische Soldaten in Cabinda, deren Aufgabe nur ist, die Bevölkerung im Zaum zu halten. Wenn man sich diese Soldaten ansieht, wird man feststellen, dass sie im Fall einer Unruhe wohl brutal sein können, dass sie aber als Soldaten nicht viel wert sind, sogar wenn sie gegen eine kleine Einheit von amerikanischen »Marines« antreten sollten.

Die Regierung von Angola befindet sich derzeit in größten finanziellen Schwierigkeiten. Das ist nicht eine Folge der Tatsache, dass sie nicht genügend Einkommen hat, nachdem die großen amerikanischen Gesellschaften der Regierung derzeit jährlich ungefähr vier Milliarden Dollar zahlen. Das Problem ist, dass die verzweifelte, verarmte Bevölkerung, die fast alles im langen Bürgerkrieg verloren hat, so gut wie gar keine alternative Wirtschaft aufbauen kann. Dabei wären die Summen, die für das Erdöl gezahlt werden, ausreichend, um eine verantwortliche und ehrliche Regierung zu finanzieren und auch der Bevölkerung wieder ein menschenwürdiges Leben zu sichern. Unglücklicherweise gelangt das Geld, das von den Ölbohrungen im Meer stammt, niemals bis zur Küste. Die Zahlungen an die angolanische Regierung werden sofort an Plätze wie die Cayman Inseln geschickt, und zwar durch die Regierung selbst, durch hohe Beamte, wie durch die Oberkommandierenden der Armee. Angola ist heute eines der korruptesten Länder der Welt. Die Bevölkerung lebt im Elend und die führenden Schichten bekommen sehr viel Geld, das sie sofort außer Landes anlegen. Das führt dazu, dass sogar in Cabinda die Energieversorgung derzeit unregelmäßig ist, ausgenommen in dem amerikanischen Territorium, sodass sehr oft dort, wo die Bevölkerung lebt, Unterbrechungen der Stromversorgung stattfinden.

Die angolanische Regierung scheint damit zu rechnen, dass sie mit der Zunahme der Produktion des Erdöls weiter so leben kann wie bisher. Ab 2005 rechnet man, dass das Land 1,5 Millionen Barrels Öl produzieren wird, während es in weiteren fünf Jahren so weit sein wird wie Kuwait. Heute noch ist Nigeria der Ölproduzent Nummer eins in Afrika, aber in drei Jahren wird es aller Wahrscheinlichkeit nach Angola sein, allerdings nur mit Cabinda. Sollte es in dieser Zeit einen Regimewechsel in Luanda geben und eine ehrliche Regierung an die Macht kommen, könnte sich die Lage wesentlich verbessern.

An Ort und Stelle sagen die portugiesischen Händler und die Verwalter von Chevron, dass sie derzeit die Möglichkeit einer ehrlichen Regierung überhaupt nicht sehen. Es fehlt die Alternative. Die Amerikaner in den Ölgesellschaften, die im Allgemeinen offen reden, sagen, es wäre notwendig, wieder ein nahezu koloniales Regime aufzubauen, um dem Land einen Neubeginn zu sichern. Das ist allerdings aus politischen Gründen kaum wahrscheinlich.

Private Organisationen äußern den Wunsch, dass endlich etwas geschehen möge, um die korrupte Lage zu verbessern. Sie verlangen vor allem die Veröffentlichung der Provisionen, die die Ölgesellschaften der Regierung zahlen. Es ist sehr unwahrscheinlich, dass dies Wirklichkeit wird, da die Ölgesellschaften selbst zugeben, dass sie diese Veröffentlichung sehr fürchten würden. Dann gäbe es einen internationalen Skandal und Unruhen, die Gesellschaften würden kaum mehr die Möglichkeit haben zu arbeiten, und die Lage würde noch ärger werden als heute.

Die Regierung von Präsident Dos Santos ist bestrebt, ein Einparteiensystem der MPLA aufzustellen. Aber das würde gegen die Korruption absolut nicht helfen. Die führenden Persönlichkeiten der Ölgesellschaften in Angola und in Cabinda sagen privat, dass sie sich in einer sehr schwierigen

Lage befinden. Früher oder später wird es eine Explosion in die eine oder andere Richtung geben. Andererseits können die Unternehmen die Region nicht verlassen, da diese eine der größten Ölreserven der Welt ist. Sie werden außerdem von Seiten der Regierung der Vereinigten Staaten daran gehindert. Diese ist sehr daran interessiert, die Kontrolle der Ölquellen zu behalten.

Einige Amerikaner sagen allerdings, dass seitdem die Unabhängigkeitsbewegung in Cabinda dank der Tätigkeit der katholischen Missionen in der Gegend eine ausgesprochen christliche Orientierung hat, nur der Sieg dieser Bewegung den Weg zeigen könnte, um Cabinda zu retten. Die Unabhängigkeitsbewegung hat einige junge Leute, die sehr vielversprechend sind und die auch nicht bereit wären, die Korruption der Älteren weiter fortzusetzen. Ob das mehr als eine Hoffnung ist, ist heute schwer zu beurteilen. Es ist allerdings die einzige Hoffnung, die für das Leben der Bevölkerung noch besteht. Die fremden Gesellschaften mit ihren Bohrungen jenseits der Küste und dem Schutz der amerikanischen Flotte werden immer eine Chance haben, dank einer amerikanischen Intervention ein System einzusetzen, das ihnen erlauben wird zu arbeiten. Das muss aber gleichzeitig nicht eine wirkliche Verbesserung der traurigen Lage der Bevölkerung bringen. Allerdings sollte man die Worte eines der führenden katholischen Geistlichen in Cabinda ernst nehmen, der gesagt hat: »Alles ist besser als die gegenwärtige Lage.«

Der englische Lichtblick Ghana

Ghana ist wahrscheinlich der einzige Platz auf dem ganzen schwarzen Kontinent, wo das britische Wahlsystem eingeführt wurde, allerdings auch da erst nach einer Periode der

Diktatur. Es gibt klare und ordentliche Vorschriften für die Abstimmung, und die Kontrolle durch die Parteien in den Wahllokalen ist zumindest bis jetzt immer ehrlich gewesen. Es gilt das britische Persönlichkeitswahlrecht, das »first past the post«-System.

Die Entwicklung in Ghana begann, nach ziemlich aggressiven Diktaturen, nachdem ein Leutnant der Ghanaer Luftwaffe einen Staatsstreich durchgeführt hatte, der das damalige Regime stürzte und eine eigene Diktatur errichtete. Gleichzeitig versprach ihr Führer Jerry John Rawlings, dass sein System zur Demokratie führen würde. Es ist für afrikanische Verhältnisse überraschend, dass das Versprechen von Rawlings wirklich gehalten wurde. Nach zwei Wahlperioden hat er sich zurückgezogen und die Freiheit der Wahlen garantiert. Das Ergebnis war, dass seine Partei eine Niederlage erlitt. Sie behielt aber genügend Einfluss, sodass es denkbar ist, dass die Partei von Rawlings in Zukunft Wahlen gewinnen wird, und zwar in einem ehrlichen demokratischen System.

Rawlings ist zwar als Präsident zurückgetreten, arbeitet aber energisch für den Kandidaten seiner Partei des Nationaldemokratischen Kongresses, Professor John Evans Atta Mills, der früher Vizepräsident war und der ein schweigsamer 56-jähriger Mann ist, der eine sehr honorige Vergangenheit hat. Professor Mills setzt sich relativ wenig im Wahlkampf ein und ist bestimmt kein Beweger der Massen. Er hat den Vorteil, dass in seiner Zeit die Wirtschaft des Landes gewaltig angestiegen ist. Er ist ein Liberalkonservativer und wird allgemein respektiert, weil er ehrlich und keineswegs korrupt ist. Er ist ein sauberer Wahlkämpfer, und die Tatsache, dass der frühere Präsident für ihn arbeitet, hilft ihm gewiss.

Die präsidentielle NPP-Partei hatte als ihren Kandidaten den derzeitigen Präsidenten, Professor Kufuor. Er ist 68 Jahre alt, ein sehr tüchtiger Geschäftsmann und Advokat, der seine Erziehung in Oxford erhalten hat. Kufuor war ein sehr erfolgreicher Mann in den verschiedenen Staatsdiensten. Aufgrund seiner eindrucksvollen Erscheinung wird er, nicht nur in seinem Land, als der »freundliche Riese« bezeichnet. Er hat gute Manieren, ist allerdings kein sehr guter Redner. Er macht aber einen großen Eindruck durch seine persönliche Ausstrahlung und durch seine Höflichkeit, was bei der Bevölkerung sehr geschätzt wird. Auch er ist in seiner inneren Einstellung ein Liberalkonservativer. Er wird bestimmt nicht irgendwelche sozialistischen Experimente zulassen oder irgendetwas, was zum Nachteil der legitimen ausländischen Investitionen ist. Er wird daher, wie auch in seinem früheren Mandat, ein Element der Stabilität und der Mäßigung in der afrikanischen Politik sein.

Es ist somit eindrucksvoll, dass in diesem Lande, in dem es in der Vergangenheit so viel Gewalt gegeben hat, der Wahlkampf zwischen zwei Personen geführt wird, die beide vernünftig wie mäßig sind und die gleiche Orientierung der liberalkonservativen Politik vertreten. Das ist eine Garantie für die fremden Investoren.

Unter diesen Bedingungen kann man sagen, dass Ghana die Hoffnung hat, seine traditionelle Rolle weiterzuspielen, wie in der Zeit, seitdem Leutnant Jerry John Rawlings die Macht übernommen hat. Rawlings, der früher als eine Neuauflage von Ghaddafi angesehen wurde, ist eine mäßigende Kraft geworden, ein wirklicher Demokrat und daher ein Mann, der die Zukunft des Landes garantieren kann.

Äthiopien und die schwarze Umwelt

Das östliche Afrika dehnt sich weit aus, denn es schließt ehemalige französische Kolonien, wie Tschad, ein, während auf der anderen Seite das große Land Sudan teils der islamischen

Welt angehört, teils nach seinen Charakteristiken zum östlichen Afrika gehört. Das Schlüsselland dieses östlichen Afrika war seinerzeit Äthiopien, da es das einzige christliche, historische Reich war. Es hat sich gut bewährt, bis Mussolini auf der Suche nach Kolonien für Italien einen Krieg mit Äthiopien losgetreten hat, der mit dem Sieg der überwiegend moderneren italienischen Armee, die von Eritrea ausgegangen war, endete. Das Staatsoberhaupt Äthiopiens, Negus Haile Selassie, musste sein Land verlassen und fand in England eine Aufnahme, was ihm später erlaubte, im Laufe des Zweiten Weltkrieges eine gewisse Rolle zu spielen und seine Rückkehr in seine Heimat vorzubereiten.

Haile Selassie war ein besonderer Mensch. Hochtalentiert, sehr gebildet, hatte er in seiner Zeit seinem Reich eine wichtige Rolle gesichert. Er hat immer wieder gezeigt, dass er in seiner gesamten politischen Orientierung sehr westlich war, was ihm die Feindschaft der Sowjetunion eingebracht hat. Gewiss, er war kein moderner Mensch und hat in manchen Dingen große Fehler gemacht. Sein Sturz aber wurde durch die westlichen Propaganda-Apparate vorbereitet. Über ihn und sein Land wurden viele Lügen verbreitet. Das hat die von Russland unterstützten Militärkräfte veranlasst, einen Putsch gegen ihn zu unternehmen, in dessen Verlauf der bereits greise Herrscher unter grausamen Umständen ermordet wurde. Damals wurde auch ein Großteil der Bildungsschicht Äthiopiens aus dem Lande verjagt. Äthiopien wurde damit zu einem Land, das als Vorposten der russischen Ambitionen in Afrika betrachtet werden musste. Das hat sich auch auf die Lage im Sudan ausgewirkt. Allerdings war das Regime der Kommunisten, insbesondere unter Haile Mariam Mengistu, so barbarisch, dass sehr bald sogar die gemäßigten Kräfte des Westens sich von Äthiopien abwandten. Dazu kamen jene chaotischen Bedingungen, die im östlichen Afrika zu gewaltigen Krisen in Somalia, zur

Machtergreifung von Idi Amin in Uganda und nicht zuletzt auch zu Problemen in dem bereits recht entwickelten Kenia führten. In all diesen Ländern ist seither der Lebensstandard der Bevölkerung enorm gesunken. Fast überall hat es Stammeskämpfe gegeben. Was dem Ruf Amerikas in Afrika stark geschadet hat, war, dass die Vereinigten Staaten versuchten, in Somalia Ordnung zu machen, dort aber eine schwere Niederlage erlitten. Man kann daher von Ostafrika, das früher einen guten Ruf hatte, nur feststellen, dass es heute in einem chaotischen Zustand ist, der weitgehend das, was in der Vergangenheit erreicht wurde, gewaltig schwächte. Zwar ist der russische Einfluss fast gänzlich verschwunden, aber Ruhe, Ordnung und Fortschritt sind nicht wiederhergestellt worden und haben in all diesen Ländern Recht und Wirtschaft so weit herabgewirtschaftet, dass nur mehr eine pessimistische Beurteilung der Lage möglich ist.

Es gibt auch leider derzeit keinen einzigen Lichtblick in dieser Gegend, und wenn gewisse europäische Optimisten weiter von Kenia als einer Chance für die Zukunft sprechen, so zeigt das nur, wie tief die ganze Region gesunken ist. Das alles ist noch einmal ein klarer Beweis dafür, dass Kolonisierung, die aus wirtschaftlichen Gründen gemacht wurde, im Allgemeinen keinen Erfolg gehabt hat und dass der große Fortschritt auf dem Gebiete der Technik und der Wirtschaft sich einfach in dem Chaos, das in all diesen Ländern entstanden ist, nicht wirklich auswirken kann. Man spricht allerdings von einem wachsenden Fremdenverkehr, weil man an der Küste gewisse Gegenden geschaffen hat, die halbwegs den zivilisierten Standards entsprechen. Es ist aber nicht zu leugnen, dass die öffentliche Sicherheit bereits derart zurückgegangen ist, dass auch die materiellen Fortschritte immer mehr in den Hintergrund gedrängt werden. Leider gibt es hier so gut wie keinen Lichtblick.

Das südliche Chaos

Südafrika war durch lange Zeit das wirtschaftlich mit Abstand am besten entwickelte Gebiet auf dem afrikanischen Kontinent. Es hat sich aber auch dort gezeigt, dass der rein wirtschaftliche Fortschritt kein echter Fortschritt von Dauer ist. Südafrika, das eines der reichsten Länder Afrikas war, befindet sich heute unter der Führung von Präsident Thabo Mbeki auf einem gefährlichen Weg. Mbeki wird, besonders seit 2004, durch den ärgsten Demagogen des südlichen Afrika, den Präsidenten von Zimbabwe, Robert Mugabe, immer mehr beeinflusst. Zimbabwe/Rhodesien war seinerzeit eines der wirtschaftlich am weitesten entwickelten Gebiete. Seine Landwirtschaft war blühend, allerdings großteils unter weißer Führung, obwohl in den letzten Jahren immer mehr Schwarze in hohe Positionen gelangten. Der Krieg um Rhodesien wurde insbesondere in den Ämtern des Westens geführt, in denen, beeinflusst durch die englische Regierung alles gemacht wurde, um Rhodesien, das früher zu England gehörte und sich dann unter der Führung von Präsident Ian Smith stark entwickelt hatte, in die Knie zu zwingen. Smith war persönlich sehr beliebt im Land, sodass er sich auch in der Zeit, in der bereits ein vom Ausland organisierter Aufstand das Land bedrohte, traute, allein am Morgen zu Fuß in sein Amt zu gehen und auf dem Weg mit den Menschen zu sprechen, gleich ob schwarz oder weiß. Seine Zusammenarbeit mit den natürlichen Autoritätsträgern, wie den Häuptlingen und Hohenpriestern, hatte ermöglicht, eine entspannte Atmosphäre zu schaffen. Zwar sind aus den benachbarten Gebieten immer wieder feindliche Gruppen in das Land eingedrungen, aber sie hatten nicht genügend Erfolge, sodass dann die aus London aufgeputschte so genannte »Weltmeinung« scharfe Maßnahmen zur Zerstörung der Wirtschaft des Landes ergriff. Es gelang den Rhodesiern durch die wirklich sehr reiche Landwirtschaft, nicht nur ihrer Bevölkerung ausreichende Lebensmittel zu sichern, sondern bis zum Ende des weißen Regimes von Ian Smith alle schwarzen Nachbarländer, bei denen die Demagogie bereits die Landwirtschaft ruiniert hatte, zu ernähren. Die Blockade in der ganzen Welt gegen Rhodesien und schließlich auch die Politik Südafrikas, das hoffte, sich zu retten, indem es Rhodesien opferte, führte zu der Niederlage der Regierung und zur Übergabe der Regierungsmacht an Führer der aus der Emigration wirkenden Gruppen. Unter diesen konnte sich dann Robert Mugabe gegen seine gemäßigten Rivalen durchsetzen. Damit ist Rhodesien schnell aus der Reihe der landwirtschaftlichen Exporteure ausgestiegen. Heute ist es so weit, dass die Zerstörung der blühenden Landwirtschaft durch die Aufteilung des Bodens an die so genannten Freiheitskämpfer, die außerdem von Landwirtschaft nichts verstanden haben oder nicht bereit waren zu arbeiten, zur Verelendung führte. Aus dem seinerzeit blühenden Land wurde eine der tragischsten Regionen Afrikas. Heute leben diejenigen Menschen, die an der Macht sind, sehr gut. Sie haben längst nicht mehr den einfachen Lebensstil aus der Zeit von Ian Smith, doch die Bevölkerung hungert.

Gefährlich ist darüber hinaus, dass Südafrika sich mehr und mehr der Politik von Zimbabwe annähert. Zwar ist Südafrika derzeit noch ein sehr reiches Land, aber die Entwicklung wird immer kritischer, insbesondere, weil die demokratischen Rechte, die nach dem Zusammenbruch der Apartheid gegeben wurden, immer mehr in den Hintergrund geraten. Heute gibt es noch Unternehmen, die relativ gut gehen, insbesondere diejenigen, die mit Rohstoffen handeln, aber auch die Goldbergwerke und gewisse landwirtschaftliche Unternehmen in jenen Gebieten, wo nicht die Gruppe des so genannten African National Council beziehungsweise der Kommunistischen Partei, die die Grundlage des African National Councils ist, die Herrschaft haben. Wenn man den langsamen, aber ständigen Verfall des Landes sieht, muss man fürchten: Man kann für die Zukunft Südafrikas nicht optimistisch sein. Gelingt es tatsächlich Präsident Thabo Mbeki und seinen Getreuen, die letzten Gebiete, insbesondere der Mischlinge, gleichzuschalten, dann wird Südafrika eine traurige Rolle spielen, sogar, wenn es trotz allem fähig ist, seine Rohstoffe zu exportieren. Denn wenn diese Exporte, wie es leider in anderen Ländern der Fall gewesen ist, hauptsächlich dazu dienen, die Reichen reicher zu machen, dann wird auch dort die Wirtschaft über kurz oder lang zusammenbrechen, mit fatalen Folgen auch in der Politik, in der die Kommunistische Partei die beste Organisation hat.

Kapitel XI

Die geistige Dimension

Der Jakobsweg

Wer die Geschichte des europäischen Mittelalters studiert, und dies nicht nur in der Perspektive von Zahlen und Schlachten, wie es leider allzu oft in unseren Schulen der Fall ist, sondern sich auch mit den größeren kulturellen und religiösen Strömungen der Zeiten befasst, weiß, dass eine der wesentlichsten geistigen Bewegungen auf dem europäischen Kontinent die gewaltigen Pilgerzüge waren, die zum Heiligtum des Apostels Jakobus in Santiago de Compostela im nordwestlichsten Winkel Spaniens kamen. Das war jenseits der tiefen religiösen Motivierung auch eine mächtige kulturelle, ja politische Bewegung. Sie war Ausdruck der Re-Christianisierung im Kampfe gegen die Mauren, wobei auch hier allzu oft ein vereinfachendes Bild geschaffen wird. Es gab natürlich Zeiten friedlicher Koexistenz zwischen Christentum, Judentum und Islam. Das war eine der fruchtbarsten Perioden der spanischen Entwicklung, wie es das Kalifat von Córdoba erlebte.

Damit entstanden geistige Ströme durch Europa, die im Norden nach Skandinavien reichten, im Osten bis in die Slowakei und deren Zentrum Frankreich und Spanien waren. Noch heute kann man hier die Spuren dieser gewaltigen Bewegung sehen. Auf der Strecke zwischen der Île de France und der spanischen Grenze, also in einem Gebiet, in dem es weniger Zerstörungen gegeben hat als im Osten des Landes, findet man oftmals romanische Kirchen oder deren Ruinen, die alle 20 bis 30 Kilometer den Weg zu dem spanischen Heiligtum säumen und von denen einige noch heute eindrucksvolle künstlerische Stätten sind.

Mit dem Beginn der Epoche des Materialismus sind diese Bewegungen fast vergessen worden. Im 19. Jahrhundert war der Jakobsweg – so hieß dieser Weg nach Santiago – praktisch aufgegeben. Man sprach nicht mehr davon, und das Wesen der großen, schönen kirchlichen Gebäude, die überlebt hatten, wurde nicht mehr richtig verstanden.

Erst im letzten Drittel des 20. Jahrhunderts ist hier eine Wandlung eingetreten. Auf einmal erwachte wieder ein Interesse an diesem Symbol des christlichen Europas und jener Gemeinschaft der europäischen Völker, die früher einmal selbstverständlich war. Nach dem Zweiten Weltkrieg wurde das fühlbar, als an verschiedenen Orten die Erinnerung an diese alten Pilgerwege wieder erwachte. Es begann damit, dass man verfallende Kirchen wieder aufbaute oder zumindest deren weitere Zerstörung verhinderte. Die Menschen zeigten erneut Verständnis für den geistigen Wert dieser Volksbewegung und in einzelnen Ländern erwachten sogar Erkenntnisse, die man seit langem nicht mehr gefühlt hatte. Sehr bezeichnend war, dass in Belgien ein sozialdemokratischer Abgeordneter, übrigens ein vormaliger Priester, entdeckte, dass es immer noch ein Gesetz gab, wonach gewisse Verbrecher vor die Wahl gestellt werden konnten, entweder zu Gefängnis verurteilt zu werden oder zu Fuß von den damaligen Niederlanden bis nach Santiago de Compostela zu pilgern. Man war der Überzeugung, dass dieser Weg nicht nur Strafe sei, sondern auch eine echte »Resozialisierung der Menschen«, wie man das heute nennt, herbeiführen könnte. Der Abgeordnete wollte tatsächlich Menschen vor diese Wahl stellen. Manche nahmen das Angebot an. Er hat sie dabei einen Teil des Weges begleitet und versichert, dass diese Art der Resozialisierung die mit

Abstand sinnvollste war. Die Menschen kamen geistig erneuert zurück und wurden nützliche, vertrauenswürdige Bürger.

Heute ist die Pilgerfahrt nach Santiago zu einer Massenbewegung geworden. Wer die kastilische Hochebene entlang des Jakobsweges im Sommer durchquert, ist beeindruckt von der Masse von Menschen, die zu Fuß, mit dem Fahrrad und auch zu Pferde nach Santiago streben. In den verschiedensten Städten Europas findet man alte Kirchen, die seinerzeit die Ausgangspunkte des Jakobsweges waren und derzeit erneuert werden. Am eindrucksvollsten aber ist die Tatsache, dass diese Pilgerzüge nach Santiago, die als ein rein katholisches Unternehmen begannen, heute bereits eine ökumenische Initiative hervorgebracht haben. Diese führt aber nicht zur Aufweichung der eigenen Überzeugung, sondern zu jenem Verständnis zwischen Christen, das leider oft verloren gegangen ist. Man erlebt auf dem Jakobsweg echte Verbrüderung der verschiedensten Elemente der großen christlichen Gemeinschaft. So entsteht eine neue Perspektive, die sicherlich erst am Anfang steht, die aber christlich und europäisch ist, weil sie zu einer spontanen Freundschaft zwischen verschiedenen Formen des Christentums und auch zwischen den Nationen führt, ohne dass diese ihre eigene Substanz aufgeben.

Die Bewegung entspricht einem tiefen Wunsch nach gegenseitiger Verständigung, ob es sich nun um Europa oder um das Christentum handelt. Heute gibt es bereits Kirchen auf dem Jakobsweg, zu deren Aufbau Juden finanziell beigetragen haben; ebenso findet man unter den Pilgern Moslems, die sogar aus den Gebieten der ärgsten Spannungen, die oftmals künstlich hervorgerufen wurden, stammen.

Das alles ist bestimmt erst ein Vorfrühling. Wer aber darauf vertrauen will, dass es in Europa eine größere Gemeinschaft gibt, dass der Glaube noch immer eine echte Kraft darstellt und wer versteht, dass im Grunde der Seelen die europäische Wahrheit weit tiefer verankert ist, als es die rein wirtschaftlichen oder politischen Erklärungen von Eurokraten oder Regierungen sagen, hat die Möglichkeit, dies auf dem Jakobsweg zu erleben. Dort findet man die beste Medizin gegen den Euro-Pessimismus. Wer die Gelegenheit hat, den Jakobsweg und seinen Geist zu erleben, weiß, dass in Europa immer noch eine Kraft liegt, die nicht zerstört worden ist. Sie ist nur eine Weile in einem Winterschlaf versunken. Nun aber erwacht sie erneut und wird der Zukunft unseres Kontinentes eine Orientierung und eine Kraft wiedergeben, die diesen schon über manche Stürme der Geschichte zu größeren Erfolgen geführt hat.

Der Gottesbezug

Der Beschluss, den Gottesbezug in der europäischen Verfassung nicht zuzulassen, ist gefallen. Es wäre ein historischer Fehler, würde man hier ein Nein als Antwort gelten lassen. Diese Feststellung ist umso mehr berechtigt, als es klare Zeichen dafür gibt, dass bei sehr zahlreichen Europäern die Entscheidung des Rates nicht dem Empfinden der Menschen entsprach.

Sie fühlen, dass es sich um eine grundsätzliche Entscheidung für ihre Zukunft handelt. Das gilt nicht zuletzt für den Rückgang der Bevölkerung. Man wird sich auch – was übrigens damit zusammenhängt – mit der Gestaltung der Zukunft des Erdteiles befassen müssen: Ist dieser Kontinent, so wie manche glauben, zum Aussterben verurteilt oder werden die Impulse der Erweiterung eine Bevölkerungsstruktur schaffen, die die Zukunft garantiert?

Dabei stellt sich die Frage, ob – falls ein Bezug auf eine höhere Instanz in der Hierarchie der Werte notwendig ist –

man Gott anerkennen, oder nur von einer geistigen Tradition sprechen soll. Es ist unleugbar, dass Europa ein christlicher Kontinent ist. Schaltet man das Christentum aus den Überlegungen und Wertebezügen aus, entsteht eine Fehlkonstruktion.

Noch grundsätzlicher aber ist die Frage, ob man das Christentum in Europa als eine philosophische Lehre unter vielen betrachtet wie die Überlegungen eines Voltaire oder Rousseau. Damit trennt man die christliche Tradition Europas von der Religion. Das ist insbesondere der Wunsch derer, die wohl die Tradition, die sich in Musik und Gebäuden ausdrückt nicht ganz leugnen können, die aber den wesentlichen Gedanken, der hinter der künstlerischen und schriftlichen Überlieferung Europas liegt, nicht mehr anerkennen wollen. Manche meinen, man dürfe nicht über höhere Werte sprechen, da man durch den Bezug auf das Christentum die nichtchristlichen Einwohner Europas, wie die Juden und die Moslems, ausschließt und damit einen Teil unsere Erbschaft, die beide Gemeinschaften beinhaltet, leugnet. Man kann nicht von Europa als einer geistigen Kraft sprechen, wenn man auf der einen Seite Maimonides und Albert Einstein ausschließt, auf der anderen aber nicht zur Kenntnis nehmen will, dass unter den großen Werten der europäischen Tradition sich die Giralda in Sevilla, die Moschee von Córdoba oder das Erbe von Bosnien-Herzegowina befinden. Eine Herabwertung des Christentums auf die Ebene einer vergänglichen Philosophie ist genau so unberechtigt wie das Ausschalten der großen künstlerisch geistigen Werte aus unserer Geschichte.

Aus diesem Grund wäre eine Formulierung glücklich, die Gott anerkennt und daher für alle monotheistischen Religionen annehmbar ist. Das war die Überlieferung der meisten geschichtlichen Verträge. Das gab den Texten eine Dimension, die einer Weihe glich und die daher weit größeren

Einfluss hatte, als die Berufung auf irgendwelche Philosophien wie die französische Laizität.

Es ist jedenfalls bezeichnend, dass die Diskussion über den Gottesbezug in der europäischen Verfassung heute die Menschen bewegt. Es dürfte sogar eine Mehrheit geben, für die die Verankerung der Menschenrechte und Freiheiten auf einer höheren Ebene gewaltige Bedeutung hat.

Verständlich ist, dass Politiker, die das Naturrecht nicht anerkennen wollen, sondern Rechtspositivisten sind, alles taten, um den Bezug zu Gott aus der Verfassung zu streichen. Gelingt dies, kann man durch angebliche Mehrheitsbeschlüsse die Menschenrechte aufheben, wie es der Nationalsozialismus und der Kommunismus getan haben. Wenn man die Verantwortung des Menschen gegenüber einer höheren Autorität anerkennt, kann man keine rückwirkenden Gesetze schaffen, denn diese machen die Menschen zu Opfern eines blinden Moloch. Den ausgewogenen Bezug des Bürgers zum Staat zu schaffen ist ohne eine höhere Instanz nicht möglich.

So gesehen ist der Gottesbezug in der Verfassung die größte und stärkste moralische Stütze, die man den Menschenrechten geben kann. Die neuere Geschichte hat uns gezeigt, dass, wenn eine höhere moralische Instanz ausgeschlossen wird, nur zu oft eine Mehrheit gefunden wird, die zu Konzentrationslagern, zur Folterung von Kriegsgefangenen, zur Vertreibung ganzer Völkerschaften und zum Genozid führt. Die wachsende Barbarei in unserer Gegenwart ist ein erschreckendes Beispiel für eine Ordnung, aus der eine höhere moralische Autorität, also Gott, ausgeschlossen wird. So gesehen ist die Frage um den Gottesbezug in der Verfassung für den Einzelnen und für ganze Völkerschaften von entscheidender Bedeutung.

Stalins später Sieg

Die Diskussion über die Erwähnung Gottes in dem europäischen Verfassungsentwurf hat wieder einmal bewiesen, wie sehr heute geistige Themen die öffentliche Meinung interessieren. Die Auseinandersetzung zeigt, dass im Bewusstsein der Europäer Religion und Gott eine bedeutende Rolle spielen.

Die Kräfte, die Gott aus dem Bewusstsein der Menschen verbannen wollen, haben den Kampf um den Gottesbezug im europäischen Verfassungsentwurf derzeit gewonnen. Die Schwäche derjenigen, die gegen die Streichung Gottes angetreten sind, trägt allerdings ein gerütteltes Maß an Mitschuld an der Niederlage ihrer Sache. Es wurde von Seiten kirchlicher Kreise nicht mit der notwendigen Taktik, Strategie und Energie gekämpft. Auch war man viel zu sehr verschreckt, um einen zielführenden Einsatz zu wagen. Zu viele Menschen, leider auch Politiker, haben sich in den Heldenkeller zurückgezogen in der Hoffnung, dass andere für sie an die Front gehen und die Wunden erleiden würden.

Manche glauben, es handle sich um einen Streit um Worte und Formeln, und es gibt, insbesondere in Frankreich allzuviele Christen, die noch immer das Gefühl haben, dass sie der Französischen Revolution schulden, den Laizismus zu verteidigen, also die Nennung Gottes zu verhindern. Sie wissen dabei nicht, dass sie mit ihrer schwächlichen Haltung den zerstörenden Kräften Vorschub leisten. Denn in Wirklichkeit handelt es sich bei der Schlacht um Gott in Europa um die Fortsetzung einer Offensive Stalins.

Der Kampf gegen die Nennung Gottes hat bereits im Laufe des Zweiten Weltkrieges begonnen. Damals hatten die führenden Mächte der Alliierten, also Amerika, England und Russland beschlossen, eine internationale Organisation aufzubauen, um ihre Allianz des Krieges auch für die Nachkriegszeit zu erhalten – eine Illusion vor allem Washingtons. Die US-Diplomatie wollte die amerikanische Demokratie auf die internationale Politik übertragen, also eine Stelle schaffen, in der parlamentarisch gestritten werden kann. Daher die Suche nach einer Organisation demokratischer Natur. Stalin erkannte, dass dies eine Illusion war. Er sah in der UNO nur ein Instrument zur Verwirklichung seiner Ziele. Diesen Geist brachte er in die Vorbereitungssitzung in Dumbarton Oaks in Washington. Ihm half dabei, dass die Vereinigten Staaten als ihren Unterhändler jenen Alger Hiss benannten, der später als ein sowjetischer Spion enttarnt wurde. Von englischer Seite wiederum war es die zwielichtige Gestalt von Anthony Eden, der in moralischen und religiösen Fragen Stalin wahrscheinlich näher stand als den Amerikanern. Als die erste Sitzung in Dumbarton Oaks stattfand, stellte der russische Außenminister Maxim Litwinow den Antrag, dass entgegen allen früheren Traditionen, man im Text auf keinen Fall Gott oder ein höheres Wesen nennen dürfe. Man müsse diese Gespenster der Vergangenheit von ihrem Thron verjagen und an deren Stelle den Menschen setzen. Das wurde angenommen.

Da damals die Verhandlungen weitgehend unter Ausschluss der Öffentlichkeit geführt wurden, gab es nur wenige, die erfahren konnten, um was es hier ging. So wurde der Text ohne Erwähnung Gottes in die entscheidende Konferenz von San Francisco im Jahre 1945 eingebracht. Sechs islamische Staaten, die eingeladen waren, stellten darauf den Antrag, man solle zur klassischen Form der Anerkennung Gottes zurückkehren. Das wurde verworfen, nur sechs moslemische und fünf südamerikanische Staaten waren dafür. Die Europäer, die an dieser Konferenz teilnahmen, und das war nur ein kleiner Teil Europas, stimmten mit den

Sowjets. So kam jene Präambel der UNO ohne Gottesbezug zustande.

Einer der besten politischen Denker des Westens äußerte damals, dass ohne Gott keine Gesellschaft aufgebaut werden könne, denn ohne eine letzte moralische Instanz sei alles erlaubt. Mit Anarchie aber könne man weder eine nationale noch eine internationale Gemeinschaft aufbauen.

Seit San Francisco arbeitete die Propaganda der Sowjetunion auf Hochtouren, wobei sich im Westen immer mehr Staaten auf diese Linie festlegten. Es entstand, was der litauische Freiheitsheld Vytautas Landsbergis »die Vertreibung Gottes aus Europa« genannt hat. Es gibt eben keine Moral und keine moralischen Prinzipien mehr, wenn es keinen Richter gibt, der etwas anderes als die wechselnde Mehrheit der öffentlichen Meinung ist. Im Gesellschaftsleben muss eine unwandelbare Instanz die moralischen beziehungsweise rechtlichen Prinzipien schützen.

Daher hat dieser Sieg Stalins in Dumbarton Oaks beziehungsweise San Francisco zu jenem zynischen Rechtspositivismus in den internationalen Beziehungen geführt, der uns heute immer wieder von einer Krise in die andere treibt. Gleiches gilt übrigens auch für unsere Staaten mit ihrer wachsenden Rechtsunsicherheit. Das zeigt, dass der geistige Kampf um Europa, ja die Zukunft der Menschheit, noch nicht beendet ist. Er befindet sich erst am Anfang, denn die gewaltige Kraft der Tradition ist zwar angeschlagen, besteht aber immer noch. Wie in früheren Zeiten unserer Geschichte, wie im Fall des Römerreiches, oder in der Schlacht von Jerez de la Frontera, ist die Wende in dunkelsten Stunden durch einen Benedikt von Nursia und von einer Handvoll Helden in der Höhle von Covadonga erkämpft worden. Vergessen wir auch nicht, dass die 300 Kroaten von Köszeg den Weg zum Entsatz von Wien freigekämpft haben. Was in der Vergangenheit möglich war, kann auch für unsere Tage gelten.

Gott der Schönheit

Je mehr die Einzelheiten über die Diskussionen in dem von Präsident Giscard d'Estaing geführten Europäischen Konvent in die Öffentlichkeit drangen, desto klarer wurde, dass es sich hier nicht nur um einzelne technische Fragen der Europäischen Union handelte, sondern um die grundsätzliche Werteordnung der sich entwickelnden Gemeinschaft. Man diskutierte nicht bloß, unter welchen Prämissen neue Staaten wann beitreten können, noch um die inneren Regelungen der neuen vergrößerten Union, sondern um die ideologische Ausrichtung und die politische Orientierung der entstehenden europäischen Supermacht.

Gewiss schufen die Arbeiten im Rahmen des Konvents nichts Endgültiges, denn die Mitglieder waren nicht voll demokratisch legitimiert, weil sie im Gegensatz zu den Abgeordneten des Europäischen Parlamentes nicht frei gewählt, sondern von den Regierungen delegiert wurden. Daher stießen oftmals Orientierungen aufeinander, die vielleicht in bürokratischen Kreisen wichtig erschienen, die aber noch nicht der endgültigen Ausrichtung der Europäischen Union entsprechen mussten. Durch eine Regierungskonferenz gab es bereits viele Veränderungen, und nach dem Scheitern der Verfassungsreferenden in Frankreich und in den Niederlanden wird es noch viel mehr Korrekturen geben müssen. Aber schon heute zeigen sich große Linien, zumindest bei den Regierungen gewisser Staaten. Das gilt auch für religiöse und ideologische Fragen, denn dort erkennt man die Philosophie der einzelnen Länder. So ist es bezeichnend, dass in Bezug auf das Christentum Europas Frankreich noch immer in der überholten Gedankenwelt der Französischen Revolution lebt und daher Vorschläge einbringt, die sehr eigenartig erscheinen. Das zeigte sich insbesondere in der Frage der Nennung Gottes oder eines höheren Wesens in der Charta der erweiterten Union.

Das ist die Fortsetzung jener Auseinandersetzungen, die schon seit dem Zweiten Weltkrieg immer wieder auftauchen. Deren Hauptstoßrichtung geht um die Frage, ob eine Anerkennung eines höheren Wesens, also Gottes, ausgesprochen werden soll, wie es durch Jahrhunderte die Tradition Europas war, oder ob man an seine Stelle den Menschen setzen soll. Letzteres ist der prometheische Versuch, aus dem Menschen den Schöpfer seiner Welt zu machen.

Der Kampf hat grundsätzliche Bedeutung. Die Anerkennung des Menschen als höchstes Wesen bedeutet die Verwerfung des Gedankens des Naturrechtes. Dass dadurch die menschlichen Freiheiten und Rechte ernstlich bedroht sind, wurde offenbar nicht erkannt. Auf Seiten der Anhänger des Naturrechtes geht es nunmehr um zwei Texte, unter denen derjenige Polens originelle Gedanken eingebracht hat.

Dabei handelt es sich insbesondere um den Begriff von »Gott« nicht nur als Quelle des Rechts, sondern auch als Herr der Schönheit. Wer Europa seit Jahrhunderten, aber auch speziell nach dem Zusammenbruch des atheistischen Regimes der Sowjetunion kennt, weiß, dass die Gebäude und angeblichen Kunstwerke der atheistischen Welt in der Regel hässlich sind. Ganz etwas anderes ist die Kunst in der religiösen, der kirchlichen Zeit, so wie sie uns in den verschiedenen Gebäuden und in der Malerei Europas in den großen Jahrhunderten der Geschichte entgegentreten. Religion bedeutet geistige Orientierung. Diese ist im Gegensatz zur materialistischen Einstellung ein Ausdruck der Schönheit. Die historischen Gebäude und Kunstwerke gehören zum europäischen Erbe. Sobald der Materialismus in dieses Erbe einbricht, hört fast ausnahmslos die Schönheit auf. Die Gebäude des Kommunismus sind trüb, grau und unschön, womit sie das Menschenbild des Kommunismus widerspiegeln. Das sieht man z. B. klar in Ungarn, wo einzelne Städte durch den Kommunismus aufgebaut wurden und von einer geradezu systematischen Hässlichkeit und in den Farben der großen Hoffnungslosigkeit bemalt sind. Sobald aber die Freiheit begann, wurden die Gebäude wieder schön und farbig. Bezeichnend dafür ist beispielsweise die katholische Kirche in der ungarischen Atomstadt Paks, die am Ende der kommunistischen Ära durch den Architekten Makovec errichtet wurde. Sie gehört bereits zu den sehenswertesten und originellsten Gebäuden des Landes. Hier zeichnet sich ein neuer Stil ab, der das Erwachen der Freiheit, und mit ihr der Menschenwürde, in Verbindung zu Gott zeigt. Trotzdem ist man heute erst am Anfang einer Entwicklung.

Das zeigt auch der Text der Verfassung des vom Kommunismus befreiten Polens, der sagt: »Mit Rücksicht auf die Existenz und Zukunft unseres Heimatlandes, das im Jahre 1989 die Möglichkeit einer souveränen und demokratischen Bestimmung seines Schicksals wiedererlangte, errichten wir die polnische Nation: Alle Bürger der Republik, sowohl jene, die an Gott als die Quelle der Wahrheit, der Gerechtigkeit, des Guten und der Schönheit glauben, als auch jene, die einen solchen Glauben nicht teilen, diese universalen Werte aber als anderen Quellen entspringend erachten, gleich in Rechten und Pflichten für das Gemeinwohl ...«

Die »Völker des Buches«

Die in allen islamischen Ländern hoch respektierte Marokkanische Königliche Akademie hat jüngst eine dreitägige Tagung zu Fragen der »Familienpolitik« abgehalten. Die Institution hat vor allem islamische Mitglieder, nicht zuletzt aus Indonesien, China und Russland. Unter den Mitgliedern der Akademie gibt es aber auch Christen und Juden. Das geistige Niveau ist sehr hoch. Die Katholische Kirche ist durch Kardinal Gantin vertreten und neben ihm wirken prominente Ordensleute aus Rom.

Das Thema wird meist durch den König von Marokko vorgeschlagen. Dieser ist, trotz seiner jungen Jahre, eine starke Persönlichkeit. Sein Vater, König Hassan II., hat sich als bedeutender arabischer Politiker erwiesen, der immer wieder versucht hat, mäßigend einzugreifen und den Dialog zwischen den Zivilisationen und den Religionen, aber auch die Friedenspolitik im ganzen Mittelmeerraum stark gefördert hat. Wenige im Westen wissen, dass der Krieg, der anlässlich des Zusammenbruches von Jugoslawien durch den Überfall Serbiens auf Kroatien und Slowenien losgetreten wurde, nur darum nicht zu einem Flächenbrand wurde, weil sich König Hassan zu einer Zeit, in der sich die westlichen Regierungen, die von der Region wenig verstehen, weigerten, den Freiheitswillen des kroatischen Volkes anzuerkennen, ganz entscheidend für dieses eingesetzt hat. So erreichte er, dass die arabischen Staaten, bald nachdem sich Kroatien für die Eigenstaatlichkeit erklärt hatte, Zagreb anerkannten.

Die Themen, die der Akademie jeweils für ihre Frühjahrssitzung vorgeschlagen werden, sind immer interessant. Die Tatsache, dass König Mohammed VI. zusammen mit dem Präsidium der Akademie zuletzt die Probleme der Familie auf die Tagesordnung gesetzt hat, ist bezeichnend. Ihr Zerfall in Europa ist offensichtlich. Für die arabischen Völker aber ist beängstigend, dass diese Krise nunmehr auch über das Mittelmeer hinausgreift und die Gegend von der Türkei bis Marokko direkt bedroht. Daher der Sinn der Konferenz.

Bisher wurde in diesem Zusammenhang viel von wirtschaftlichen und sozialen Fragen gesprochen. Nur selten hat man sich aber dem bedeutenden politischen Gesichtspunkt des Themas zugewandt. Das war in Marokko anders. Grund dafür war, dass die islamische Welt weit ausgedehnt ist und daher infolge ihrer wachsenden globalen Kontakte immer mehr auch durch das beeinflusst wird, was sich in anderen Teilen der Erde, vor allem in Europa abspielt.

Diesbezüglich waren die Debatten anlässlich der von der UNO organisierten Konferenz zur Situation der Frauen im Jahre 1999 in Beijing und der Weltbevölkerungskonferenz in Kairo von Wichtigkeit. Dabei hat sich eine gemeinsame Front zwischen allzu vielen europäischen Staaten, die so unbedingt fortschrittlich sein wollen, und jenen, die sich unter dem direkten Einfluss des Marxismus-Leninismus befinden, herausgebildet. Daher gab es in der Hauptstadt Chinas eine Mehrheit für familienfeindliche Politik, für die Gleichstellung der homosexuellen Ehen mit den traditionellen Formen und nicht zuletzt den Willen, die Religion aus der Diskussion auszuschließen.

Einige religiöse Kräfte haben sich dagegen zur Wehr gesetzt. Hier erschien eine einheitliche Front von gläubigen Christen, Moslems und Juden. Es gibt doch gemeinsame Interessen und Werte der »Völker des Buches«, also zwischen jenen, die einer Offenbarungsreligion anhängen. Bezeichnend war, dass sie auf diesem Treffen im Fernen Osten auf einmal ihre Solidarität gegenüber der Mehrheit derjenigen gefunden hatten, die mit Naturrecht – und deshalb auch mit der Würde der Familie – nur mehr wenig gemeinsam haben. Hier hat sich spontan eine weltweite Front entwickelt, die in Zukunft noch eine weitreichende Bedeutung haben wird.

Wer die Geschichte der Beziehungen zwischen den großen Religionen der Welt kennt, wird durch diese Entwicklung beeindruckt sein. Dazu gab es nämlich auch früher Ansätze, die insbesondere in den Maurenkriegen und in den Kämpfen im östlichen Mittelmeer zum Ausdruck kamen.

Auf christlicher Seite war einer der bedeutendsten Denker der selige Raimund Lull, ein Professor auf den Balearen, der in einem Buch die These vertrat, der Islam sei eine christliche Häresie, mit der man sich unter Anerkennung der theologischen Unterschiede durchaus verständigen könne. Das Interesse an den Büchern dieses Kirchenlehrers, der im Westen fast vergessen ist, nimmt nun in den anderen Teilen der Welt bei Moslems wie bei Juden zu.

Das Zusammenspiel der monotheistischen Religionen hat seinerzeit zu jener gewaltigen geisteswissenschaftlichen und künstlerischen Entwicklung geführt, die unter dem Namen des Königreichs der drei Religionen von Toledo bekannt geworden ist. Wer heute die Spuren dieser grandiosen Periode der europäischen Kultur verfolgt, wird sehen, wie sehr die Zusammenarbeit zwischen Christentum, Islam und der jüdischen Religion zu einer Blüte der Zivilisation geführt hat. Erst wenn man sich in Einzelheiten damit befasst, erkennt man, dass in diesem Königreich Gewaltiges auf dem Gebiete der Gedanken, der Literatur und der Kunst geleistet wurde.

Man hatte nach dem Kongress in Rabat den Eindruck, dass dieser alte Geist, der verloren schien, nunmehr wieder Fuß fasst. Natürlich gibt es noch Rivalitäten, Feindschaften, Diskussionen. Im Grunde aber besteht in vielen Aspekten der Ethik eine Einigkeit zwischen den drei »Völkern des Buches«, die von weltpolitischer Bedeutung sein kann. Papst Johannes Paul II. hatte die Größe, im August 1985 bei einer Rede an die muslimische Jugend im Sportstadion von Casablanca auf diese Gemeinsamkeiten hinzuweisen.

Viele sind immer entmutigt und fürchten, dass wir einen Verfall der Zivilisation vor uns haben. Wer die Situation aber von nahem betrachtet, weiß, dass dies nicht der Fall ist. Im Gegenteil: Gerade in einer Zeit äußerst kritischer Entwicklungen auf dem Gebiet der Moral, die von vielen als Ausdruck des Zeitgeistes angesehen werden, gibt es bereits die ersten sichtbaren Zeichen einer Wende. Wenn daher manche Denker heute entmutigt sind und glauben, dass die Zukunft dem Materialismus und dem Atheismus gehört, so irren sie sich. Der große französische Dichter André Malraux hatte Recht, als er in einer seiner letzten Schriften schrieb: »Das 21. Jahrhundert wird tief religiös sein, oder es wird nicht sein.«

Religion und Politik

Es hat sich so ziemlich überall in der Welt gezeigt, dass in der Bevölkerung neue Interessen erwachen. Während man in der Vergangenheit, besonders auch bei den Wahlen in demokratischen Staaten feststellen konnte, dass sich die Menschen vor allem für die Entwicklung der Wirtschaft beziehungsweise ihres Lebensstandards interessieren, hat sich nun gezeigt, dass das Interesse an der Religion stark gewachsen ist.

Dies hat zuerst in China angefangen und dann die ganze Welt umspannt. Ein Zeichen zeitgenössischen religiösen Erwachens war das Auftreten der Sekte Falungong. Sie wurde durch einen Chinesen, der nach Amerika emigrieren musste, auf den Weg gebracht und wurde von Seiten der chinesischen Behörden schärfstens unterdrückt, was allerdings wenig Erfolg hatte. Heute gibt es bereits Gebiete in China, wo die Zentralregierung in Beijing nicht mehr das letzte Wort hat, wie etwa in Hong Kong, das der Sekte erlaubt, sich weiter zu entwickeln. Im gleichen Sinne aber – und das ist viel weniger bemerkt worden – hat sich in letzter Zeit auch der Katholizismus in China stark ausgebreitet. Gegen die katholische Kirche hat es scharfe Regierungsreaktionen gegeben. Nun wurde aber festgestellt, dass die Zahl der Katholiken in China rasant zunimmt bis zu jenem Punkt, wo die

Regierung beginnt, sich ernstlich mit diesem neuen Phänomen zu befassen.

Religiöse Bewegungen haben sich auf die Vereinigten Staaten ausgedehnt, obwohl die europäische Presse dies selten zur Kenntnis genommen hat. Daher haben in jüngster Zeit die Studien der politischen Institutionen in den USA sowie die Analysen, die von den führenden amerikanischen Zeitungen gemacht wurden mit Erstaunen festgestellt, dass beinahe der wichtigste Faktor im jüngsten Präsidentschaftswahlkampf in den USA die religiöse Einstellung der beiden Kandidaten war. Von Bush war seit langem bekannt, dass er ein tief gläubiger Mensch ist und dies auch ganz offen zeigt. So hat er etwa die Initiative gegen die Homosexuellen-Ehe mitgetragen, obwohl er von allen Seiten gewarnt worden war. Auch hat er weiter demonstrativ jede Regierungssitzung mit einem Gebet angefangen, obwohl er auch diesbezüglich von verschiedenen so genannten liberalen Zeitungen angegriffen wurde.

In der Planung der Wahlkampfstrategie war es der Berater der Republikaner, Karl Rove, der als erster in den Wahlkampf-Überlegungen die Tatsache feststellte, dass die Religion ein Faktor von entscheidender Wichtigkeit geworden war. Diese Hinwendung zur Religion ist bei allen Konfessionen zu bemerken, sodass man sagen konnte, dass bei etwa 45 Prozent des amerikanischen Wählerpotentials die religiöse Frage auf einmal eine große Bedeutung hatte. Nach den Wahlen haben dann auch die großen Zeitungen zugeben müssen, dass die Tatsache, dass Bush sich offen als religiös bekannte, ihm großen Vorteil brachte, während Kerry ebenso in seinem Leben wie in seinen Äußerungen der areligiösen Richtung nahe stand. Das habe ihm geschadet. Die Demokratische Partei hat nach ihrer schweren Wahlniederlage eine Mannschaft eingesetzt, um diese neue Tatsache, das religiöse Interesse, zu studieren und den Demokraten eine neue Strategie vorzuschlagen.

Jetzt hat sich auch in Frankreich die Situation plötzlich, man könnte sagen dramatisch, geändert. Der Ausgangspunkt waren die Überlegungen des heute populären Politikers in Frankreich, Nicolas Sarkozy, der die Frage der Religion und besonders neue Gedanken zur Trennung von Kirche und Staat in die französische politische Diskussion eingebracht hat. Die große linksliberale Zeitung »Le Monde«, die wenig Sympathie für die Religion hat, widmete diesem neuen Phänomen der französischen Politik in ihrer Ausgabe vom 27. Oktober 2004 bereits mehrere Seiten. An diesem Tag ist auch das neue Buch von Sarkozy mit dem Titel »La République, la Réligion, l'Espérance« (»Die Republik, die Religion und die Hoffnung«) erschienen. Sarkozys wichtigste These ist, dass das Gesetz über Trennung von Kirche und Staat aus dem Jahr 1905 überholt ist und dass auch der Gedanke der »Laizität«, der dieses Gesetz getragen hat, nicht mehr in unsere Zeit passt. Der Autor stellt die Forderung auf, der Staat solle bei der Finanzierung auch den Bau von Gebetshäusern bei den Moslems und von Kirchen bei den Katholiken wieder so fördern, wie man den kulturellen Institutionen bisher einen Beitrag gegeben hat. Er hat sich außerdem in seinem Buch als praktizierender Katholik erklärt und unterstrichen, dass er in seiner Familie mit seinen Kindern den sonntäglichen Kirchengang praktiziert. Das wäre noch vor drei oder vier Jahren politisch selbstmörderisch gewesen.

Dass Sarkozy dieses Buch einen Monat vor dem Tag erscheinen ließ, an dem er die Führung der großen Mehrheitspartei UMP übernehmen wollte, ist bezeichnend. Sarkozy, der sich auch schon bisher als sehr geschickter politischer Stratege erwiesen hat, hat verstanden, wie es auch »Le Monde« unterstrich, dass es hier nicht nur um Gott, sondern auch um Wähler gehe. Unter den Gegnern der gaullistischen Mehrheit von UMP werden nunmehr auch auf der Seite der französischen Linken Überlegungen angestellt, wie sie ihre Beziehungen zu den religiösen Gemeinschaften überdenken können.

Wenn man die großen kulturellen Strömungen in letzter Zeit betrachtet, waren die drei Ausgangspunkte meist China, die Vereinigten Staaten und Frankreich. Die Tatsache, dass nunmehr diese religiöse Strömung eine neue Dimension entsprechend ähnlicher früherer Glaubensbewegungen zeigt, ist politisch bezeichnend. Die Wahrscheinlichkeit spricht dafür, dass sich dieser Wandel schnell in der ganzen Welt ausbreiten wird. So hat man der Tatsache allzu wenig Aufmerksamkeit gewidmet, dass der türkische Ministerpräsident in einem Land, dessen Armee in der Tradition des Atatürk geradezu fanatisch für eine totale Laizität wirkt, selbst offen bekennt, den mohammedanischen Gottesdiensten beizuwohnen und ein gläubiger Muslim zu sein. Dass in diesem Land, in dem jetzt schon mehr als ein Dreivierteljahrhundert die Laizität konsequent durchgeführt wurde, sich plötzlich wieder eine solche Entwicklung anbahnt, die außerdem jenen Parteien Wahlerfolge beschert, die die neue Linie der Freundschaft mit der Religion einschlagen wollen, ist bezeichnend.

Ferner kann man feststellen, dass in den islamischen Ländern derzeit, im Gegensatz zu dem, was man allgemein im Westen angenommen hat, es die gemäßigten, aber religiös orientierten Gruppen sind, die am meisten an Boden gewinnen. Natürlich gibt es auch fanatische Kräfte, wie Al Qaida. Aber diese sind eine kleine Minderheit in der islamischen Welt, und es sind die gemäßigten islamischen Parteien, wie man es in Malaysia und Indonesien feststellen konnte, die an Boden gewinnen.

Cäsaropapismus

Eines der dunkelsten Kapitel des Mittelalters war der Kampf um die oberste Führung zwischen Kirche und Staat. Letzterer versuchte, viele Zuständigkeiten der Kirche an sich zu ziehen. Dabei hat Frankreich eine führende Rolle gespielt. Im Rahmen dieser französischen Machtergreifung wurde das ganze Steuersystem zu Gunsten des Staates verändert, was übrigens die Belastung der Bürger wesentlich erhöhte. Dazu kam, dass der König, der damals den Staat repräsentierte, in ziemlich brutaler Weise größere kirchliche Organisationen, wie z. B. die Templer, vernichtete, unter dem Vorwand, sie seien Staatsfeinde und Ketzer. Zahlreiche führende Vertreter der Ritterorden wurden hingerichtet, um ihr Vermögen einzuziehen.

Das war der Anfang jener staatlichen Vorherrschaft im französischen Raum, die bis heute unter verschiedenen Regimen weiter besteht. Das hat dem Staat einiges erlaubt, das andere Länder, die die gewachsenen Strukturen achteten, nicht konnten. Das hat zu jenem extremen Absolutismus der Verwaltung geführt, der dem Staat, nicht zuletzt im kirchlichen Raum, weitgehende Rechte zusprach. Das wurde damals Cäsaropapismus genannt, das heißt die Übernahme der Kirche und ihrer Führung durch den Cäsar, also den Staat.

Man hatte im Zeitalter des aufgeklärten Liberalismus gedacht, dass diese Eingriffe des Staates in die Rechte und Besitztümer der Kirche, die auch im reichischen Raum durch Kaiser Josef II. teilweise durchgeführt wurden, im Sinne des freiheitlichen Gedankens überholt wären. Daher gab es verschiedene Verhaltensstrukturen zwischen Kirche und Staat, die aber beiden Seiten zumindest einen ziemlichen Freiraum ließen.

Erst mit dem Beginn des 20. Jahrhunderts war es wieder Frankreich, das eine staatliche Revolution gegen die Kirche einleitete. Unter dem Combismus wurden so ziemlich alle Klöster und Kirchen dem Staate zugesprochen. Eine Reihe von Orden wurden in Frankreich verboten. Das geschah im Geiste des Schlagwortes der Laizität, also der religiösen Neutralität des Staates, beziehungsweise der restlosen Trennung von Kirche und Staat, die allerdings in jedem Fall nur zu Gunsten des Staates durchgeführt wurde. Das galt nicht zuletzt bei Schule und Erziehung, wobei in Frankreich die so genannte laizistische, also kirchenfeindliche Schule entstand. Allerdings war es den kirchlich gesinnten Teilen der Bevölkerung gelungen, kirchliche Schulen zu schaffen, die jedoch materiell keine Finanzierung aus Steuergeldern erhielten.

Dieser Geist der Französischen Revolution, der heute in Frankreich förmlich die Staatsreligion ist, hat auch auf andere europäische Länder übergegriffen. Man kann sogar feststellen, dass wir uns heute wieder einem Religionskrieg nähern. Der Kampf um den Gottesbezug in der Europäischen Verfassung ist ein Teil dieser Entwicklung. Das geschieht aus demagogischen Gründen, unter dem Vorwand eines stark überstrapazierten Gleichheitsprinzips. Heute tarnt dieses eine Zerstörung der Entwicklung.

Der Kampf um religiöse Symbole ist in unserer Zeit von entscheidender Bedeutung. Einen zeitgemäßen Höhepunkt hat dieser mit dem Beschluss eines Gerichtes in Baden-Württemberg erreicht, wonach es Ordensschwestern fortan verboten ist, in ihrer Kleidung in der Schule zu lehren. Die Sache ist noch nicht endgültig entschieden, aber allein die Tatsache, dass ein bedeutendes Gericht solche Entscheidungen fällen kann, ist bedenklich.

Allerdings sollte man sich auch überlegen, ob nicht hier das Verbot des Kopftuches für die Musliminnen in Schulen ein sehr gefährlicher erster Schritt war. Das ist ein Eingriff in eine Sphäre, in der der Staat keinen Platz hat. Gleich als die ersten Verbote beantragt wurden, haben voraussehende Personen gesagt, dass man wohl bei einer wenig populären Gruppe, nämlich dem Islam, anfangen würde, dass es aber über kurz oder lang auch auf die christlichen Kirchen ausgedehnt würde, und dann auf die Kippa der Juden. Schneller als man vorhersehen konnte tritt dies nun ein. Unter Berufung auf die Toleranz wird die Intoleranz gegen Minderheiten eingeführt. Die Religionsfreiheit ist ernstlich bedroht.

Natürlich ist es denkbar, dass das aberwitzige Urteil aus Baden-Württemberg durch höhere Instanzen noch aufgehoben wird. Es ist aber ein gefährlicher Präzedenzfall. Es bedeutet nämlich, dass auch jenseits der Grenzen von Frankreich jener Begriff der Laizität übernommen wird, der sagt, dass in öffentlichen Institutionen heute religiöse Zeichen, morgen aber auch religiöse Äußerungen, vom Staat verboten werden können. Leider sind sich viele Menschen über die Tragweite dieser Entscheidungen nicht im Klaren. Es gibt oft kein Halten mehr, wenn man einer falschen Entwicklung freien Lauf lässt. Es beginnt mit dem Kopftuch, geht aber dann zum Kreuz und zu der Kippa. Heute kann vielleicht diese Entwicklung zum Cäsaropapismus noch verhindert werden. Was hier geschah, bedeutet keinen Fortschritt, sondern einen fatalen Rückschritt in eine dunkle Vergangenheit.

Zukunft der Familie

In jüngster Zeit wird die Familie von manchen Massenmedien als eine nicht mehr in die Gegenwart passende Form des Gemeinschaftslebens betrachtet. Eine Gesetzgebung, die die Familie immer mehr gefährdet, greift um sich, und die so genannten familienähnlichen Gemeinschaften gleichgeschlechtlicher Personen werden in vielen Kreisen als selbstverständlich angesehen.

Ein führender Mandatar der Linken im Europäischen Parlament hat in einer Ausschusssitzung bekannt, das Ziel dieser Politik sei die Abschaffung der Familie. Er hat dies damit begründet, eine Familie habe durch die Stellung der Eltern eine autoritäre Struktur. Sie müsse daher verschwinden, wenn man eine demokratische Welt schaffen wolle.

Die Geschichte zeigt, dass die Zerstörung der Familie den Extremismus und das Ende der Autorität fördert. Diese ist nämlich ein Element der Freiheit. Der Ersatz natürlicher Strukturen durch staatliche Behörden führt fast immer zum gesellschaftlichen Chaos. Werden die Eltern in der Erziehung der Kinder durch Beamte ersetzt, wie es die Gegner der Familie wünschen, ist dies die Vorbereitung für totalitäre Systeme. Das hat man bereits im Nationalsozialismus erfahren.

All das zeigt, dass die Zerstörung der Familie dem individuellen Egoismus in die Hände spielt und zu einem neuen wirtschaftlichen Ungleichgewicht in der Gesellschaft führt. Dabei sind die Familien für die Erhaltung der Gesellschaft lebenswichtig. Sie sichern die Kontinuität besonders auf einem Erdteil wie Europa, der durch das Aussterben bedroht ist und daher alles tun müsste, um das Niveau der eigenen Bevölkerung zu erhalten.

Diesbezüglich bringt ein neu erschienenes Buch »Kinderlos – Europa in der demographischen Falle« von Stephan Baier eine eindrucksvolle Aufzählung von Daten, Zahlen und Tatsachen, die sachlich klar und übersichtlich die Größe dieses Problems unserer Zeit zeigen.

Allerdings ist das Gebot der Gleichbehandlung der Menschen auf wirtschaftlichem und steuerlichem Gebiet nur ein geringer Teil des wahren Problems. Dieses besteht vor allem darin, dass es durch eine dauerhafte Propaganda immer mehr zu einer Diskriminierung, ja moralischen Ausgrenzung der Familien kommt. Seinerzeit hat das in den Vereinigten Staaten mit der Verhöhnung der Eltern angefangen, dem Aufhetzen der Kinder gegen die vorhergehende Generation, weil man damit hoffte, die Bevölkerung besser zu integrieren. Die Älteren, meist Immigranten, waren ein ausländisches Element. Sie waren Iren, Italiener, Slawen oder Griechen. Auch die Deutschen waren, allerdings zu einem geringeren Ausmaß, Opfer dieser Entwicklung. Amerika sollte eine englischsprachige Gemeinschaft werden. Daher die Lächerlichmachung aller, die die Mehrheitssprache nicht erlernen konnten. Die gleiche Technik wird aus anderen Gründen auch in Europa angewandt.

Ausschlaggebend für das Problem der Familie ist deren Stellung in der Gesellschaft. Wir leben in einer demokratischen Epoche. In dieser hat das Wahlrecht einen entscheidenden Einfluss. Die gleichgeschlechtlich veranlagten Menschen sind im Allgemeinen politisch aktiver als es die Eltern sind, weil sie viel mehr Zeit für gemeinschaftliche Tätigkeiten zur Verfügung haben, was ihren Einfluss steigert.

In der Entwicklung hin zur Demokratie muss das Ziel sein, die Gesamtbevölkerung richtig zu vertreten. Man hat dies auch mit Einführung des allgemeinen Wahlrechtes versucht, das allerdings am Anfang nur auf die Steuerzahler beschränkt war. Nachdem diese Diskrimination verschwunden war, gab es noch immer den Ausschluss der Frauen. Glücklicherweise ist auch das vorbei. Allerdings besteht noch immer ein nicht zu unterschätzender Teil der Bevölkerung, der von der Demokratie ausgeschlossen ist, nämlich die Kinder unter 18 Jahren. Diesbezüglich wurde an anderer Stelle in diesem Buch auf Gedanken hingewiesen, die seit einiger Zeit an Boden gewinnen und eine echt demokratische Lösung des Problems sein könnten. Man spielt noch immer mit dem Wahlalter, anstatt ehrlich zu erkennen, dass die einzig richtige Art der Demokratie wäre, dem Menschen ab der Geburt das Wahlrecht zu geben, das ihm als Bürger zusteht. Natürlich kann das Kind dies am Anfang nicht wahrnehmen. Daher sind die Eltern berufen, wie bei vielen Rechten, diese für die Dauer der Minderjährigkeit stellvertretend auszuüben. Das müsste gerade auch für die politischen Rechte der Fall sein. Dies wäre umso berechtigter, als ein Kind größere Interessen an der Zukunft hat als die Alten. Auch wäre logisch, gerade die Eltern mit dieser Aufgabe zu betrauen, weil diese die größte Wahrscheinlichkeit bieten, im Sinne ihrer Kinder zu handeln.

Die Folge dieser Anerkennung würde sehr bald fühlbar sein. Für viele Mandatare würde die Familie aufhören, eine Randfrage zu sein, weil sie mehr Stimmen hat. Das hätte zur Folge, dass die Politiker sich nicht nur verstärkt um die Familie kümmern würden, sondern auch in ihrer Gesetzgebung nicht auf die Stimmen hören würden, die die Familien zerstören wollen. Wenn man jedoch auf diejenigen hört, die die Familie zerstören wollen, weil sie angeblich eine autoritäre Organisation ist, würde das für Europa bald das Ende bedeuten. Man sollte sich auf unserem Erdteil darüber im klaren sein, wie gering unsere Zahl im Vergleich zum Rest der Welt ist. Dabei sind wir schon bisher das wesentlichste Element des Fortschrittes. Fast alle amerikanischen Spitzenwissenschaftler stammen aus Europa.

Ein bekannter deutscher Politiker, Willy Brandt, hat davon gesprochen, man müsse mehr Demokratie wagen. Wenn es aber darum geht, den Familien gegenüber eine Politik einzuleiten, die tatsächlich einen demokratischen Fortschritt bedeutet, spricht man nur zu gerne die Sprache des Absolutismus. Die Partitokratie ist kein Weg zur wahren Demokratie – im Gegenteil. Eine Stärkung der Familien in Staat und Gesellschaft dagegen würde Europa zukunftsfähig machen, denn die Kinder sind unsere Zukunft.

Eva Demmerle
Kaiser Karl I.

Der Lebensweg des »Friedenskaisers«, der 2004 selig gesprochen wurde

»Ich muss so viel leiden, damit meine Völker wieder zusammenfinden«, sagte der letzte Kaiser von Österreich kurz vor seinem Tod 1922. Karl I. versuchte alles, um »das schreckliche Blutbad auf den Schlachtfeldern« des Ersten Weltkriegs zu beenden und den Untergang der Donaumonarchie zu verhindern. Doch seine Bemühungen scheiterten. Von der Entente mit seiner Familie nach Madeira verbannt, starb er in Not und Armut im Exil.

Ergänzt wird die Biografie durch ein Gespräch mit Otto von Habsburg, dem ältesten Sohn Kaiser Karls, und unveröffentlichten Quellen und Abbildungen aus dem Privatarchiv der Familie von Habsburg.

336 Seiten mit Abb., ISBN 3-85002-521-7
Amalthea

Lesetipp

BUCHVERLAGE
LANGENMÜLLER HERBIG NYMPHENBURGER
WWW.HERBIG.NET

Gabriele Praschl-Bichler
Kaiser Franz Joseph ganz privat

So war Kaiser Franz Joseph wirklich

In dem vergnüglichen Lesebuch wird die Geschichte eines Menschen beschrieben, dem das Schicksal das Amt des Kaisers von Österreich zugedacht hatte. Es erzählt von dem hohen Beamten, vom Zigarrenraucher, Jäger und Theaterliebhaber und lässt den Leser als Zaungast in den kaiserlichen Alltag Einblick nehmen.

Dem Leser offenbart sich bei der Lektüre ein Unbekannter – ein liebevoller Ehemann, Freund, Vater und ein pedantisch arbeitender Beamter. Hätte die Thronfolge nicht für ihn das Amt des Kaisers bereitgehalten, wäre er ein ganz normaler Bürger geworden.

272 Seiten mit Abb., ISBN 3-85002-547-0
Amalthea

Lesetipp

BUCHVERLAGE
LANGENMÜLLER HERBIG NYMPHENBURGER
WWW.HERBIG.NET

Hans Magenschab
Josef II.

Österreichs Weg in die Moderne

Kaiser Josef II. (1741–1790), Sohn von Maria Theresia und Kaiser Franz I., gehört zu den faszinierendsten Figuren der Geschichte Europas – versuchte er doch als erster, die Ideen der Aufklärung in die politische Praxis umzusetzen. Josef gewährte Presse- und Religionsfreiheit, schaffte Leibeigenschaft und Todesstrafe ab. Seine Residenzstadt wurde Mittelpunkt des kulturellen Lebens in Europa, und er zum Förderer von W. A. Mozart.

Doch sein Scheitern war im 18. Jahrhundert unvermeidlich. Am Ende seines Lebens erlebte er die Französische Revolution und reaktionäre Revolten in seinem Imperium. Nach seinem Tod vergessen, nahm das Habsburgerreich erst nach 1848 Josefs liberale Modernisierungen wieder auf.

ca. 300 Seiten mit Abb., ISBN 3-85002-559-4
Amalthea

Lesetipp

BUCHVERLAGE
LANGENMÜLLER HERBIG NYMPHENBURGER
WWW.HERBIG.NET